Sermões
sobre
Homens
da Bíblia

Antigo Testamento

Sermões
sobre
Homens
da Bíblia

Antigo Testamento

C. H. SPURGEON

Originally published in English under the title
Sermons on Men of the Old Testament, by Charles Haddon Spurgeon
© 2014 Hendrickson Publishers Marketing, LLC
Peabody, Massachusetts 01961-3473 U.S.A.

Coordenação editorial: Adolfo A. Hickmann
Tradução: Djonisio de Castilho
Revisão: Dalila de Assis, Marília Pessanha Lara, Lozane Winter, Thaís Soler
Coordenação gráfica: Audrey Novac Ribeiro
Projeto gráfico e capa: Rebeka Werner

Dados Internacionais de Catalogação na Publicação (CIP)

Spurgeon, Charles Haddon, 1834–92.
Sermões sobre Homens da Bíblia — Antigo Testamento
Tradução: Djonisio de Castilho — Curitiba/PR, Publicações Pão Diário.
Título original: *Sermons on Men of the Old Testament*
1. Sermões   2. Antigo Testamento   3. Vida cristã   4. Bíblia

---

Proibida a reprodução total ou parcial sem prévia autorização, por escrito, da editora.
Todos os direitos reservados e protegidos pela Lei 9.610, de 19/02/1998.
Permissão para reprodução: permissao@paodiario.com

Exceto quando indicado o contrário, os trechos bíblicos mencionados são da edição
Revista e Atualizada de João F. de Almeida © 2009 Sociedade Bíblica do Brasil.

Publicações Pão Diário
Caixa Postal 4190,
82501-970 Curitiba/PR, Brasil
publicacoes@paodiario.org
www.publicacoespaodiario.com.br
Telefone: (41) 3257-4028

Código: JC445
ISBN: 978-65-5350-110-2

1.ª edição: 2022

Impresso no Brasil

SUMÁRIO

Apresentação à edição em português...................9
Prefácio 11

1. Adão: como Deus vem até nós........................15
2. Enoque: andando com Deus............................35
3. Abraão: pronta obediência ao chamado de Deus...61
4. Jacó: adorando apoiado sobre seu bordão.............87
5. José: um retrato em miniatura 107
6. Moisés: a decisão de Moisés 133
7. Josué: tônico revigorante
   para os servos de Deus 159
8. Gideão: o sonho com o pão de cevada 183
9. Samuel: um exemplo de intercessor...................209
10. Davi: reanimando-se em Deus 229
11. Jó: a restauração de Jó 255
12. Isaías: procuram-se mensageiros....................281
13. Jonas: o despertar dos que dormem..................301
14. Daniel: coragem inabalável 323

Índice de versículos-chave.............................344

*Em memória de Patrícia Klein (1949–2014),
nossa colega e amiga, que dedicou sua vida
com desvelo às palavras e editou esta série.
Ela realmente faz muita falta!*

APRESENTAÇÃO À EDIÇÃO EM PORTUGUÊS

Charles Haddon Spurgeon, o "Príncipe dos pregadores", foi sem dúvida um dos maiores evangelistas do século 19. O legado de fé que ele deixou, seu entendimento e amor pelas Escrituras são claramente perceptíveis por meio de sua vida, suas obras e exemplo de serviço a Deus.

Spurgeon ministrava e cria na Palavra de Deus, a Palavra viva e eficaz capaz de transformar mente e coração. Poder desfrutar de suas abordagens bíblicas, tais como as que estão dispostas neste livro, é um verdadeiro presente e refrigério em uma época quando a Palavra de Deus está sendo reduzida a formatos superficiais. Assim, com maestria, ele consegue discorrer sobre a aplicabilidade da mensagem bíblica a partir de exemplos de personagens, buscando, com isso, levar o leitor a experimentar a eficácia dessa Palavra em sua vida pessoal.

Cada sermão desta coletânea foi reunido dentre os inúmeros sermões ministrados por Spurgeon, ao longo de seu ministério, para compor a proposta de *Sermões sobre Homens da Bíblia — Antigo Testamento*. Assim, o leitor perceberá que o número e as datas indicadas são diferenciados, uma vez que eles não foram planejados para seguir uma sequência.

Algo fascinante sobre estes *Sermões sobre Homens da Bíblia — Antigo Testamento* é a forma como Spurgeon busca aproximar seus ouvintes da experiência desses homens com Deus. Ele os apresenta de forma singular, ao mesmo tempo em que, por sua abordagem, inspira e desafia seu público à mesma postura que eles tiveram em Deus e para Ele.

Nesta edição, em português, optou-se por indicar as referências bíblicas a fim de diferenciá-las dentre os diálogos e as inferências que Spurgeon faz ao longo de cada sermão. Os textos apresentam uma linguagem mais contemporânea, contudo as características históricas do texto original foram preservadas, bem como termos e lugares comuns à época do autor, tendo em vista também que são sermões ministrados em datas específicas. Outro aspecto importante desta edição é a inclusão de notas explicativas a fim de facilitar a compreensão contextual cada vez que Spurgeon fez referência à cultura geral, a livros cristãos e a pessoas que ajudaram a construir a história eclesiástica.

O leitor poderá constatar que, apesar de pregados há tanto tempo, estes sermões são para os dias atuais, pois abordam com propriedade a condição do homem sem Deus: perdido e sem salvação. Os apelos de Spurgeon a crentes e incrédulos são comoventes diante de uma sociedade que não vive em conformidade com as verdades e maravilhas da Palavra de Deus nem caminha em retidão pelas Suas veredas de justiça.

Spurgeon foi um homem notável, nos diversos papéis que exerceu, durante sua jornada deste lado da eternidade. Seu ministério testifica de sua intimidade com Deus e com as Escrituras. Ele vivenciou a graça em seus pormenores e, em sua dedicação ao Senhor, investiu tudo o que era e tinha em compartilhá-la com outros.

Seja você um dos abençoados por estas palavras, semeadas por Spurgeon, sob a inspiração Espírito Santo que também as regará em seu coração. Que Deus lhe proporcione o crescimento dela de cem por um em sua vida!

—*dos editores*

PREFÁCIO

Charles Haddon Spurgeon
(1834–92)

Pergunte à maioria das pessoas hoje quem foi Charles Haddon Spurgeon e você pode se surpreender com as respostas. Muitos sabem que ele foi um pregador, outros lembram que ele era batista, e outros ainda conseguem até mesmo lembrar que ele viveu em Londres durante o século 19. Tudo isso é verdade, no entanto, Charles Spurgeon foi muito mais.

Nascido em uma família de congregacionalistas, em 1834, o pai e o avô de Spurgeon eram, ambos, pregadores independentes. Essas designações parecem propícias atualmente, mas, em meados do século 19, elas descreviam uma família comprometida com os Não-conformistas — ou seja, eles não se conformavam à estabelecida Igreja da Inglaterra. Spurgeon cresceu em um vilarejo rural, um local praticamente isolado da Revolução Industrial, que se difundia na maior parte da Inglaterra.

Spurgeon converteu-se ao cristianismo em uma reunião na Igreja Metodista Primitiva, em 1850, aos 16 anos. Logo tornou-se batista (para infelicidade de sua mãe) e, quase imediatamente, começou a pregar. Considerado um pregador prodígio — "o surpreendente garoto do brejo" — Spurgeon atraía grandes públicos e conquistou uma reputação que se estendia desde todo o interior até Londres. Como consequência desse grande sucesso, Spurgeon foi convidado para pregar na Capela de *New Park Street*, em Londres, em 1854, quando tinha apenas 19 anos. Quando pregou nessa igreja pela primeira vez, não foram ocupados nem 200 assentos. Em apenas um ano, todos os 1.200 assentos estavam tomados, chegando até mesmo a exceder a capacidade de lotação. A seguir, ele começou a pregar em locais cada vez maiores e cada um deles ia se tornando pequeno, até que, finalmente, em 1861, o *Metropolitan Tabernacle* foi concluído, onde acomodavam-se 6.000 pessoas. Essa seria a base de Spurgeon por todo o restante de seu ministério, até sua morte, em 1892, aos 57 anos.

Spurgeon casou-se com Susannah Thompson em 1856 e, sem demora, tiveram filhos gêmeos, Charles e Thomas, que mais tarde seguiriam os passos de seu pai em seu trabalho. Spurgeon abriu a *Faculdade para Pastores*, uma escola de treinamento para pregadores, a qual capacitou mais de 900 pregadores enquanto ele viveu. Abriu ainda orfanatos para meninos e meninas desfavorecidos, provendo educação para cada um deles. Ele e Susannah também desenvolveram um programa para publicar e distribuir literatura cristã. Diz-se que ele pregou para mais de 10 milhões de pessoas durante os 40 anos de seu ministério. Seus sermões vendiam mais de 25 mil cópias, semanalmente, e foram traduzidos para 20 idiomas. Spurgeon era grandemente comprometido com a propagação do evangelho por meio da pregação e da palavra escrita.

Durante sua vida, a Revolução Industrial transformou a Inglaterra de sociedade rural e agrícola em uma sociedade urbana e industrializada, com todas as consequentes dificuldades e horrores de uma grande transição social. As pessoas que se deslocaram por conta dessas extensas mudanças — operários nas fábricas e proprietários de lojas — tornaram-se a congregação de Spurgeon. Ele mesmo era proveniente de um pequeno vilarejo e fora transferido para uma cidade grande e inóspita e, por isso, era um homem comum e compreendia, de forma inata, as necessidades espirituais das pessoas comuns. Era um comunicador que transmitia a mensagem do evangelho de forma muito convincente, que falava com brilhantismo às profundas necessidades das pessoas, e os ouvintes acolhiam sua mensagem.

É importante ressaltar que Spurgeon pregava em dias anteriores à existência de microfones ou alto-falantes. Em outras palavras, ele pregava sem o benefício dos sistemas amplificadores. Certa vez, pregou para uma multidão de mais de 23 mil pessoas sem qualquer amplificação mecânica. Ele mesmo era a presença eletrizante na plataforma: não apenas se colocava em pé e lia um sermão elaborado. Usava um esboço, desenvolvendo seus temas espontaneamente e falando "em linguagem comum a pessoas comuns". Seus sermões eram repletos de histórias e poesia, drama e emoção. Ele era impressionante, sempre em movimento, caminhando de um lado para o outro na plataforma. Gesticulava bastante, encenava as histórias, usava humor e trazia vida às palavras. Para Spurgeon, pregar era comunicar a verdade de Deus, e ele usava todo e qualquer talento a seu dispor para realizar essa tarefa.

A pregação de Spurgeon se ancorou em sua vida espiritual, uma vida rica em oração e estudo das Escrituras. Não se deixava influenciar por modismos, fossem eles tecnológicos, sociais ou políticos. A Palavra de Deus era a pedra angular de sua vida e homilética. Era, principalmente, um pregador expositivo, que explorava a passagem bíblica por seu significado dentro do texto, e na vida de cada um dos membros de sua congregação. Para Spurgeon, as Escrituras eram vivas e relevantes para a vida das pessoas, independentemente do status social, situação econômica ou época em que viviam.

Tem-se a sensação de que Spurgeon acolheu completamente a revelação divina: a revelação de Deus por intermédio de Jesus Cristo, por meio das Escrituras e de suas próprias orações e estudos. Para ele, a revelação não era um ato concluído: Deus ainda se revela, se a pessoa se colocar à disposição. Alguns reconhecem Spurgeon como místico, alguém que desejava e almejava explorar os mistérios de Deus, capaz de viver com aquelas porções da verdade que não se conformam com um sistema da teologia em particular, perfeitamente confortável em afirmar: "Disto eu sei; sobre isto não sei, mesmo assim crerei".

Cada um dos sermões nesta coleção foi pregado num momento diferente no ministério de Spurgeon; cada um deles tem características distintas. Estes sermões não formam uma série, uma vez que não foram criados nem planejados para serem sequenciais. Tampouco foram homogeneizados ou editados a fim de soar como se seguissem todos um estilo específico. Em vez disso, eles refletem o próprio pregador, permitindo que a voz desse homem admirável soe claramente à medida que o leitor é conduzido, em um relato em particular ou evento em especial, para experenciar, com Spurgeon, a peculiar revelação divina.

Ouça, à medida que lê. Estas palavras têm a intenção de serem ouvidas, não apenas lidas. Ouça cuidadosamente e você escutará a cadência destas pregações notáveis, os ecos das verdades divinas atemporais que trespassam os tempos. Acima de tudo, usufrua do entusiasmo de Spurgeon, seu fervor, sua devoção, seu zelo, a fim de reconhecer e responder ao convite sempre presente que Deus lhe faz para que você se relacione com o seu Criador.

1

ADÃO:
COMO DEUS VEM ATÉ NÓS[1]

*Quando ouviram a voz do SENHOR Deus,
que andava no jardim pela viração do dia,
esconderam-se da presença do SENHOR Deus,
o homem e sua mulher, por entre as árvores
do jardim. E chamou o SENHOR Deus ao homem
e lhe perguntou: Onde estás?* —Gênesis 3:8-9

"Como Deus virá até nós agora que nos rebelamos contra Ele?" Essa é uma questão que deve ter deixado nossos primeiros pais muito perplexos, e eles podem ter dito um para o outro: "Talvez Ele não venha até nós, e então seremos realmente órfãos. Se fomos poupados para viver, devemos continuar nossa vida, mas sem Deus e sem esperança

---

[1] Sermão n.º 2900, publicado na quinta-feira, 8 de setembro de 1904; ministrado na noite de quinta-feira, 13 de julho de 1876, no Metropolitan Tabernacle, Newington.

no mundo". A pior coisa que poderia ter acontecido à nossa raça seria se Deus tivesse deixado este planeta para seguir seu próprio curso, e tivesse dito, a respeito das pessoas que nele estavam: "Vou deixá-los à sua própria sorte, pois eles estão entregues aos ídolos".

Mas, se Ele foi até nossos primeiros pais, de que maneira Ele o fez? Certamente, Adão e Eva devem ter temido que Ele aparecesse acompanhado pelos anjos da vingança, a fim de destruí-los imediatamente, ou, pelo menos, para deixá-los presos em correntes e grilhões para sempre. Então eles se questionaram: "Ele virá, e, se o fizer, Sua vinda envolverá a destruição total da raça humana?". O coração deles deve ter ficado profundamente desnorteado enquanto esperavam para ver o que Deus faria com eles como punição pelo grande pecado que haviam cometido.

Acredito que eles tenham pensado que o Senhor viria até eles. Eles haviam conhecido Sua graciosidade, a partir de suas experiências anteriores, e por isso tinham certeza de que Ele viria; e ainda assim, como eles também haviam entendido sobre Sua santa ira contra o pecado, devem ter temido Sua vinda; e então acabaram se escondendo entre as árvores do jardim, embora cada árvore deva tê-los repreendido por sua desobediência, pois cada uma delas parecia dizer: "Por que vocês estão aqui? Vocês comeram do fruto da árvore da qual foram proibidos de comer. Vocês violaram o comando do Seu Criador, e sua sentença de morte já foi determinada. Quando Ele vier, certamente será para lidar com vocês em juízo, de acordo com Sua fiel palavra; e quando Ele o fizer, o que será de vocês?". Cada folha, ao farfalhar, deve tê-los assustado e alarmado. O sopro da brisa noturna, ao passar pelo jardim, deve tê-los enchido de medo e pavor quanto à condenação que os aguardava.

Então, na "viração do dia" (Gn 3:8) ou, como diz no hebraico, "no vento do anoitecer", quando a brisa do crepúsculo soprava pelo jardim, Deus chegou. É difícil para nós até imaginar como Ele se revelou para eles. Suponho que Deus deva ter assumido alguma forma visível. O que ouviram no jardim foi a "voz do SENHOR Deus" (v.8), e vocês sabem que é a Palavra de Deus que se agradou em tornar-se visível para nós em carne humana. Ele talvez tenha assumido alguma forma pela qual eles pudessem vê-lo; pois Deus, sendo um Espírito puro, não poderia ser reconhecido por ouvidos nem por olhos humanos.

Eles ouviram Sua voz falando, enquanto o Senhor caminhava pelo jardim, na viração do dia; e quando Ele chamou Adão, não obstante houvesse uma ira justa no tom de Sua voz, Suas palavras foram muito calmas e dignas e, até onde deveriam ser, até ternas; pois, embora vocês possam ler as palavras dessa forma: "Adão, onde estás?" (v.9), também podem lê-las assim: "Onde você está, pobre Adão; onde você está?". Poderíamos colocar um tom de compaixão em tais palavras, e ainda assim não as interpretaríamos mal. Assim, na viração do dia, o Senhor aproxima-se, com mansidão, e os chama para prestar contas; pacientemente, ouve suas perversas desculpas e, em seguida, pronuncia sobre eles uma sentença que, embora pesada para com a serpente, e pesada para com todos os que não são salvos pela maravilhosa semente da mulher, ainda assim há muita misericórdia mesclada com a promessa de que essa semente feriria a cabeça da serpente — uma promessa que deve ter brilhado em suas almas tristes e pecaminosas como uma estrela brilhante solitária se mostra na escuridão da noite.

Esse incidente me ensina que Deus, mais cedo ou mais tarde, virá aos pecadores, e também podemos deduzir, pela maneira como Ele veio aos nossos primeiros pais, como é provável que Ele venha até nós.

Sua vinda será diferente para cada pessoa; porém deduzimos, a partir de tal incidente, que Deus certamente virá aos pecadores, mesmo que Ele espere até o entardecer. Em última análise, também podemos compreender um pouco mais sobre como o Senhor virá a toda a humanidade.

Lembre-se disto, pecador: por mais distante que você esteja de Deus, algum dia você terá que se aproximar dele. Você pode colher os frutos que Ele lhe proíbe de tocar ou pode esconder-se entre os ramos espessos das árvores no jardim e pensar que está escondido; contudo, você terá que ficar face a face com o seu Criador em algum momento. Pode não ser hoje ou amanhã; pode não ser até "a viração do dia"; ou ainda, pode não ser até que o próprio tempo não exista mais; entretanto, no fim, você terá que enfrentar seu Criador. Como o cometa, que passa longe do Sol, orbitando sem rumo no espaço por uma distância totalmente inconcebível, e ainda assim tem que voltar, não importando quanto tempo leve sua órbita, assim você terá que voltar para Deus, seja de boa vontade, arrependido, esperançoso, ou então de má vontade e acorrentado, para receber sua sentença de condenação dos lábios do Todo-Poderoso, em quem você provocou a ira por seu pecado. Mas Deus e você deverão se encontrar, tão certo quanto agora você está vivendo aqui. Em algum momento ou outro, cada um de vocês deverá ouvir a voz do

Senhor Deus lhes perguntando, como Ele perguntou a Adão: "Onde estás?".

Bem, desse encontro entre Deus e o homem caído, eu aprendo algumas lições, que compartilharei com vocês conforme o Espírito Santo me capacitar.

1. A primeira lição é esta: Deus não se encontrou com o homem decaído antes da viração do dia. Isso mostra *a grande paciência de Deus com os pecadores*.

Se Adão e Eva pecaram pela manhã, ou no meio do dia, ou ao anoitecer, não sabemos. Não é necessário que saibamos disso; mas é provável que o Senhor Deus tenha permitido um intervalo para intervir entre o pecado e a sentença. Ele não estava com pressa de chegar, porque Ele não poderia vir, senão com Sua ira, para fazê-los enxergar seus pecados. Vocês sabem como o temperamento de alguns homens é genioso. Se são provocados, é uma palavra e um golpe com eles, pois não têm paciência. É a nossa pequenez que nos impacienta.

Deus é tão grande que pode suportar muito mais do que nós, e embora o pecado de nossos primeiros pais o tenha provocado profundamente — tamanha é Sua glória e santidade que Ele não pode olhar para a imoralidade sem indignação —, ainda assim Ele parecia dizer a si mesmo: "Devo ir e chamar essas duas criaturas minhas para que prestem contas de seu pecado; no entanto, deleito-me na misericórdia, e não no julgamento. Esta manhã, abri as cortinas que os protegiam durante a noite e derramei a luz do sol sobre eles, nem um segundo a mais da hora marcada, e fiquei feliz em fazê-lo; e, o dia todo, tenho derramado misericórdias sobre eles, e o orvalho noturno refrescante já está começando a cair sobre eles. Não descerei a eles até o último momento possível. Vou esperar até a viração do dia". Deus não fará nada no calor da emoção; tudo deve ser ponderado e calmo, majestoso e divino.

O fato de que Deus não veio questionar Suas criaturas pecaminosas até o entardecer deve nos ensinar a grandeza de Sua paciência; também deve nos ensinar a sermos pacientes com os outros. Como Deus tem sido maravilhosamente paciente com alguns de vocês que estão aqui! Vocês têm vivido muitos anos e desfrutado de Sua misericórdia, mas mal pensaram nele. Certamente, não entregaram o coração de vocês ao Senhor; mas Ele não veio para tratar desse assunto com vocês ainda. Ele esperou 20 anos por vocês, jovens; 30 anos, 40 anos, por vocês que já são de meia-idade; 50 anos, 60 anos por vocês que estão superando esse período; 70 anos, talvez, ou mesmo 80 anos; pois Ele "tem prazer na misericórdia" (Mq 7:18), não no juízo.

Setenta anos é um longo dia de vida, mas muitas pessoas gastam todo esse tempo perpetuando novos pecados. Ao serem chamadas ao arrependimento, repetidas vezes, elas só se tornam mais rebeldes ao resistir ao chamado da misericórdia. Favorecidas com tantas bênçãos quanto os grãos de areia da praia, elas só se mostram mais ingratas por deixarem de apreciar todas essas bênçãos. É maravilhoso que Deus esteja disposto a esperar até o entardecer de um dia de vida tão longo, tão longo como 70 ou 80 anos.

Quão pacientes, então, devemos ser uns com os outros? Vocês, pais, são sempre pacientes com seus filhos, seus filhos pequeninos que podem não os ter ofendido voluntária ou conscientemente? Quanta paciência vocês devem sempre dedicar a eles! E vocês têm a mesma paciência com um amigo ou irmão que lhes insulta ou fala grosseiramente contra vocês? Deveriam ter! Jamais devemos pegar nosso irmão pelo pescoço e dizer a ele: "Paga-me o que me deves" (Mt 18:28), visto que encontramos Deus deliberadamente esperando até a viração do dia, antes de Ele vir até aqueles que o ofenderam, e ainda assim não proferir mais palavras de ira do que merecia ser proferido, e ainda mescla tais palavras com Sua infinita misericórdia.

2. A segunda lição que posso depreender sobre a vinda do Senhor a Adão e Eva na viração do dia é o *Seu divino cuidado com os pecadores.*

Embora Deus não tenha vindo até a viração do dia, manifestando assim Sua paciência, quando Ele chegou, revelou Seu cuidado com aqueles que haviam pecado contra Ele. O Senhor poderia tê-los deixado sozinhos a noite toda — a noite toda sem seu Deus, a noite toda sem Ele, depois de terem feito exatamente o que Ele os havia proibido de fazer; a noite toda — uma noite sem dormir, uma noite assustadora, uma noite que teria sido assombrada por mil medos; durante toda a noite, com essa grande batalha estremecendo na balança, com a grande questão de sua punição sem solução e um inexprimível medo do futuro pairando sobre eles. Muitos de vocês sabem que ser mantido em suspense é quase pior do que qualquer outro problema no mundo. Se um homem soubesse que deveria ser decapitado, seria mais fácil morrer imediatamente do que ter que se ajoelhar com o pescoço na guilhotina, ciente da lâmina reluzente erguida acima dele, sem saber quando seria disparada. O suspense é pior do que a morte; parece que sentimos mil mortes enquanto ficamos na expectativa de uma delas. Portanto, Deus não deixaria Adão e Eva em suspense durante toda a noite, depois do que haviam feito contra Ele. Então veio até eles no entardecer, na viração do dia.

Havia mais uma razão pela qual o Senhor viera até eles, apesar do fato de eles o terem desobedecido, e de que Ele teria que puni-los: Deus se lembrou de que eles ainda eram Suas criaturas. Ele parecia estar dizendo a si mesmo: "O que devo fazer com eles? Não devo destruí-los totalmente; mas como posso salvá-los? Devo cumprir minha ordem, pois minha palavra é verdadeira; mas também devo considerar como posso poupá-los, pois sou gracioso, e minha glória será elevada pela manifestação de minha graça para com eles". O Senhor os contemplou como os progenitores designados de Seus eleitos e considerou Adão e Eva; assim esperamos também, como Seus eleitos, a quem Ele amava apesar de seus pecados. Então Deus parecia dizer: "Não os deixarei a noite toda sem a promessa que iluminará sua escuridão". Foi apenas uma promessa e, talvez, não tenha sido claramente compreendida por eles; ainda assim, era uma promessa do Senhor, embora tenha sido declarada à serpente: "Porei inimizade entre ti e a mulher, entre a tua descendência e o seu descendente. Este te ferirá a cabeça, e tu lhe ferirás o calcanhar" (Gn 3:15). Portanto, nem por uma noite essas pobres criaturas de Deus caídas foram deixadas sem pelo menos uma estrela para brilhar na escuridão por elas; dessa maneira, o Senhor mostrou Seu cuidado com elas. E ainda assim, caros amigos, mesmo que Deus seja tardio em se irar, Ele está sempre pronto para perdoar e é muito terno e compassivo, mesmo quando Ele tem que emitir uma sentença sobre o culpado. "Não repreende perpetuamente, nem conserva para sempre a sua ira" (Sl 103:9). Você pode ver Seu cuidado e consideração até mesmo pelos mais indignos de nós, pois o Senhor não nos aniquilou em nossos pecados. Não estamos

Nem em tormento, nem no inferno.

Podemos ver os sinais de Sua bondade na roupa que vestimos e na comida da qual compartilhamos por Sua generosidade. Muitas de Suas dádivas vêm não apenas para aqueles que não as merecem, mas para aqueles que merecem ser preenchidos com o fel e o absinto da ira onipotente para sempre.

3. Quanto à terceira lição, quero mostrar a vocês que, *quando o Senhor veio, Ele nos deu um exemplo de como o Espírito de Deus vem para despertar a consciência dos homens.*

Já disse que, mais cedo ou mais tarde, Deus virá para confrontar cada um de nós. Oro para que, se Ele nunca veio a você, caro amigo, no sentido de despertar sua consciência e fazê-lo se sentir um pecador, que Ele venha até você muito rapidamente. E quando Ele chega, para despertá-lo e acordá-lo, é mais ou menos assim.

Primeiro, *Ele vem no momento oportuno*: "na viração do dia" (Gn 3:8). O trabalho de Adão estava feito, e Eva não tinha mais o que fazer até o dia seguinte. Em tempos mais felizes, naquela hora, eles estavam acostumados a sentar e descansar.

Então Deus vem até eles, e o Espírito de Deus, quando vem para despertar os homens, geralmente os visita quando têm um pouco de tempo para pensar em silêncio. Você apareceu e ouviu um sermão; a maior parte escapou da sua memória, mas houve algumas palavras que o impressionaram, de forma que você não poderia se livrar delas. Mas talvez você não tenha pensado mais na mensagem que ouviu. Outra coisa veio e desviou sua atenção. Porém, um pouco depois, você teve que vigiar a noite toda ao lado da cama de um amigo doente; e então Deus veio até você e trouxe à sua memória as palavras que você havia esquecido. Ou pode ser que alguns textos das Escrituras, que você aprendeu quando era criança, começaram a falar com você durante as vigílias da noite. Ou talvez você estivesse seguindo por uma estrada solitária, ou pode ser que você estivesse no mar em uma noite escura, e as ondas o golpeavam violentamente de forma que não conseguia dormir, e você até temia ser tragado pelo mar revolto. Então, veio a voz do Senhor Deus falando pessoalmente com você. Quando outras vozes foram silenciadas, houve uma oportunidade para que a voz de Deus fosse ouvida.

O Senhor não apenas veio a Adão e Eva no momento oportuno, mas *falou com Adão pessoalmente*, dizendo: "Onde *você* está?" (Gn 3:9 NAA). Um dos grandes erros em relação a toda pregação é que muitos ouvintes persistirão em ouvir a mensagem como se fossem para outras pessoas. Eles ouvem um sermão fiel ao evangelho e depois dizem: "Essa mensagem se encaixaria perfeitamente com o vizinho Fulano de Tal. Que pena que a Sra. Sicrana não ouviu! Essa teria sido a palavra certa para ela". Pode ser verdade, mas o fato é que, quando Deus vier a você, como veio a Adão e Eva — e se você não for convertido, oro para que Ele o faça —, cada palavra do sermão que Ele entregar será direcionada a você. Ele dirá: "Adão", ou "João", ou "Maria", ou qualquer que seja o seu nome, "onde *você* está?". A pergunta será dirigida apenas a você; não terá relação com nenhum de seus vizinhos, mas apenas com você. A pergunta poderá ser algo assim: "Onde está você? O que você tem feito? Qual é a sua condição agora? Você se arrependerá agora ou ainda continuará em seus pecados?". Você, meu jovem, já teve alguma experiência como esta? Você foi ao teatro, mas, quando voltou para casa, disse que não tinha gostado e que seria melhor não ter ido. Você foi para a cama, mas não conseguiu dormir. Parecia que Deus tinha vindo para lutar e refletir com você sobre sua vida passada, trazendo à tona uma coisa após a outra em que você pecou contra Ele.

Em todos os casos, é assim que o Senhor lida com muitos; e, se Ele também faz assim com você, seja grato por isso, entregue-se a Deus e não lute contra Ele. Muito me alegra quando os homens não encontram a felicidade nas coisas mundanas, pois, enquanto puderem ser felizes com tais coisas, eles serão. É sempre uma grande misericórdia quando eles começam a se cansar das iguarias do Egito, porque, então, podemos levá-los, pela orientação de Deus, a buscar o leite e o mel da terra de Canaã, mas não antes disso. É uma grande bênção quando o Senhor coloca particularmente diante de você uma visão verdadeira de sua própria condição aos olhos dele, e faz com que você olhe para isso com tanta seriedade, concentrando todo o seu pensamento nisso, de modo que você nem mesmo consegue começar a pensar nos outros, porque você é compelido a examinar a si mesmo, para ver qual é a sua real condição em relação a Deus.

Quando o Senhor vem aos homens e fala pessoalmente com eles, *Ele os faz reconhecer sua condição de perdidos*. Você não vê que isso está implícito na pergunta: "Onde você está?". Adão estava perdido — perdido para Deus, perdido para a santidade, perdido para a felicidade. O próprio Deus diz: "Onde você está?". Isso era para deixar Adão saber o seguinte: "Eu perdi você, Adão; antes, eu podia falar com você como um amigo, mas não posso mais fazer isso. Você já foi meu filho obediente, mas agora não é mais; eu perdi você. Onde você está?". Que Deus, o Espírito Santo, convença cada pessoa não convertida aqui de que ela está perdida, não apenas perdida para si mesma e para o Céu, para a santidade e a felicidade, mas perdida para Deus. Foi sobre os perdidos de Deus que Cristo falou tantas vezes. Ele mesmo era o bom Pastor, que reuniu seus amigos e vizinhos, dizendo-lhes: "Alegrai-vos comigo, porque já achei a minha ovelha perdida" (Lc 15:6); e Ele representa Seu Pai falando de Seu filho quando este voltou para Ele: "Este meu filho estava morto" — morto para mim — "e reviveu, estava perdido" — perdido para mim — "e foi achado" (Lc 15:24). O valor de uma alma para Deus, e a concepção de Deus quanto à perda, no caso, de cada alma individual, é algo sobre o qual vale a pena refletir e calcular, se é que pode ser calculado. Ele faz o homem perceber que está perdido por seus próprios lamentos e súplicas, mesmo quando perguntou a Adão: "Onde você está?".

Você observará, também, que o Senhor não apenas veio até Adão e o questionou pessoalmente, mas *também fez Adão o responder*; e, se o Senhor, dessa mesma forma, assenhorear-se de qualquer um de vocês, falando-lhes na viração do dia, e questioná-los sobre sua condição perdida, Ele os fará confessar seus pecados e os levará a reconhecer que tais pecados são realmente seus. Ele não os deixará como Adão queria ser deixado; isto é: colocando a culpa da desobediência sobre Eva; e Ele não os deixará como Eva tentou ser deixada; ou seja: jogando a culpa para o diabo. Antes que o Senhor conclua tal questão com você, Ele o levará a perceber que você deve sentir, confessar e reconhecer que é realmente culpado de seu próprio pecado e que deve ser punido por isso. Quando Deus o levar até esse ponto, e você não tiver absolutamente nada a dizer em sua defesa, então Ele o perdoará.

Lembro-me bem de quando o Senhor me colocou de joelhos dessa maneira e esvaziou toda a minha autoconfiança e justiça própria, até que eu sentisse que o lugar mais quente do inferno era o meu devido merecimento, e que, se Ele salvasse todos os outros, mas não me salvasse, ainda assim Ele seria justo e reto, pois eu não tinha direito algum a ser salvo. Então, quando fui obrigado a sentir que deveria ser totalmente pela graça, ou então não poderia haver salvação para mim, Deus falou terna e gentilmente para mim; mas, a princípio, não parecia haver nenhuma ternura ou compaixão para minha alma. Lá estava o Senhor vindo a mim, expondo o meu pecado, revelando-me minha condição perdida e me fazendo estremecer e tremer, enquanto eu temia que a próxima coisa que Ele diria para mim seria: "Afaste-se de mim, maldito, para o fogo eterno no inferno". No entanto, em vez disso, em tom de maravilhoso amor e graciosidade, Ele me disse que tinha me colocado entre os Seus filhos: "Com amor eterno eu te amei; por isso, com benignidade te atraí" (Jr 31:3). Bendito seja o nome do Senhor, para todo o sempre, por um tratamento tão incrível como esse, dispensado aos pecadores e perdidos.

4. Em quarto, e muito solenemente, quero mostrar a vocês que *a vinda do Senhor até Adão e Eva também é profética quanto à maneira pela qual Ele virá como Juiz para aqueles que o rejeitam como Salvador.*

Já lembrei a vocês, não convertidos, de que, tão certo quanto vocês vivem, vocês terão que chegar a um relacionamento íntimo com Deus, como o restante de nós. Mais cedo ou mais tarde, você terá que conhecê-lo e saber que Ele o conhece. Não haverá como escapar de uma entrevista que será a mais séria e terrível para você. E isso acontecerá "na viração do dia". Não sei exatamente quando será. No meu caminho para cá, fui chamado para ver uma jovem, beirando seus 30 anos, para quem "a viração do dia" chegou. A tuberculose tornou seus dias de vida relativamente curtos; mas, bendito seja Deus! Sua graça a tornou muito feliz, e ela não está com medo de ouvir a voz do Senhor Deus chamando-a para casa, "na viração do dia". É bom que ela não tenha medo, mas você, que não crê em Jesus, terá que ouvir essa mesma voz divina na viração do dia da sua vida. Você pode ser poupado e envelhecer; a força da juventude e da masculinidade terão ido, e você começará a se apoiar em sua bengala e a sentir que não tem mais o vigor que costumava ter, que não pode trabalhar arduamente como costumava fazer e que não deve atrever-se a subir as montanhas como antes. Isso será "a viração do dia" para você, e então o Senhor Deus virá e lhe dirá: "Põe em ordem a tua casa, porque morrerás e não viverás" (2Rs 20:1).

Às vezes, a viração do dia, isto é, o entardecer, atinge um homem exatamente quando ele gostaria que fosse o amanhecer, o auge do dia. Ele está ganhando dinheiro, e seus filhos estão se multiplicando ao seu redor; então ele deseja ficar neste mundo um pouco mais. Entretanto, o amanhã não lhe pertence. Ele irá para sua cama e ficará lá por muitos dias e noites, e então ouvirá a voz do Senhor Deus dizendo: "Onde está você em relação a mim? Você me amou com todo o seu coração, mente, alma e força? Você me serviu? Você se reconciliou comigo pela morte de meu Filho?". Perguntas como essas virão a nós com tanta certeza quanto Deus nos criou, e teremos que prestar contas das ações praticadas enquanto nesse corpo, independentemente se foram boas ou más.

Oro para que vocês pensem nessas coisas, e não digam: "Ó! isso não vai acontecer agora". Isso está além do que qualquer um de nós pode dizer. Permitam-me lembrá-los de que a vida é muito curta, mesmo a mais longa delas. Estou apelando especialmente para os que têm a minha idade. Vocês, caros amigos, não percebem que, quando se têm entre 40 e 50 anos, as semanas parecem ser muito mais curtas do que costumavam ser quando eram jovens? Portanto, concluo que, quando nossos amigos têm 70 ou 80 anos, o tempo deve parecer ainda mais curto para eles do que antes. Penso que uma das razões pelas quais Jacó, quando tinha 130 anos, disse ao Faraó: "...poucos e maus foram os dias dos anos da minha vida..." (Gn 47:9), foi simplesmente por ele ser realmente um homem bem idoso, embora não fosse tão idoso quanto seus antepassados, e aquele tempo parecia ainda mais curto para ele do que para os homens mais jovens. Se for assim, então suponho que, quanto mais tempo um homem vive, mais curto o tempo lhe parece ser. Seja curto ou longo, sua parte nisso logo terminará, e você será chamado a descansar seus pés sobre a cama e encontrar o Deus de seus pais.

Quando essa hora solene e decisiva chegar, sua entrevista com Deus terá que ser particular. Os apoiadores não serão úteis para ninguém em um leito de morte. De nada valerá, então, pedir a amigos cristãos que compartilhem de seu fardo. Eles não serão capazes de dar do azeite deles a você, pois eles não têm graça suficiente para eles próprios e para você. Se você vive e morre sem aceitar a ajuda do único Mediador entre Deus e o homem, todas essas questões terão que ser resolvidas entre sua alma e Deus, sem que ninguém mais se interponha entre você e seu Criador; e tudo isso pode acontecer a qualquer momento. Essa conversa particular entre Deus e sua alma, no fim de sua vida, pode estar agendada para acontecer nesta mesma noite, e eu sou enviado, como um mensageiro, apenas para dar-lhe este aviso, para que você não encontre seu Deus totalmente de surpresa, mas possa, de qualquer forma, ser convidado e exortado a se preparar para esta grande entrevista.

Seja quando for que esta entrevista ocorrer, Deus lidará com você com seriedade solene, mostrando pessoalmente para você os seus pecados. Você será incapaz de negá-los, pois haverá Alguém presente na entrevista, que viu tudo, e as indagações que Ele fará sobre o estado de sua alma serão muito perspicazes. Ele não perguntará apenas sobre um pecado, mas sobre todos os seus pecados. O Senhor não só perguntará sobre sua vida pública, mas também sobre sua vida privada; e não indagará apenas sobre suas ações, mas sobre suas palavras, suas vontades e seus pensamentos e sobre toda a sua posição em relação a Ele mesmo, como Ele perguntou a Adão: "Onde você está?".

Na minha imaginação — oro para que seja apenas em minha imaginação —, vejo alguns de vocês morrerem sem serem salvos; e vejo vocês passando para o próximo mundo sem perdão, e suas almas percebem, pela primeira vez, qual foi a experiência do homem rico, de quem o nosso Salvador disse: "No inferno, estando em tormentos, levantou os olhos..." (Lc 16:23) — como se ele já tivesse adormecido antes e acabara de despertar para sua verdadeira condição. "Ele levantou os olhos" e olhou em volta, mas não conseguiu ver nada, exceto o que lhe causou consternação e horror; não havia nenhum indício de alegria ou de esperança, nenhum resquício de tranquilidade ou de paz. Então, através da terrível escuridão, veio o som de perguntas como estas: "Onde está você, pecador? Você estava em uma casa de oração há algumas semanas, e o pregador o incentivou a buscar o Senhor, mas você procrastinou. Onde você está agora? Você disse que o inferno não existia, mas o que você diz sobre isso agora? Onde está você? Você desprezou o Céu e recusou a Cristo; onde você está agora?". Que horror se apoderará de tal alma, pois não se conformará com o fato de que ela mesma se colocou nessa condição, da qual foi alertada e convidada a escapar, mas a qual voluntariamente escolheu para si, cometendo suicídio eterno! O Senhor, em misericórdia, preserva todos vocês de fazer isso! Mas, se vocês o fizerem, então sairá dos lábios do Deus justamente ofendido esta sentença irrevogável: "Apartai-vos de mim, malditos..." (Mt 25:41).

Uma das coisas mais terríveis vinculada a esse encontro de Deus com Adão foi que Adão teve que responder às perguntas do Senhor. O Senhor disse-lhe: "Comeste da árvore de que te ordenei que não comesses?" (Gn 3:11). Em nossos tribunais, não exigimos que os homens respondam a perguntas que os incriminariam, mas Deus o faz; e, no último grande dia, os ímpios serão condenados por sua própria confissão de culpa. Enquanto estão neste mundo, estão mascarados e declaram que não fizeram mal a ninguém, nem mesmo a Deus. Eles mesmos pagam suas contas e são tão bons quanto seus vizinhos e melhores do que a maioria deles. Contudo, todas as suas fanfarronices e tudo de que se gabam terão desaparecido no dia do julgamento, e eles ficarão mudos diante de Deus — e, pelo silêncio deles, reconhecerão sua culpa diante do Senhor; ou se eles falarem, suas justificativas e desculpas vãs apenas os convencerão ainda mais de que são culpados. Com seus próprios lábios, eles se condenarão, como aquele servo perverso e indolente que foi lançado nas trevas exteriores onde havia choro e ranger de dentes. Queira Deus que nunca saibamos, a partir de uma triste experiência pessoal, o que significa tal expressão!

5. Por último, para nós que cremos em Cristo, o encontro de Deus com Adão deve nos levar *a esperar encontrá-lo nos termos mais amorosos.*

Ora, mesmo quando o Senhor veio para questionar o culpado Adão e sentenciá-lo, Ele o fez tão gentilmente e misturou com o trovão de Sua indignação a suave chuva de Sua graça, ao lançar a promessa de que a semente da mulher feriria a cabeça da serpente. Por isso, não podemos esperar que Deus nos encontre, em breve, nos termos mais amorosos, se somos parte da descendência dessa mulher e fomos salvos por Jesus Cristo, Seu Filho?

Ele virá ao entardecer, irmão e irmã, quando o trabalho do dia terminar; portanto, não se preocupe com o fardo e o calor do dia. O dia mais longo e quente terminará; você não viverá aqui para sempre. Você não terá que se matar de trabalhar continuamente para tentar ganhar uma vida escassa. Você nem sempre terá que olhar para seus filhos e se perguntar onde conseguirá o pão para alimentá-los. Não, os dias na Terra não podem durar para sempre; e, como muitos de vocês, o Sol já subiu a colina e começou a descer do outro lado, e "a viração do dia" logo virá. Posso ver muitos de vocês que já alcançaram esse período. Você se aposentou do serviço ativo, está descansando dos muitos anos de trabalho e agora está esperando que seu Mestre venha até você. Fique tranquilo, porque Ele não se esquecerá de você, pois prometeu que virá. Em breve, você ouvirá a Sua voz dizendo que Ele está caminhando no jardim e vindo até você. O bom e velho Rowland Hill[2], quando percebeu que estava ficando muito fraco, disse: "Espero que eles não tenham se esquecido do pobre e velho Rowley lá em cima". Ele sabia que não havia sido esquecido! E nem você, amado, o será.

Você ouvirá a voz do seu Senhor em pouco tempo; e a misericórdia é que você saberá quando ouvir. Você nunca ouviu isso antes? Muitas vezes, nesta casa, você ouviu Sua voz e ficou feliz. No frescor de muitas noites, você se sentou quieto e comungou com Deus. Gosto de ver uma senhora cristã, com sua grande Bíblia aberta, sentada por horas a fio e traçando com o dedo as preciosas palavras do Senhor,

---

[2] Professor, administrador e reformista britânico que propôs uma reforma postal: uma tarifa reduzida e de valor fixo na postagem de correspondências que passaria a ser arcada pelo remetente e não mais pelo destinatário como era o costume, pois isso gerava prejuízo, visto que o destinatário evitava o pagamento ao recusar o recebimento. Para comprovar o pagamento, um pequeno adesivo seria colocado no envelope. Nasceu assim o selo postal, em 1840.

comendo-as, digerindo-as, vivendo com elas e achando-as mais doces para sua alma do que o mel ou o destilar dos favos ao seu paladar. Bem, então, como você ouviu a voz do seu Senhor, e conhece tão bem os tons dessa voz, como você está acostumado a ouvi-la por tanto tempo, você não ficará surpreso ao ouvi-la nos últimos momentos de sua vida. Você não correrá para se esconder como Adão e Eva fizeram. Você está coberto com o manto da justiça de Cristo, então não tem que temer a nudez e pode responder: "O meu Senhor perguntou, 'Onde você está?', e eu respondi: 'Eis-me aqui, pois o Senhor me chamou'. O Senhor me perguntou onde estou? Estou escondido no Seu Filho; eu sou 'aceito no Amado'. O Senhor disse: 'Onde você está?'. Estou aqui, pronto e esperando ser arrebatado de acordo com a Sua promessa de que, onde o Senhor estiver, lá eu estarei também, eu posso ver Sua glória". Ora, certamente, amado, como este é o caso, você pode até ansiar pelo anoitecer em que você ouvirá a voz de Deus, e subirá, e se afastará desta terra de sombras e do frio orvalho noturno para aquele lugar abençoado onde a glória brilha eternamente; o Cordeiro é a sua luz, e os dias de seu luto terminarão para sempre.

Que Deus permita a todos vocês terem uma parte dessa glória, pelo amor de Seu Filho amado! Amém.

2

ENOQUE: ANDANDO COM DEUS[3]

Enoque viveu sessenta e cinco anos e gerou a Metusalém. Andou Enoque com Deus; e, depois que gerou a Metusalém, viveu trezentos anos; e teve filhos e filhas. Todos os dias de Enoque foram trezentos e sessenta e cinco anos. Andou Enoque com Deus e já não era, porque Deus o tomou para si. —Gênesis 5:21-24

Pela fé, Enoque foi trasladado para não ver a morte; não foi achado, porque Deus o trasladara. Pois, antes da sua trasladação, obteve testemunho de haver agradado a Deus. De fato, sem fé é impossível agradar a Deus, porquanto é necessário que aquele que se aproxima de Deus creia que ele existe e que se torna galardoador dos que o buscam. —Hebreus 11:5-6

---

[3] Sermão nº 1307, ministrado na manhã de domingo, dia do Senhor, 30 de julho de 1876, no *Metropolitan Tabernacle*, Newington.

> *Quanto a estes foi que também profetizou Enoque, o sétimo depois de Adão, dizendo: Eis que veio o Senhor entre suas santas miríades, para exercer juízo contra todos e para fazer convictos todos os ímpios, acerca de todas as obras ímpias que impiamente praticaram e acerca de todas as palavras insolentes que ímpios pecadores proferiram contra ele.* —Judas 1:14-15

Essas três passagens das Escrituras que acabei de ler são todas as informações autênticas que temos a respeito de Enoque, e seria inútil complementá-las com as ficções de teóricos antigos. Enoque é chamado de "o sétimo depois de Adão", para distingui-lo do outro Enoque da linhagem de Caim, que era "o terceiro desde Adão". Nos primeiros patriarcas, Deus se agradou em manifestar aos homens porções da verdade com referência à religião verdadeira. Esses homens da antiguidade não foram apenas ensinados por Deus, mas também foram mestres em sua época e exemplos nos quais grandes verdades foram manifestadas. Abel ensinou a necessidade de se aproximar do Senhor com sacrifício, a necessidade de expiação pelo sangue: ele colocou o cordeiro sobre o altar e selou seu testemunho com seu próprio sangue. A expiação é uma verdade tão preciosa que morrer para defendê-la é um ato digno e, desde o princípio, é uma doutrina que deu confiança a seus mártires — pessoas que mesmo depois de mortas, ainda falam.

Então, Sete e Enos ensinaram aos homens a necessidade de uma confissão distinta de sua fé no Senhor, bem como a necessidade de se reunirem para Sua adoração, pois em

Gênesis 4:26 lemos a respeito dos dias de Enos e Sete: "Daí se começou a invocar o nome do Senhor". Aqueles que adoravam por meio do sacrifício expiatório se separaram dos demais homens, estabeleceram uma igreja em nome do Senhor e adoraram, invocando o nome de Javé. O coração deve primeiro acreditar no grande sacrifício com Abel, e então a boca deve confessar o mesmo com Sete. Então veio Enoque, cuja vida foi além da recepção e confissão da expiação, pois ele apresentou aos homens a grande verdade da comunhão com Deus; ele demonstrou em sua vida a relação do crente com o Altíssimo e mostrou quão próximo o Deus vivo se permite estar de Seus próprios filhos. Que nosso progresso no conhecimento seja semelhante ao crescimento do ensino patriarcal. Irmãos, vocês sabem que, assim como Abel fez com o cordeiro sacrificial, sua confiança está no sangue precioso e, portanto, pela fé, vocês trazem a Deus a mais aceitável de todas as ofertas. Tendo avançado até agora, a maioria de nós deu um passo adiante, nós invocamos o nome de Jesus e somos Seus seguidores declarados. Nós nos entregamos ao Senhor no sepultamento solene do batismo, quando fomos batizados em nome do Pai, do Filho e do Espírito Santo — pois nos consideramos mortos em Cristo para todo o mundo — e ressuscitamos com Ele em novidade de vida. E, daí em diante, o nome divino está selado em nós, e já não pertencemos a nós mesmos. Agora nos reunimos em nosso santuário, ao redor da mesa de comunhão, nos unimos em nossas reuniões para oração e adoração, e o centro para todos nós é o nome do Senhor. Estamos separados do mundo para ser um povo que declara Seu nome. Até aqui, então, vimos o sacrifício de Jesus como o caminho para Abel e confessamos a verdade com Sete; agora vamos dar o próximo passo e conhecer a vida com Enoque. Vamos nos esforçar para andar com Deus assim como fez Enoque.

Talvez uma meditação sobre a vida do santo patriarca nos ajude a imitá-la, enquanto consideramos o que ele era, sob que circunstâncias ele viveu e como ele pôde ser ajudado pelo Espírito Santo a chegar ao ponto que alcançou. Este é o desejo de todo homem piedoso; todos os santos desejam comunhão com o Pai e com Seu Filho Jesus Cristo. O clamor constante de nossa alma é para nosso Senhor: "Fica conosco". Enterrei ontem um dos excelentes da Terra, que amava, temia e servia a Deus muito melhor do que a maioria de nós. Era um irmão zeloso e devoto, e um dos últimos desejos de seu coração foi se comprometer a escrever uma carta a um amigo, quando raramente pensava sobre a morte. Suas palavras foram: "Tenho desejado tornar real a vida de Enoque e andar com Deus" —

Ó, que tenhamos uma caminhada mais íntima com Deus![4]

Ele escreveu apenas o que você e eu também sentimos. Se esses são os seus desejos, e tenho certeza de que são, então, com a convicção de que vocês são o povo do Senhor, espero que as considerações feitas a partir da vida de Enoque possam ajudá-los a realizar seus desejos.

Primeiramente, *quais implicações o andar de Enoque com Deus suscita?* É uma breve descrição da vida de um homem, mas há um significado nela; segundo, *que circunstâncias*

---

[4] Tradução livre de verso do hino *Oh, for a closer Walk with God*, de William Cowper (1731–1800).

estavam relacionadas com sua vida exemplar?, pois estas são altamente instrutivas; e terceiro, *qual foi o resultado disso?* Foi tão excepcional quanto sua própria vida.

1. Então, por primeiro, *o que significa o andar de Enoque com Deus?*

Paulo nos ajuda em nossa primeira observação a respeito disso com suas observações em Hebreus[5]. Sua caminhada com Deus foi um testemunho de que *Deus se agradava de Enoque*. "Pois, antes da sua trasladação, obteve testemunho de haver agradado a Deus." Essa é, evidentemente, a interpretação do apóstolo da caminhada de Enoque com Deus, e é a mais correta, pois o Senhor não andará com um homem de quem Ele não se agrada. "Andarão dois juntos, se não houver entre eles acordo?" (Am 3:3). Se os homens andarem contra Deus, Ele não andará *com* eles, mas sim em direção contrária a eles. Andar juntos implica amizade, intimidade, amor, e nada disso pode existir entre Deus e a alma, a menos que a pessoa seja aceitável ao Senhor. Sem dúvida, Enoque, assim como Elias[6], era um homem com paixões semelhante a nós. Ele caiu com o restante da humanidade no pecado de Adão; a natureza pecaminosa estava sobre ele, assim como está sobre nós, e ele se perdeu em atitudes e ações como todos nós, que, como ovelhas, temos nos perdido. Portanto, ele precisava de perdão e purificação, assim como nós. Então, para agradar a Deus, era necessário que ele fosse perdoado e justificado,

---

[5] Spurgeon acreditava que o apóstolo Paulo era o autor de Hebreus.
[6] Conforme Tiago 5:17.

assim como nós, pois nenhum homem pode agradar a Deus até que seu pecado seja perdoado e a justiça lhe seja imputada. Para esse fim, deve haver fé, pois não pode haver justificação senão pela fé, e, como já dissemos, não há como agradar a Deus a menos que sejamos justificados. Pois bem, então, o apóstolo afirma: "De fato, sem fé é impossível agradar a Deus..." (Hb 11:6); e, pela fé, Enoque agradou a Deus, assim como nós no dia de hoje. Isso é digno de nota, irmãos, porque esse caminho de fé está aberto para nós. Se Enoque tivesse agradado a Deus em virtude de alguns dons e talentos extraordinários, ou por causa de realizações maravilhosas e obras milagrosas, poderíamos cair em desespero. No entanto, se Enoque agradou a Deus pela fé, aquela mesma fé que salvou o ladrão moribundo, aquela mesma fé que foi efetuada em nós, então a portinhola no início do caminho em que os homens andam com Deus está aberta para nós também.

Se tivermos fé, podemos viver em comunhão com o Senhor. Como isso deve tornar preciosa a fé para nós! Os graus mais elevados de vida espiritual dependem dos mais simples e inclusive surgem deles. Se você deseja andar com o Senhor como um homem de Deus, deve primeiro crer no Senhor Jesus Cristo, simplesmente, como um bebê na graça. A santidade mais elevada deve começar pela confissão de nossos pecados e por nossa sujeição a Cristo crucificado. De outra forma, o crente mais forte não vive mais do que o crente mais fraco; e se você pretende crescer para estar entre os guerreiros mais fortes do Senhor, deve ser pela fé que se agarra à força divina. Ao iniciar no Espírito, você não deve ser aperfeiçoado na carne; você não deve caminhar uma certa distância pela fé em Cristo, e, depois, começar a viver por suas próprias obras. Sua caminhada deve continuar como começou. "Ora, como recebestes Cristo Jesus, o Senhor, assim andai nele" (Cl 2:6).

Enoque sempre agradou a Deus, mas foi porque ele sempre acreditou e viveu no poder de sua fé. Vale a pena saber e lembrar disso, pois ainda podemos ser tentados a lutar por algum imaginário estilo superior de vida religiosa, olhando para nossos sentimentos em vez de olharmos apenas para o Senhor. Não devemos afastar nossos olhos de olhar apenas para Jesus, nem mesmo para admirar a Sua imagem dentro de nós, pois, se o fizermos, retrocederemos em vez de avançar. Não, amados, pela fé Enoque agradou a Deus, e pela fé ele andou com o Senhor. Sigamos seus passos.

A seguir, quando lemos que Enoque andou com Deus, devemos entender que ele percebeu a *presença divina*. Você não pode andar conscientemente com uma pessoa cuja existência lhe é desconhecida. Quando caminhamos com uma pessoa, sabemos que há alguém ali; ouvimos os ruídos de seus passos mesmo se não podemos ver seu rosto; temos uma percepção muito clara de que existe tal pessoa ao nosso lado. Agora, se voltarmos ao livro de Hebreus novamente, Paulo nos diz: "...porquanto é necessário que aquele que se aproxima de Deus creia que Ele existe e que se torna galardoador dos que o buscam" (Hb 11:6). A fé de Enoque, então, era uma fé que reconhecia a presença de Deus. Ele não acreditava nas coisas apenas como uma questão de crença e então as guardava na gaveta, como muitos fazem. Ele não era apenas ortodoxo de mente, mas a verdade havia adentrado em seu coração, e aquilo em que ele acreditava era verdade para ele; autêntico na prática, genuíno em sua vida diária. Ele andava com Deus: ele não só simplesmente pensava em Deus; não só especulava, argumentava, lia e falava sobre Deus, mas ele, de fato, andava com Deus, que é a parte prática e experimental da verdadeira piedade. Em sua vida diária, percebeu que Deus estava com ele e o considerava um amigo vivo, por quem era amado e em quem confiava.

Ó, amados, vocês não veem que, se desejam alcançar o mais alto estilo de vida cristã, vocês devem fazê-lo por meio da prática daquelas mesmas coisas que vocês receberam pela fé? Agarrem-nas, deixem-nas ser para vocês substância e evidência. Certifiquem-se delas, olhem para elas, toquem-nas, experimentem-nas no mais íntimo de suas almas e assim as conheçam além de qualquer dúvida. Vocês devem ver Aquele que é invisível e possuir aquilo que ainda não pode ser desfrutado. Acreditem não apenas que Deus existe, mas que Ele é o galardoador daqueles que o buscam diligentemente, pois essa, de acordo com Paulo, é a fé de Enoque. Deus mostra-se real ao criar, observar, julgar e recompensar as ações humanas; o Deus verdadeiro, que está realmente conosco — isso nós devemos saber; do contrário, não há como andar com Ele.

Então, ao lermos que Enoque andou com Deus, não temos dúvida de que isso significa que *ele era íntimo* do Altíssimo. Desconheço um relacionamento mais livre, agradável e cordial que esse, resultante do andar constante com um amigo. Se eu quisesse encontrar o amigo mais íntimo de um homem, certamente seria aquele com quem ele anda diariamente. Se você dissesse: "Às vezes, eu entro em sua casa e me sento um pouco com ele", não seria em nada o mesmo que você pudesse dizer: "Eu tenho, dia após dia, caminhado pelos campos e subido as montanhas com ele". Ao caminhar, os amigos se comunicam: um conta seu problema, o outro se esforça para consolá-lo e, em seguida, compartilha com ele um segredo seu. Quando as pessoas têm o hábito constante de caminhar juntas por livre vontade, você pode estar certo de que há muitas conversas entre elas nas quais nenhum estranho pode se intrometer. Se eu quisesse conhecer um homem por completo, gostaria de caminhar com ele por um tempo, pois essa comunhão que se tem enquanto se caminha traz à tona características dele que mesmo na vida doméstica podem estar escondidas. Uma caminhada duradoura implica e gera comunhão íntima e grande familiaridade entre amigos. Mas será que Deus realmente caminhará assim com os homens? Sim, Ele fez isso com Enoque, e tem feito isso com muitos de Seu povo desde então. Ele nos conta Seu segredo, o segredo do Senhor, que Ele revela apenas aos que o temem, e nós lhe contamos nossas alegrias no louvor, nossas tristezas na oração e nossos pecados na confissão. O coração lança todas as suas preocupações no coração daquele que cuida de nós, e o Senhor derrama Suas torrentes de bondade ao transmitir aos amados a convicção de Seu próprio amor eterno por eles. Esta é a beleza, a própria flor e doçura da experiência cristã, seu lírio e sua rosa, seu cálamo e sua mirra. Se você deseja provar o mel da vida cristã, ele é encontrado na fé compreensiva e no relacionamento íntimo com o Pai celestial. Assim, Enoque andou com Deus.

Em seguida, podemos observar que, no termo *andou*, está implícito que *seu relacionamento com Deus era contínuo*. Como um velho teólogo bem observou, Enoque não deu uma ou duas voltas com Deus e depois deixou Sua companhia; pelo contrário: ele andou com Deus por centenas de anos. Está implícito no texto que esse foi o curso de sua vida ao longo de todos os seus 365 anos. Enoque caminhou com Deus 300 anos depois que Matusalém nasceu, e sem dúvida ele andava com Deus antes. Que caminhada esplêndida! Uma caminhada de 300 anos! Alguém poderia desejar uma mudança de companhia se andasse com qualquer outra pessoa, mas andar com Deus por três séculos foi tão doce que o patriarca continuou andando além do tempo e do espaço e caminhou para o paraíso, onde ele continua marchando na mesma companhia divina. Ele tinha o Céu na Terra e, portanto, não é de se admirar que tenha sido transladado tão facilmente da Terra para o Céu. Ele não dialogava com Deus de maneira desajeitada e improvisada, mas sim apegava-se conscientemente ao Seu amor. Ele não subia de vez em quando às alturas da mais elevada piedade para logo descer ao vale pantanoso do desânimo, mas continuava na calma, alegre e equilibrada comunhão com Deus, dia após dia. O sono da noite não interrompia tal comunhão, nem as preocupações com o dia a colocavam em perigo. Não era uma corrida apressada, um salto, um impulso, mas um fluxo contínuo. Ao longo de três felizes séculos, e mais, Enoque continuou a andar com Deus.

Está implícito também, nessa constatação, que *sua vida foi progressiva*, pois, se um homem anda sozinho ou com qualquer outra pessoa, ele progride, ele segue em frente. Enoque andou com Deus. No final de 200 anos, ele não estava onde começou; ele estava com a mesma companhia, mas havia progredido da melhor maneira. Ao fim dos 300 anos, Enoque usufruiu mais, compreendeu mais, amou mais, recebeu mais e podia dar mais, pois ele havia avançado em todos os aspectos. Um homem que anda com Deus crescerá, inevitavelmente, na graça, no conhecimento de Deus e na semelhança com Cristo. Você não pode supor uma caminhada perpétua com Deus, ano após ano, sem que a pessoa favorecida seja fortalecida, santificada, instruída e capacitada a glorificar a Deus. Portanto, deduzo que a vida de Enoque tenha sido uma vida de progresso espiritual. Ele foi se fortalecendo cada vez mais e progrediu na graciosa peregrinação. Que Deus nos conceda seguir em frente!

Vejamos mais algumas observações sobre a caminhada de Enoque. Na *Daily Bible Readings*[7], de John Kitto, há uma parte muito agradável que ilustra o que deve ser o andar com Deus. Há a imagem de um pai segurando a mão de seu filhinho e caminhando com ele pelas colinas arejadas. Kitto faz a seguinte observação: "Assim como o filho caminha com seu pai, você caminha com Deus. O filho o ama agora. O mundo — o mundo frio e cruel — ainda não se interpôs entre o coração deles. Ora, o amor do pai é o mais puro e belo do que ele jamais sentirá ou receberá. Observe bem tal amor, e assim como esse filho anda *amorosamente* com seu pai, da mesma forma, você também deve andar *amorosamente* com Deus". É um deleite para uma criança estar com seu pai. Não importa a aspereza do caminho ou a condição do tempo; a alegria de passear com o pai lhe basta. Há um aperto de mão caloroso, terno e afetuoso e um sorriso radiante nos olhos quando ela olha para o pai, enquanto ele a conduz pelas colinas e vales. Essa caminhada também é *humilde*, pois a criança considera o

---

[7] Ilustrações diárias da Bíblia; são leituras diárias, em formato de devocional anual, sobre assuntos relacionados às Escrituras: personagens, geografia, cultura e teologia, distribuídos em oito volumes divididos em manhãs e noites (1849–53).

pai o maior e mais sábio homem que já viveu. Ela o considera a encarnação de tudo o que é forte e sábio e admira tudo o que ele diz ou faz. Enquanto caminha, ela sente a maior afeição por seu pai, mas sua reverência é igualmente forte: ela está muito perto dele, mas ainda é apenas uma criança que considera seu pai como seu rei. Além disso, essa caminhada é de *perfeita confiança*. O filho não tem medo de errar o caminho; ele confia implicitamente na orientação de seu pai. O braço de seu pai o protegerá de todo e qualquer perigo e, portanto, ele não dá a mínima para tais males — por que deveria dar? Se é preciso cuidado com a estrada, é tarefa do pai cuidar dele; então o filho nem sonha com ansiedade; por que ele deveria? Se alguma situação difícil no caminho deve ser enfrentada, o pai terá que levantar o filho por cima dela ou ajudá-lo a atravessar. A criança, entretanto, está alegre como um pássaro — por que não deveria estar? E é assim que o crente em Jesus deve andar com Deus, descansando na ternura eterna e regozijando-se no amor indiscutível. Um cristão deveria caminhar alheio ao medo, seja em relação ao presente ou ao futuro. Caro amigo em Cristo, seu Pai é digno de confiança, Ele suprirá todas as suas necessidades.

> *Você está de tal forma sob o Seu cuidado*
> *Como se nenhum outro homem ou anjo vivesse*
> *no Céu ou na Terra.*[8]

Que caminhada *instrutiva* um filho desfruta com um pai sábio e comunicativo! Quantos de seus pequenos enigmas lhe

---

[8] Tradução livre de versos da reflexão nº 83 do livro *Pilgrim lays*, Londres, 1862.

são explicados, como tudo nele é iluminado pela sabedoria do pai! E a cada passo que dá, o filho torna-se mais sábio por tamanho companheirismo. Ó, filhos felizes de Deus, que foram ensinados por Seu Pai enquanto caminhavam com Ele! Enoque deve ter sido um homem de profundo conhecimento e grande sabedoria nas coisas divinas. Ele deve ter mergulhado nos segredos profundos de Deus, indo muito além da maioria dos homens.

Sua vida também deve ter sido uma vida *santa*, porque ele andou com Deus, e Deus jamais desviava-se do caminho da santidade. Se andarmos com Deus, devemos andar de acordo com a verdade, a justiça e o amor. O Senhor não tem por companhia injustos e rebeldes; portanto, sabemos que aquele que andou com Deus deve ter sido um homem justo e santo.

Além disso, a vida de Enoque deve ter sido *feliz*. Afinal, quem poderia ser infeliz com uma companhia assim? Com o próprio Deus conosco, o caminho jamais será monótono. "Ainda que eu ande pelo vale da sombra da morte, não temerei mal nenhum; porque tu estás comigo..." (Sl 23:4). Garanto que Deus é seu companheiro e que sua estrada será um caminho de deleite e de paz.

Se Enoque andou com Deus, então sua peregrinação deve ter sido segura. Que grande sentinela é o Senhor! Ele "é sol e escudo; o Senhor dá graça e glória..." (Sl 84:11). "O que habita no esconderijo do Altíssimo e descansa à sombra do Onipotente" (Sl 91:1). Nada pode prejudicar o homem que anda, lado a lado, com o Senhor Deus.

E, ó, que *privilégio* é andar com o Eterno! Muitos homens dariam milhões para andar com um rei. Muitos são tão adoradores de prestígios que, se um rei apenas sorrisse para eles, ficariam embriagados de alegria. Imagine, então, a honra de andar com o Rei dos reis! Que evidente nobreza é poder andar com o Único, Bendito e Soberano por toda a vida! Quem é aquele que é assim beneficiado para ser o companheiro do Rei, para andar a sós com Ele e se tornar Seu amigo próximo? O Senhor governa a Terra, o Céu e o inferno, e é o Senhor de todos os que andarem com Ele! Se fosse apenas pela honra, ó cristãos, como vocês deveriam ansiar para andar com Deus! Enoque compreendeu que sua caminhada com Deus era segura, feliz, sagrada, honrada, e não sei o quanto mais isso é excelente, mas certamente essa foi uma vida de ouro. Onde encontraremos algo igual?

2. Em segundo lugar, vamos considerar *quais circunstâncias estavam relacionadas com a caminhada de Enoque com Deus.*

A primeira observação é que *há pouquíssimos detalhes revelados sobre sua vida*. Não sabemos muito a respeito de Enoque, e isso é uma vantagem para ele. Feliz é a nação que não tem história, pois geralmente, se uma nação tem história, é porque ela já foi muito atormentada por guerras, revoluções e derramamento de sangue; mas uma nação que está sempre feliz, pacífica e próspera não tem uma crônica para atrair o amante do sensacionalismo. Feliz é Enoque por não podermos escrever uma longa biografia sobre ele. As poucas palavras, "andou Enoque com Deus", bastam para descrever toda a sua vida, até que "já não era, porque Deus o tomou para si" (Gn 5:24). Se você for até o campo de um agricultor, poderá dizer quando voltar de lá: "Eu vi flores amarelas cobrindo o campo e parecia até um tecido de ouro, e então espiei aqui e ali e vi flores brancas como botões de prata colocadas sobre uma vestimenta dourada, e centáureas azuis também olhavam para cima com seus olhos lindos e dominavam o campo por completo". Se você for uma criança, achará que é um campo lindo, mas o agricultor meneia a cabeça, pois sabe que ele está em más condições e o campo está infestado de ervas daninhas. Porém, se você voltar e simplesmente disser: "É o melhor trigal de todos os que cresceram até hoje", então sua descrição, embora breve, é muito satisfatória. Muitos desses eventos deslumbrantes, incidentes marcantes e aventuras sensacionais que vão compor uma biografia interessante podem atrair a atenção, mas não mostram a verdadeira excelência da vida. Nenhuma vida pode superar a de uma pessoa que, silenciosamente, continua a servir a Deus no lugar em que a providência o colocou. Acredito que, na visão dos anjos e de todos os seres de mente pura, o que há de mais admirável na vida daquela mulher seja simplesmente isto: "Ela fez o que pôde"; e a vida daquele homem deverá ser a mais notável, de quem se pode dizer: "Ele seguiu ao Senhor fielmente". A vida de Enoque, no entanto, não tem aventuras; mas andar com Deus não é aventura suficiente para um homem? Que ambição pode almejar uma existência mais nobre do que permanecer em comunhão com o Eterno?

Mas alguns dirão: "Bem, mas Enoque deveria estar situado de maneira muito peculiar, pois ele, sem dúvida, foi colocado em circunstâncias muito vantajosas para a piedade". Agora, observe que não era assim, pois, em primeiro lugar, *ele era um homem público*. Ele é chamado de "sétimo depois de Adão". Ele era um homem notável e considerado um dos patriarcas de sua época. Um patriarca, naquele tempo, deveria ser um homem ilustre, carregado de responsabilidades e de honra. O antigo costume era que o chefe da família era profeta, sacerdote e rei em sua casa e, fora dela, se fosse um homem de posição e bens, era conselheiro, juiz e governante. Enoque foi um grande homem naquele tempo, um dos mais importantes da época; assim sendo, podemos ter certeza de que ele passou por suas provações e suportou o peso da oposição do poderoso grupo ímpio que se opunha aos caminhos da piedade. Ele é mencionado em uma lista de homens nobres. Alguns pensam imprudentemente: "Eu poderia andar com Deus se tivesse uma pequena casa de campo, se morasse em uma vila tranquila, mas, veja, sou um homem público; ocupo uma posição de confiança e tenho que me misturar com os iguais a mim. Não vejo de que forma posso andar com Deus". Ó, meu caro amigo, mas Enoque pôde. Embora ele fosse, sem dúvida, um homem distinto em seu tempo e cheio de responsabilidades públicas, ainda assim não perdeu o cabo da conversa santa com o Céu e manteve seu curso sagrado por séculos de sua vida.

Observe novamente que *Enoque era um homem de família.* "Enoque andou com Deus […] e teve filhos e filhas" (Gn 5:22). Alguns diriam: "Ó, você não pode viver como deseja se tiver muitos filhos com você. E nem me fale sobre manter suas horas de oração e leitura silenciosa das Escrituras se você tiver uma grande família com muitos pequeninos; você será incomodado e haverá muitos incidentes domésticos que, certamente, colocarão seu temperamento à prova e perturbarão sua serenidade. Vá para a floresta e encontre uma alcova de eremita; aí, com o seu jarro de água castanho e sua fatia de pão, poderá andar com Deus. Contudo, com uma esposa, nem sempre amigável, e um bando de filhos que nunca se calam, nem de dia nem de noite, como pode alguém esperar que esse homem ande com Deus?".

A esposa, por outro lado, exclama: "Acredito que, se tivesse permanecido solteira, poderia ter caminhado com Deus. Quando eu era jovem, era cheia de devoção; mas agora, com meu marido, que nem sempre está no melhor dos humores, e com meus filhos, que parecem ter um número ilimitado de desejos e nunca estão satisfeitos, como é possível que eu possa andar com Deus?". Voltamo-nos para Enoque novamente e estamos convictos de que isso é possível. Enoque andou com Deus por 300 anos, depois de ter gerado Matusalém, e gerou filhos e filhas, e todos os dias de Enoque foram 365 anos. Note então que ele era um homem público e um pai de família, e ainda assim ele andou com Deus por mais de 300 anos. Portanto, não é preciso ser eremita nem renunciar à vida conjugal para viver perto de Deus.

Além disso, *Enoque viveu em uma época muito perversa.* Ele foi proeminente em uma época quando o pecado estava começando a cobrir a Terra, não muito antes de a Terra ser corrompida e Deus decidir varrer toda a população de sua superfície por causa do pecado. Enoque viveu em um tempo de zombadores e caluniadores. Você sabe disso por sua profecia, registrada por Judas. Ele profetizou, dizendo: "Eis que veio o Senhor entre suas santas miríades, para exercer juízo contra todos e para fazer convictos todos os ímpios, acerca de todas as obras ímpias que impiamente praticaram e acerca de todas as palavras insolentes que ímpios pecadores proferiram contra ele" (Jd 1:14-15). Ele viveu quando poucos amavam a Deus e quando aqueles que declaravam isso eram atraídos pelas lisonjas das filhas dos homens. A Igreja e o Estado propunham uma aliança; a moda e o prazer governavam aquela época; compromissos profanos eram a ordem do momento. Ele viveu em tempos primitivos em que vidas longas produziram grandes pecadores, e esses grandes pecadores produziram grandes ofensas contra Deus. Então, não reclamem de seus dias, dos seus vizinhos e de outras circunstâncias, pois, em meio a tudo isso, vocês ainda podem andar com Deus.

Enoque andou com Deus e, por isso, *ele deu seu testemunho de Deus*. "Profetizou Enoque, o sétimo depois de Adão..." (Jd 1:14). Ele não podia ficar em silêncio porque o fogo queimava em sua alma e não podia ser contido. Quando ele dava seu testemunho, certamente encontrava oposição. Estou certo de que ele fez isso a partir do que está descrito em Judas, porque a passagem que vemos lá tem a ver com murmuradores e "descontentes, andando segundo as suas paixões. A sua boca vive propalando grandes arrogâncias" (v.16); nesse contexto, Enoque é citado como alguém que teve que lidar com tais pessoas. Seu sermão mostra que ele foi um homem que permaneceu firme em meio a uma torrente de blasfêmias e censura, carregando uma grande controvérsia pela verdade de Deus contra as vidas perversas e as línguas libidinosas dos escarnecedores de sua época, pois ele diz: "Eis que veio o Senhor entre suas santas miríades, para exercer juízo contra todos e para fazer convictos todos os ímpios, acerca de todas as obras ímpias que impiamente praticaram". É claro que eles falaram contra Enoque, que rejeitaram seu testemunho, entristeceram seu espírito e ele lamentou que dessa forma estariam falando contra Deus, pois ele fala "acerca de todas as palavras insolentes que ímpios pecadores proferiram contra ele". Enoque viu a vida ímpia deles e deu testemunho contra eles. É memorável que seu maior tema tenha sido o segundo advento, e é ainda mais digno de nota que os outros dois homens que alguém selecionaria como vivendo mais perto de Deus, a saber, Daniel e João, eram ambos homens que falavam muito sobre a vinda do Senhor e o grande dia do julgamento. Não preciso citar as palavras de Daniel, o qual nos fala do julgamento que deve acontecer, e do Ancião de Dias, que subirá ao seu trono; nem preciso repetir o testemunho constante de João sobre a segunda vinda do Senhor; vou apenas mencionar sua fervorosa exclamação: "Amém! Vem, Senhor Jesus!" (Ap 22:20).

Assim, você vê que Enoque foi um pregador da palavra de Deus; portanto, ele teve um cuidado muito além e acima do que recai sobre a maioria de vocês. Levando em conta isso e tudo mais, ele foi capaz de agradar a Deus até o fim de sua vida, se é que posso falar do fim de uma vida que entrou em um estado de eterna alegria. Enquanto esteve aqui, ele continuou andando em fé, andando da maneira que agradava a Deus, e assim sua comunhão com o Senhor nunca foi quebrada.

3. Isso nos leva a concluir com a terceira reflexão: *qual foi o desfecho da caminhada de Enoque?*

Gostaríamos de observar primeiro que *ele terminou cedo seu trabalho*. Enoque andou com Deus, e essa foi uma caminhada tão boa, segura e progressiva que ele viajou mais rápido e chegou em sua casa mais cedo do que aqueles de nós que andamos com Deus, de vez em quando, e com o mundo em outras ocasiões. Para nós, 365 anos teriam sido uma longa vida, mas foi uma vida curta para aquele período em que vários patriarcas atingiram quase mil anos de idade. A vida de Enoque, em comparação com a vida habitual daquele período, foi como uma vida de 30 ou 35 anos hoje; na verdade, o melhor paralelo é a vida de nosso Senhor. Tal como aconteceu com as longevas idades dos homens de sua época, a vida de Enoque foi aproximadamente da mesma duração que a do Senhor Jesus, em comparação com vidas como a nossa. Ele se foi relativamente jovem, como aconteceu com nosso querido obreiro e irmão Verdon, que acabou de partir — e não é de admirar que tenha acontecido. Costumam dizer: "Os que são amados pelos deuses morrem jovens", e tanto Enoque como Verdon eram homens muito amados. Talvez esses homens santos tenham encerrado sua carreira tão cedo porque haviam feito a obra de sua vida tão diligentemente que a concluíram rapidamente. Alguns trabalhadores, se têm um trabalho a fazer em sua casa, levam o dia todo, ou melhor, a semana inteira, e não o terminam sem muita embromação e confusão. Não é de se admirar que algumas pessoas vivam muito tempo, pois precisavam viver muito para fazer alguma coisa! Mas esse homem fez seu trabalho tão bem e manteve-se tão perto de Deus que o trabalho de um dia inteiro estava pronto ao meio-dia, e então o Senhor disse: "Venha para casa, Enoque, não há mais necessidade de você ficar na Terra; você deu seu testemunho, viveu sua vida. Através da história, os homens o considerarão um homem exemplar e, portanto, você já pode voltar para casa". Deus nunca mantém Seu trigo nos campos por mais tempo do que o necessário — quando estiver maduro, Ele o colherá imediatamente; quando Seu povo estiver pronto para ir para casa, Ele os levará para o lar. Não lamente a morte de um bom homem só porque ele é jovem; pelo contrário, bendiga a Deus por ainda existir algum trigo que amadurece cedo no mundo e por alguns de Seus santos serem santificados tão rapidamente.

Mas o que aconteceu com Enoque? Receio ter dito que ele morreu, ou que venha a dizê-lo, por ser tão natural falar dos homens morrendo. Contudo, ele e mais um outro de toda a raça humana foram os únicos que entraram na Canaã celestial sem atravessar o rio da morte. Dizem a seu respeito que ele "já não era". Aqueles cavalheiros que acreditam que a palavra *morrer* significa ser aniquilado estariam ainda mais convictos em seus pontos de vista se as palavras em meu texto — ele "já não era" — tivessem sido aplicadas a todos os homens que partiram, pois, se há alguma expressão que pode significar aniquilação em toda sua forma de tradução, essa é a única. Então, "ele já não era" não significa que ele fora aniquilado, e nem o termo mais fraco de *morrer* significa algo desse tipo. "Ele já não era", ou seja: ele não estava *aqui*, e isso é tudo. Ele partiu da Terra, mas estava *lá*, onde Deus o havia trasladado. Ele estava e está com Deus, e isso sem ter provado a morte. Não o inveje por ter sido poupado da morte. Foi um favor, mas não tão grande como alguns poderiam pensar, pois aqueles que não morrem devem passar por uma transformação, e Enoque foi transformado. "...nem todos dormiremos", diz o apóstolo, "mas transformados seremos todos..." (1Co 15:51). A carne e o sangue de Enoque não podiam herdar o reino de Deus. Em um momento, ele passou por uma transformação pela qual você e eu teremos que passar no dia da ressurreição; e assim, embora ele não estivesse na Terra, foi trasladado ou transplantado dos jardins da Terra para o Paraíso. Agora, se há alguma pessoa no mundo que nunca morrerá, é aquela que anda com Deus. Se há alguém a quem a morte nada significará, é aquele que olha para o segundo advento de Cristo e gloria-se nele; se há alguém que, embora passe pelos portões de ferro da morte, nunca sentirá o terror do implacável adversário, é aquele cuja vida tem sido uma comunhão perpétua com Deus. Não siga outro caminho para escapar dos tormentos da morte, mas ande com Deus, e você será capaz de dizer: "Onde está, ó morte, a tua vitória? Onde está, ó morte, o teu aguilhão?" (1Co 15:55).

Diz-se de Enoque que *Deus o tomou para si*. Uma expressão muito marcante. Talvez Deus tenha feito isso de alguma maneira visível. Eu não deveria me admirar. Talvez todos os patriarcas o tenham visto partir, assim como os apóstolos estavam presentes quando nosso Senhor foi arrebatado. Seja como for, houve algum êxtase especial, alguma distinta ascensão desse escolhido ao trono do Altíssimo. Ele "...já não era, porque Deus o tomou para si" (Gn 5:24).

Observem que *sua ausência foi sentida*. Isso é algo que eu não poderia deixar passar. *Ele fez falta*, pois o apóstolo diz que ele "não foi encontrado". Agora, se uma pessoa não foi encontrada, isso mostra que alguém procurou por ela. Quando Elias foi levado para o Céu, vocês se lembram que 50 homens, entre os discípulos dos profetas, procuraram-no por três dias.[9] Não me admira que tenham feito isso. Eles não se encontrariam com um Elias todos os dias e, quando ele foi arrebatado, com corpo e tudo, poderiam muito bem procurá-lo. Enoque não foi encontrado, mas procuraram por ele. Um bom homem

---
[9] Conforme 2 Reis 2:11-18.

faz falta. Um verdadeiro filho de Deus em uma igreja como esta, trabalhando e servindo ao seu Mestre, é apenas um entre cinco mil. No entanto, se ele andou com Deus, sua morte é lamentada. Sentiremos falta do querido irmão que acabamos de enterrar; seus irmãos anciãos sentirão falta dele; os muitos que se converteram a Deus e foram ajudados por meio dele sentirão sua falta, e com certeza eu sentirei sua falta. Eu olho para onde ele costumava sentar-se — e se a outra pessoa que ocupará o seu lugar tiver a metade do préstimo que ele teve, isso será quase mais do que eu posso esperar. Não queremos viver e morrer de tal forma que ninguém se importe se estamos ou não na Terra. Enoque fez falta quando ele partiu, e o mesmo acontecerá com aqueles que andam com Deus.

Por último, *a partida de Enoque foi um testemunho*. Ele "...já não era, porque Deus o tomou para si" (Gn 5:24). Com esse fato, podemos dizer que há um estado futuro. Os homens começaram a duvidar, mas, quando perguntaram: "Onde está Enoque?", e aqueles que testemunharam sua partida disseram: "Deus o levou", foi para eles uma evidência de que Deus existe e que existe outro mundo. E quando eles disseram: "Mas onde está o corpo dele?", houve outra lição. Dois homens morreram antes dele, quero dizer, dois cujas mortes estão registradas nas Escrituras: Abel foi morto, e seu testemunho foi que a semente da serpente odiaria a semente da mulher; Adão também morreu cerca de 50 anos antes da trasladação de Enoque, cujo testemunho foi que, por mais tarde que a penalidade venha, ainda assim a alma que pecar morrerá. Agora vem Enoque, e seu testemunho é que o corpo é capaz de experimentar a imortalidade. Ele não podia dar testemunho de sua ressurreição, haja vista que não morreu e para isso temos o testemunho em Cristo, que é o primogênito dentre os mortos; porém o testemunho de Enoque foi muito bom para isso, pois deu provas de que o corpo era capaz de tornar-se imortal e de viver em uma condição celestial. "Ele já não era, porque Deus o tomou para si".

Sua partida também foi um testemunho à humanidade de que há uma recompensa para os justos, de que Deus não se assenta de forma inexpressiva e impassivo, pois, independentemente dos pecados dos ímpios ou das virtudes de seus santos, o Senhor vê e se agrada daqueles que andam com Ele; Ele pode, mesmo agora, conceder dádivas a eles, livrando-os dos tormentos da morte. Portanto, Ele certamente recompensará a todo o Seu povo de uma forma ou de outra. Assim, vemos que, vivendo ou morrendo — não, morrendo não! Novamente me enganei — vivendo e sendo trasladado, Enoque ainda foi uma testemunha para sua geração, e eu oro para que todos nós, seja vivendo ou morrendo, que possamos ser testemunhas de Deus. Ó, se pudéssemos viver como meu bom irmão Verdon, a quem recentemente enterramos, e que viveu como se sua alma ardesse de amor por Cristo! Ele tinha uma grande paixão pelas almas. Eu acho que dificilmente há alguém entre nós que fez tanto quanto ele, pois, embora ele tivesse que ganhar o pão de cada dia, passava suas noites conosco no serviço do Senhor, ou na pregação do evangelho, e então ele caminhava a noite toda pelas ruas abandonadas à procura dos caídos para que pudesse trazê-los, e geralmente ele ia para seu trabalho matinal sem descanso, exceto pelo descanso que encontrava no serviço de Cristo. Às vezes, ele encontrava um irmão e, com os olhos cheios de alegria, dizia: "Cinco almas ganhas para Cristo na noite passada". Outras vezes, depois de um sermão aqui, ele era um grande caçador de almas, e levava os inquiridores lá para baixo para a reunião de oração, e, quando apertava minha mão, dizia com seu sotaque suíço que eu não consigo imitar: "Jesus salvou mais alguns ontem à noite; mais almas foram trazidas a Jesus". Para ele, viver era ganhar almas. Ele era o mais jovem de nossos anciãos, mas os mais experientes de cabelos grisalhos o honravam. Enquanto chorávamos sobre seu túmulo, nenhum de nós sentiu outra coisa senão a grande perda de um irmão verdadeiro, um soldado valente e companheiro. Entretanto o Senhor levantará outros entre vocês para fazer o que irmão Verdon fazia! Que o Senhor desperte os irmãos mais idosos a serem mais ativos do que ele e torne os jovens mais devotos. Temos baixas em nossos batalhões, quem preencherá essa brecha? Estamos tendo cada vez menos recrutas à medida que o Senhor leva para casa os mais instruídos e mais corajosos; mas há outros recrutas que chegam diariamente. E que outros se apresentem; sim, Senhor, leve-os a dar um passo à frente pelo Seu Espírito Santo para serem líderes na linha de frente, para que, à medida que a vanguarda é reduzida na igreja triunfante, a retaguarda possa continuamente encontrar novos soldados. Enquanto alguns estão partindo para os Céus, que outros sejam chamados das trevas para a maravilhosa luz, pelo amor de Cristo. Amém!

3

ABRAÃO: PRONTA OBEDIÊNCIA AO CHAMADO DE DEUS[10]

Pela fé, Abraão, quando chamado, obedeceu, a fim de ir para um lugar que devia receber por herança; e partiu sem saber aonde ia. —Hebreus 11:8

Algumas pessoas podem ficar impressionadas com o caráter prático desse versículo. Abraão foi chamado e obedeceu. Não há indício de hesitação, negociação ou demora; ele foi chamado e obedeceu. Para Deus, essa conduta seria normal, sim, universal; todavia, para muitos de nossos semelhantes, e receio que inclusive para alguns aqui presentes, o chamado por si só não é suficiente para gerar obediência. "Porque muitos são chamados, mas poucos escolhidos"

---

[10] Sermão nº 1242, ministrado na manhã de domingo, dia do Senhor, 27 de junho de 1875, no *Metropolitan Tabernacle*, Newington.

(Mt 22:14). A queixa do Senhor é: "...clamei, e vós recusastes" (Pv 1:24). Tais chamados vêm repetidamente, mas muitos se fazem de desentendidos; eles são apenas ouvintes e não cumpridores da Palavra, e, pior ainda, alguns são rebeldes como a geração da qual Zacarias falou: "Eles [...], me deram as costas e ensurdeceram os ouvidos, para que não ouvissem" (Zc 7:11).

Mesmo entre os ouvintes mais atentos, quantos são aqueles a quem a Palavra produz pouco resultado prático e verdadeira obediência. Aqui estamos nós em pleno verão novamente, e Félix ainda não encontrou a oportunidade conveniente[11]. Era quase a metade do inverno quando ele disse que deveria encontrar uma, mas o dia escolhido ainda não havia chegado. A mãe de Sísera achou que ele demoraria a chegar[12], mas o que diremos dessa espera demorada? Podemos ver que o procrastinador ficava estagnado, mas era difícil adivinhar por quanto tempo. Como o camponês que esperou para atravessar o rio até toda a água ter escoado, assim ele espera que todas as dificuldades sejam removidas, e ele não está nem um pouco mais perto desse período imaginário do que estava anos atrás. Enquanto isso, o caso do procrastinador fica cada vez pior e, se antes havia dificuldades, agora são muito mais numerosas e severas.

O homem que espera até achar mais fácil suportar o jugo da obediência é como o lenhador que achou seu fardo de madeira pesado demais para seu ombro ocioso e, colocando-o no chão, juntou mais madeira e acrescentou ao fardo, então tentou, mas achando que ainda era uma carga desagradável,

---

[11] Referência a Atos 23-24.
[12] Referência a Juízes 5:28-30.

repetiu a experiência de empilhar mais, na vã esperança de que aos poucos este pudesse ter um formato mais adequado para seu ombro. Que tolice continuar adicionando pecado sobre pecado, aumentando a dureza do coração e a distância entre a alma e Cristo enquanto sonha, o tempo todo e ternamente, com a hora encantada em que será mais fácil ceder ao chamado divino e abandonar o pecado. Sempre será assim? Passam-se algumas semanas e então vem a colheita; será que outra colheita o deixará onde você está, e você terá que dizer novamente: "Passou a sega, findou o verão, e nós não estamos salvos"? A paciente misericórdia de Deus só lhe dará oportunidades para multiplicar as transgressões? Você sempre resistirá ao Seu Espírito? Sempre o afastou com promessas de ser resgatado amanhã? A ternura e a misericórdia de Deus serão assim desprezadas para todo o sempre? Nossa prece é para que Deus, com Sua graça, conceda a você a oportunidade de imitar o exemplo de Abraão, que, quando foi chamado, obedeceu imediatamente.

O triste ponto sobre as recusas em obedecer ao chamado do evangelho é que os homens estão perdendo a oportunidade de ouro, a oportunidade de serem contados entre as almas eleitas do mundo, entre aqueles que serão abençoados entre homens e mulheres. Abraão recebeu uma oportunidade e teve a graça de aproveitá-la; até hoje, não há no registro geral de nossa raça um nome mais nobre do que o de "pai da fé". Ele obteve uma grandeza suprema de posição entre os verdadeiramente grandes e bons, muito superior aos sensatos, aos sangrentos vencedores de guerras ou ao imperador em seu manto púrpura. Ele era um homem imperial, muito acima de seus companheiros. Seu coração estava no Céu, a luz de Deus banhava sua testa, e sua alma estava cheia de influências divinas, de modo que ele viu o dia do Senhor Jesus e se alegrou. Ele foi abençoado pelo Senhor que fez o Céu e a Terra e foi feito uma bênção para todas as nações. Alguns de vocês nunca receberão tal honra; vocês viverão e morrerão sem nobreza, porque brincam com os chamados supremos, mas, se tivessem acreditado em Deus, se vivessem pela fé, haveria diante de vocês também um curso de honra imortal, que os conduziria à glória eterna. Em vez disso, porém, escolhendo o caminho da incredulidade, da negligência e do descaso, receio eu que vocês despertarão um dia para a vergonha e para o desprezo eterno e saberão, para sua eterna confusão, o quanto é brilhante a coroa que vocês perderam. Espero que haja alguns entre vocês que não percam a coroa da vida, que desejem, de fato, acima de todas as coisas, obter o prêmio da vocação celestial de Deus em Cristo Jesus. Falarei a eles, e, enquanto eu falar, que o Espírito Santo faça com que cada palavra recaia com poder.

Para ajudá-los, devemos considerar, primeiramente, *qual foi a experiência especial de Abraão que o levou a ser o que ele se tornou?* Em segundo, *o que havia de peculiar na conduta de Abraão?* Então, por terceiro, *qual foi o resultado de tal conduta?*

1. *Qual foi a experiência especial de Abraão* que o levou a se tornar um homem santo e notável?

O segredo reside em três coisas: ele recebeu um chamado, ele obedeceu a esse chamado e o fez porque teve fé.

Então, primeiramente, *ele recebeu um chamado*. Como esse chamado veio, não sabemos. Se o alcançou por meio de um sonho, ou por uma voz audível vinda do Céu, ou por algum profeta não mencionado, não podemos dizer. Muito provavelmente ele ouviu uma voz proveniente do Céu falando de forma audível a ele: "Sai da tua terra, da tua parentela e da casa de teu pai..." (Gn 12:1). Nós também recebemos muitos chamados, mas talvez tenhamos dito: "Se eu ouvisse uma voz vinda do Céu, eu obedeceria"; entretanto, a forma como o seu chamado aconteceu foi melhor do que isso. Pedro, em sua segunda epístola, nos diz que ele mesmo ouviu uma voz da excelente glória quando estava com o nosso Senhor no monte santo e ainda acrescenta: "Temos, assim, tanto mais confirmada a palavra profética..." (2Pe 1:19), como se o testemunho que está escrito, a luz que brilha em um lugar escuro, que irradia da Palavra de Deus, fosse mais certa do que até mesmo a voz que ele ouviu do Céu. Mostrarei a vocês que é assim; pois, se eu ouvir uma voz, como saberei que é divina? Não poderia ser o caso que, mesmo sendo uma voz divina, fosse sugerido para mim, por diversas razões, que eu estivesse enganado? Ou que sendo tão improvável que Deus falasse com um homem, seria mais improvável ainda que Ele falasse comigo? Uma centena de dificuldades e dúvidas não poderiam ser sugeridas para me levar a questionar se Deus realmente falou comigo? A maioria de vocês acredita que a Bíblia é inspirada pelo Espírito de Deus, e ela é a voz de Deus. Ora, nas Escrituras, você encontra o chamado: "Por isso, retirai-vos do meio deles, separai-vos, diz o Senhor; não toqueis em coisas impuras; e eu vos receberei, serei vosso Pai, e vós sereis para mim filhos e filhas..." (2Co 6:17-18). Não diga que aceitaria esse chamado se fosse falado em vez de escrito; você sabe que não é assim na vida cotidiana. Se um homem recebe uma carta de seu pai ou de um amigo, ele atribui menos importância a ela do que daria a uma comunicação falada? De jeito nenhum! Acho que muitos de vocês, no mundo dos negócios, confiam plenamente em receber pedidos de mercadorias que foram solicitadas por escrito e, quando as recebem e então revendem essa mercadoria, não exigem que um comprador o faça pessoalmente; na verdade, vocês preferem que ele não o faça; ou melhor, vocês costumam dizer que gostam de tudo por escrito, "preto no branco". Não é assim? Perceba então que vocês têm o desejo de vocês cumprido, e aqui está o chamado escrito e bem claro. Eu apenas falo conforme o bom senso quando digo que, se o chamado do Senhor para vocês estiver escrito na Bíblia, e certamente está, vocês não falam a verdade quando dizem: "Eu daria ouvidos se fosse falado, mas não posso ouvir porque está escrito". O chamado conforme revelado na Palavra deve ter um poder magistral sobre suas mentes, e, se o coração de vocês fosse reto diante de Deus, a palavra falada nas Escrituras pelo Espírito Santo seria obedecida imediatamente.

Além disso, ó ouvintes indecisos, vocês receberam outros chamados além dos mencionados na Bíblia. Houve chamados por meio do próprio ministério, quando o pregador falou tão incisivamente a você como se fosse um profeta, e você soube que o Senhor falou por meio dele, pois ele descreveu suas circunstâncias e sua condição de tal modo que a Palavra então o encontrou e chegou até você, que, com espanto, reconheceu sua condição. A mensagem também lhe foi falada pelo terno amor de uma mãe e pelo conselho sincero de um pai. Você também recebeu o chamado na forma de doença e sofrimentos. No silêncio da noite, quando você não conseguia dormir, sua consciência exigia ser ouvida, os esforços interiores do

Espírito Santo estavam com você, e foram fortes as batidas à sua porta. Quem entre nós já não passou por algo semelhante? Mas, infelizmente, o Senhor chamou e foi rejeitado; Ele estendeu as mãos, e não houve consideração por Ele. Não é assim com muitos presentes aqui hoje? Vocês não têm sido como Samuel, que disse: "Eis-me aqui, pois tu me chamaste" (1Sm 3:5), mas sim como a víbora que não atende à voz do encantador. Isso não deve ser feito sem incorrer em grande culpa e envolver o ofensor em duras punições.

Abraão recebeu um chamado. Nós também, mas aqui está a diferença: *Abraão obedeceu*. Bem diz Paulo: "Mas nem todos obedeceram ao evangelho..." (Rm 10:16), pois para muitos o chamado vem como um chamado comum, e este chega a um ouvido fechado. Mas, para Abraão e para aqueles que pela graça se tornaram filhos desse fiel patriarca, a quem são as bênçãos da graça e com quem Deus fez uma aliança e um pacto, é um chamado especial que vem como um toque especial, um chamado atendido com um poder sagrado que subjuga suas vontades e assegura sua obediência. Abraão foi preparado para obedecer imediatamente a qualquer comando de Deus; sua viagem foi marcada, e ele partiu. Ele foi convidado a deixar seu país, e ele o deixou; a deixar seus amigos, e deixou todos eles. Reunindo apenas o que era essencial, ele se exilou para que pudesse ser um peregrino com Seu Deus e fez uma viagem em uma época quando viajar era infinitamente mais trabalhoso do que agora. Não sabia o caminho que devia percorrer, nem para onde aquele caminho o conduziria; bastava-lhe que o Senhor lhe tivesse dado o chamado. Como um bom soldado, ele obedeceu às Suas ordens de marcha, sem fazer perguntas. A obediência cega para com Deus é a sabedoria mais verdadeira; Abraão assim sentia e, portanto, seguia o caminho que o Senhor traçava para ele, dia a dia, sentindo que a Sua orientação seria o suficiente para o dia. Assim, Abraão obedeceu! Infelizmente, há alguns aqui presentes, alguns a quem temos pregado há anos, que não obedecem. Ó, senhores, alguns de vocês não necessitam de mais conhecimento; o que mais precisam é colocar em prática o que já sabem. Vocês se perguntam se eu deveria me cansar de continuar falando para alguns de vocês sobre o caminho da salvação? Vocês não se cansam de persuadir aqueles que não se rendem? Na medida em que tenho motivos para temer que minha tarefa seja impossível, ela se torna pesada. Repetidamente, expliquei as exigências do evangelho e descrevi suas bênçãos; mesmo assim, vejo que aquelas são negligenciadas e essas são recusadas. Ó, senhores, isso acabará logo, de um jeito ou de outro. De que jeito será? Ó, se vocês fossem sábios e obedecessem à verdade! O evangelho tem uma autoridade divina e não deve ser considerado de maneira leviana. Apesar de a graça ser sua característica principal, ela tem toda a autoridade de um mandamento. Não lemos sobre aqueles que "tropeçaram na Palavra, sendo desobedientes" (1Pe 2:8)? Certamente, deve haver um mandamento e uma tarefa, de outra maneira não poderia haver desobediência. É uma obra terrível quando, por meio da desobediência ao mandamento do evangelho, começa a se saborear a morte em vez de se experimentar a vida, e em vez de pedra angular, o indivíduo torna-se uma pedra de tropeço e uma rocha de ofensa. Lembre-se: sobre quem quer que isso caia, será reduzido a pó. O próprio Cristo disse isso, e assim deve ser[13]. Que Ele, por Sua infinita misericórdia, nos dê uma mente disposta e obediente para não pervertermos o evangelho e, assim, causarmos a nossa própria destruição.

Contudo lembrei a vocês que o ponto principal a respeito de Abraão era este: *ele obedeceu ao chamado porque cria em Deus*. A fé era a razão secreta de seu conflito. Nós lemos sobre certas pessoas que "a palavra que ouviram não lhes aproveitou, visto não ter sido acompanhada pela fé naqueles que a ouviram" (Hb 4:2), e novamente lemos sobre "os que, tendo ouvido, se rebelaram" (Hb 3:16). Mas, no caso de Abraão, não houve incredulidade nem rebelião. Ele acreditava em Deus com uma fé pura. Sua fé, suponho, residia nos seguintes fatos: quando o Senhor falou, ele creu que era o Deus vivo que se dirigia a ele. Acreditando que Deus falava, ele o julgou digno de sua atenção sincera e sentiu que era imperativo fazer o que lhe era ordenado. Com isso resolvido, ele não desejava que nada mais influenciasse seu caminho; sentia que a vontade de Deus devia ser correta e que era sábio ceder a ela. Embora não soubesse para onde iria, tinha certeza de que seu Deus sabia; embora mal pudesse compreender a recompensa prometida a ele, tinha certeza de que o Deus generoso nunca zombava de Seus servos com dádivas enganosas. Abraão não conhecia a terra de Canaã, mas tinha certeza de que, se era uma terra escolhida por Deus como uma bênção especial ao Seu servo que fora chamado, não deveria ser uma terra comum. Ele deixou todos esses assuntos com seu Amigo celestial, estando totalmente convencido de que, aquilo que o Senhor havia prometido, Ele também era poderoso para cumprir.

---

[13] Referência a Mateus 21:44.

Que grande influência a fé exerce sobre um homem e o quanto ela o fortalece grandemente! Para o patriarca, a fé era sua autoridade para iniciar sua jornada desconhecida, uma autoridade que o capacitou a desafiar tanto a sabedoria mundana que aconselha quanto a loucura mundana que zomba. Talvez tenham dito a ele: "Por que você vai deixar seus parentes, Abraão?", e ele respondeu: "Deus me pediu". Isso era para ele garantia suficiente, e não queria mais discussão. Isso também se tornou para ele o guia de seus passos. Se alguém dissesse ao idoso Abraão: "Mas como você pode viajar se não conhece o caminho?", ele responderia: "Vou aonde o Senhor me mandar". Fé fundamentada em Deus, mapa, bússola e estrela polar — tudo incluso. A palavra do Senhor também serviu de alimento para sua jornada. Se alguém chegou a questionar: "E nessas terras selvagens, como suas necessidades serão supridas, Abraão? Onde você encontrará o pão de cada dia?", sem dúvida ele respondeu: "Deus me manda ir; não é possível que Ele me abandone. Ele pode preparar uma mesa no deserto e, se o pão faltar, Ele me fará viver da Palavra que sai da boca dele". Provavelmente, essas sugestões de provação podem nunca ter ocorrido a Abraão, mas, se ocorreram, sua fé as varreu de seu caminho como teias de aranha. Talvez alguns até ousaram dizer: "Mas para onde você vai? Esse país não existe, é o sonho de um entusiasta uma terra que mana leite e mel. Onde você vai encontrá-la? Ó, barba grisalha, você está envelhecendo. Setenta e cinco anos o deixaram confuso". Mas ele respondeu: "Eu a encontrarei, pois o Senhor a deu para mim e me conduzirá até ela". Ele acreditou em Deus, agarrou-se com firmeza e, portanto, "...permaneceu firme como quem vê aquele que é invisível" (Hb 11:27).

Vejam, então, caros amigos, o que devemos ter se quisermos ser contados com a semente de Abraão — devemos ter fé em Deus e a consequente obediência aos Seus mandamentos. Temos buscado essas dádivas do Espírito? Espero que muitos de nós tenhamos a fé viva que anda pelo amor e, se assim for, nos regozijaremos na vontade do Senhor, seja ela qual for. Se sabemos que algo é certo, teremos prazer em fazê-lo, mas, quanto a atos duvidosos ou pecaminosos, nós os renunciamos. Para nós, de agora em diante, nosso líder é somente o Senhor. Mas é assim com todos vocês? Permitamos que a questão pessoal circule e provoque grande exame no coração, pois temo que, em muitos casos, essa fé preciosa esteja ausente. Muitos ouviram, mas não acreditaram; o som do evangelho chegou a seus ouvidos, porém seu sentido interior e poder sagrado não foram sentidos no coração de vocês. Lembre-se de que "...sem fé é impossível agradar a Deus..." (Hb 11:6), e, portanto, é dessa forma que você desagrada ao Senhor. Por quanto tempo será assim? Por quanto tempo a incredulidade se alojará em seu interior e entristecerá o Espírito Santo? Que o Senhor o convença, sim, neste momento, que o conduza à decisão e o capacite a viver pela fé de agora em diante. Pode ser agora ou nunca; depende de você. Mas que Deus permita que seja agora!

2. Isso me leva à segunda parte do nosso assunto: *o que havia de peculiar na conduta de Abraão?*

Tudo o que havia de essencial em sua conduta deve estar também em nós, se quisermos ser verdadeiros filhos do pai da fé. Os pontos de peculiaridade no caso de Abraão me parecem ter sido cinco.

O primeiro é *que ele estava disposto a se separar de seus parentes*. É uma tarefa difícil para uma pessoa de alma amorosa distanciar-se longos quilômetros daqueles que ama e tornar-se um expatriado. No entanto, para ter salvação, irmãos, devemos ser separados desta geração perversa. Não que tenhamos que fazer nossa jornada para um país distante ou abandonar nossos parentes — talvez andar com Deus fosse uma tarefa mais fácil se pudéssemos fazer isso —, mas nosso chamado é para sermos separados dos pecadores, e ainda assim viver entre eles, sendo estrangeiros e peregrinos em suas cidades e lares. Devemos ser separados em caráter daqueles com quem temos sido chamados para trabalhar e conviver; e isso, garanto, não é uma tarefa mais fácil do que a que coube ao patriarca. Se os crentes em Jesus pudessem formar um povo isolado onde nenhum tentador pudesse se intrometer, talvez achassem a vida separada muito mais fácil, embora eu não tenha muita certeza disso, pois todos os experimentos nessa direção fracassaram.

No entanto, não existe para nós nenhum "jardim murado", nenhuma "ilha dos santos", nenhuma utopia; nós peregrinamos entre aqueles cujas vidas ímpias nos causam dor frequente; e o Senhor Jesus quis que assim fosse, pois Ele disse: "Eis que eu vos envio como ovelhas para o meio de lobos..." (Mt 10:16). Responda-me agora, caro ouvinte: você está disposto a ser um dos separados? Quero dizer, atreve-se a começar a pensar por si mesmo? Você tem desejado que a religião de sua avó venha até você com a velha poltrona e a porcelana antiga, como relíquias da família, e você vai para certa igreja porque sua família sempre congregou lá. Assim, você tem uma espécie de religião hereditária, da mesma forma que exibe um artigo herdado da família; talvez já desgastado, sem dúvida, mas ainda assim você está apegado a ele. Agora, meu jovem, você ousa pensar por si mesmo? Ou você espera que alguém o faça por você, como fazem ao mandar lavar suas roupas? Acredito que uma das coisas essenciais de um cristão é que ele tenha a coragem de usar suas próprias faculdades mentais e esquadrinhar a Bíblia por si mesmo, pois Deus não atribuiu nossa vida religiosa para ser guiada pelo cérebro na cabeça de nosso vizinho, mas concedeu a cada um de nós uma consciência e uma compreensão que espera que usemos. Caro amigo: em assuntos como esse, reflita por conta própria.

Agora, se a graça de Deus o ajuda a pensar corretamente por si próprio, você julgará de maneira muito distinta de seus amigos ímpios; seus pontos de vista e os deles serão diferentes, assim como seus motivos e os objetivos de sua busca. Existem algumas coisas que são bastante habituais para eles e que você não suportará. Você logo se tornará um pássaro de muitas cores entre eles. Os judeus, em todas as épocas, foram muito diferentes de todas as outras nações, e, embora outras raças tenham se tornado permanentemente unidas, o povo judeu sempre foi uma só família. Embora agora residam no meio de todas as nações, ainda é verdade que "eis que é povo que habita só e não será reputado entre as nações" (Nm 23:9). Em todas as cidades da Europa, existem vestígios dos "bairros judeus", e nós, em Londres, tínhamos o nosso *Old Jewry*[14]; os judeus sendo cada vez mais um povo peculiar. Nós, cristãos, devemos ser igualmente distintos, não em

---

[14] *Old Jewry* (Antigo Judaísmo, tradução livre) foi um gueto judeu, nos séculos 12 e 13, em Londres. Sua rua principal se chamava *Jewry Street*, que agora é conhecida como *Old Jewry Street*.

comidas, bebidas, vestimentas e dias sagrados, mas quanto à espiritualidade da mente e santidade de vida. Devemos ser peregrinos e estrangeiros na Terra em que peregrinamos, pois não somos comerciantes residentes nesta Feira das Vaidades[15]; passamos por ela visto que fica no caminho para casa, mas não nos sentimos à vontade nela, e não podemos descansar em nenhuma tenda de toda a feira.

Ó, negociantes, neste alvoroço de ninharias, temos pouca estima por suas grandes ofertas e fraudes tentadoras. Não somos compradores em uma rua de Roma nem da França; daríamos tudo o que temos para sairmos de suas ruas contaminadas e não sermos mais incomodados por Belzebu, o senhor da feira. Nossa jornada é em direção à Cidade Celestial, e quando os filhos da terra gritam para nós: "O que vocês querem comprar?", respondemos: "Compramos a verdade". Ó, jovem, você consegue se posicionar como um verdadeiro cristão no armazém, mesmo que não haja nenhum outro crente no local? E você, nobre senhora, ousa servir ao Senhor, embora seu marido e seus filhos zombem de você? Homem de negócios, você ousa fazer a coisa certa nos negócios e ser cristão, embora os vários métodos de negociação à sua volta tornem difícil para você ser íntegro e honesto? Essa singularidade é exigida de todo crente em Jesus. Você não pode ser abençoado, como Abraão, a menos que, como ele, você se mostre e se posicione como um verdadeiro cristão.

---

[15] Local por onde passa o personagem Cristão em sua jornada rumo à Cidade Celestial, em *O Peregrino* (Publicações Pão Diário, 2021), de John Bunyan.

Ouse ser um Daniel,
Ouse estar solitário!
Ouse ter um propósito verdadeiro!
Ouse torná-lo conhecido.[16]

Que Deus nos conceda a graça de ser como Daniel, mesmo se a cova dos leões nos ameaçar.

Uma segunda peculiaridade na conduta de Abraão é vista no fato de que *ele estava pronto para todas as perdas e riscos que podem estar envolvidos na obediência ao chamado feito por Deus*. Abraão deveria deixar a sua terra natal. Como já dissemos: para alguns de nós, essa seria uma tarefa difícil, e eu não duvido que também o fosse para ele. A fumaça da minha própria chaminé é melhor do que o fogo na lareira de outro homem. Não importa para onde formos, não há lugar melhor do que o nosso lar. A sensação de estar em casa era, provavelmente, tão forte para Abraão quanto para nós, mas ele nunca mais teria um lar na Terra, a menos que ele tenha percebido o mesmo que Moisés cantou mais tarde: "Senhor, tu tens sido o nosso refúgio, de geração em geração" (Sl 90:1). Para ele, não havia nenhum teto sobre sua cabeça e propriedade paterna; ele não possuía nenhuma parte da terra em que peregrinava, e seu único aposento era uma tenda frágil, que ele desarmava dia após dia, pois seus rebanhos exigiam pasto fresco. Ele poderia dizer ao seu Deus: "Sou um forasteiro e morador em ti"[17]. Ele teve que deixar aqueles

---

[16] Tradução livre de uma das estrofes do hino *Dare to be a Daniel*, de Phillip Paul Bliss (1838–76). Aqui, Spurgeon substitui a descrição "um propósito firme" por "um propósito verdadeiro", ideia também presente nas demais estrofes do hino.

[17] Referência a Gênesis 23:4.

a quem amava, pois, embora o acompanhassem em parte do caminho, não iriam adiante com ele. Se queria seguir o Senhor completamente, ele deveria ir sozinho. O patriarca não conhecia o que era fazer as coisas pela metade; assim, ele seguiu em frente com sua obediência e deixou todos os seus parentes a fim de seguir sua jornada para Canaã, para onde havia sido chamado. Aqueles que desejassem parar em Harã poderiam ficar por lá, mas Canaã era seu destino, e para lá Abraão seguiria. Sem dúvida, ele enfrentou muitos riscos em sua jornada e ao adentrar no país. Os cananeus ainda habitavam a terra e eram um grupo violento e cruel de pagãos que teriam destruído totalmente o andarilho se o Senhor não tivesse colocado Sua mão sobre eles e dito: "Não toqueis nos meus ungidos, nem maltrateis os meus profetas" (1Cr 16:22). Era um país repleto de pequenas tribos que viviam constantemente em guerra. O próprio Abraão deveria, por amor a Ló, cingir sua espada e sair para lutar, apesar de ser um amante da paz. Abraão fez pouco caso de todos os desconfortos e perigos, da perda de sua propriedade e da separação dos amigos. Deus ordenou, Abraão obedeceu.

Agora, irmãos, nós podemos fazer o mesmo? A você que deseja ser salvo, pergunto: você pode fazer isso? Você calculou o custo e decidiu pagá-lo? Você não deve esperar que usará sandálias prateadas e andará na grama verde estendida por todo o caminho até o Céu. A estrada que seu Senhor percorreu foi dolorosa, e se você andar com Ele, a sua também será. Você pode suportar, por amor a Jesus, todas as perdas terrenas? Você pode suportar o escárnio, o desprezo, a piada mordaz, a insinuação, o sarcasmo e o desdém? Você poderia ir mais longe e suportar a perda de sua propriedade e o sofrimento financeiro? Não diga que isso pode não ocorrer, pois muitos crentes em Jesus perdem tudo por terem de abandonar as atividades doentias pelas quais antes ganhavam o seu pão. Você deve, em sua intenção, desistir de tudo por Jesus e, sim, deve desistir de tudo por Ele na prática. Se Ele realmente for seu, você deve ter todas as coisas em comum com Ele, de agora em diante. Vocês devem ser coerdeiros; o que é dele é seu, e o que é seu também é dele. Você pode se contentar em fazer ações conjuntas, quando você tem tão pouco e Ele tem tanto. Ó, você pode suportar e desistir de tudo por Ele? Bem, se não pode, não finja fazê-lo. Portanto, a menos que tome sua cruz, você não pode ser Seu discípulo. A menos que você desista de tudo por Ele, não finja segui-lo. Preste atenção nisto: se o Céu de nada lhe vale, se você não dá o devido valor a Cristo, se considera o ganho mundano sua prioridade, se o conforto e honra lhe são indispensáveis, se você não puder morrer uma morte de mártir por Cristo, seu amor por Ele não vale muito, e o espírito que havia em Abraão não está em você. Que Deus nos capacite a tomar nossos lugares na batalha, em frente ao inimigo, onde a luta é mais ferrenha. Que a graça nos faça cantar:

Ó Jesus, eu tomo a minha cruz,
Deixo tudo para te seguir seja onde for.
Se humilhado ou desprezado,
Tu serás tudo para mim, Senhor.[18]

---

[18] Tradução livre de uma das estrofes do hino *Jesus, I my cross have taken*, de Henry Francis Lyte (1793–1847).

Se isso for verdade, está bem, meu irmão; você pode pedir para ser coparticipante de todas as coisas com o fiel Abraão; você também encontrará muitas bênçãos em viver de maneira separada.

Por terceiro, uma grande peculiaridade em Abraão foi que *ele renunciou o presente pelo futuro*. Ele saiu para ir a um lugar que somente mais tarde deveria receber por herança. Ele deixou sua herança presente a fim de receber uma que ainda estava por vir. Esse não é o jeito do mundo. "Mais vale um pássaro na mão do que dois voando", diz o provérbio popular. Abraão, no entanto, não se apegou ao pequeno pássaro que estava em sua mão, mas se ateve ao bando que estava voando diante dele. Não parecia muito provável que ele obteria aquela terra algum dia, mas ainda assim ele deixou voar o pássaro que antes segurava e atentou-se aos pássaros que voavam, visto que estava totalmente persuadido de que seria recompensado na hora certa de Deus. O Sr. Bunyan expõe isso na figura de duas crianças: Paixão e Paciência[19]. Paixão, a criança maior, queria ter todas as suas coisas boas imediatamente, e então ela apossou-se de seus tesouros satisfatoriamente, riu e se alegrou, mas gastou tudo "extravagantemente e nada restou além de trapos". Em contrapartida, Paciência, que se dispôs a esperar e teve que suportar ver Paixão regozijando-se e ouvir sua zombaria, recebeu benefícios superiores, e como o ilustre Bunyan lindamente registra: "o que recebe sua parcela por último, poderá conservá-la de maneira duradoura", pois não há nada mais aqui depois do final. Portanto, se recebermos o Céu por último, ele durará

---

[19] Referência a personagens do livro *O Peregrino* [id.]. "Paixão representa os homens do mundo de agora e Paciência os homens do mundo por vir."

para sempre, e nenhuma nuvem o destruirá, nenhuma calamidade lhe porá um fim. Sábio é aquele que deixa a sombra desaparecer para se agarrar à essência, mesmo que tenha que esperar 20, 30 ou 40 anos por isso. Abençoado é o que deixa o vento e os detritos da Terra para nutrir-se de um alimento sólido. Que Deus nos conceda a graça de viver olhando mais para o futuro do que estamos acostumados.

Ó, vocês, ímpios, que não se importam com o futuro, pois nunca consideram a morte e o juízo. Vocês têm medo de olhar além desta vida passageira. Quanto à morte, nada os assusta mais. Quanto ao inferno, se você for avisado para escapar dele, em vez de agradecer ao pregador por ser honesto o suficiente para alertá-lo quanto a isso, você imediatamente o chama de pregador do "fogo do inferno" ou lhe confere um rótulo pejorativo. Infelizmente, você não faz ideia de como ele sofre por falar com você sobre algo tão terrível! Você não imagina como verdadeiramente ele zela por sua alma; do contrário, ele não o avisaria da ira que está por vir. Você quer ter bajuladores ao seu redor? Esses podem ser obtidos em abundância, se você os desejar. Quanto ao Céu, parece que você não tem muita consideração por ele; em todo o caso, você não está tornando seu acesso a ele seguro ou claro ao se importar com as coisas divinas. Se você deseja ter o direito de primogenitura, deve deixar de lado seu prato de lentilhas.[20] O futuro eterno deve vir muito antes das ninharias passageiras de hoje; você deve deixar as coisas que são visíveis afundarem e fazer com que as coisas "que se não veem" (Hb 11:1) elevem-se em toda a sua grandeza e realidade incomparáveis diante de seus olhos. Você deve desistir de perseguir

---

[20] Conforme Gênesis 25:29-34.

borboletas e sombras e buscar coisas eternas. Minha alma imortal anseia apenas por alegrias imortais. Deixo meu destino atual para ser designado pelo Senhor como Ele quiser, contanto que Ele derrame Seu amor em meu coração. Devemos estar preparados para a eternidade e, por esse propósito, devemos concentrar nossas capacidades na verdade divina e na religião pessoal, a fim de estarmos prontos para encontrar o nosso Deus. Esta, então, foi a terceira peculiaridade na caminhada de Abraão, na qual ele renunciou o conforto presente por causa da bênção futura.

Em quarto lugar, e este é o ponto principal, *Abraão se comprometeu com Deus pela fé*.

Daquele dia em diante, Abraão não tinha nada além de Seu Deus. Ele seria sua porção e seu protetor. Nenhum esquadrão de soldados acompanhou a marcha do bom homem; sua salvaguarda estava naquele que havia dito: "Não temas, Abrão[21], eu sou o teu escudo, e teu galardão será sobremodo grande" (Gn 15:1). Ele tinha que confiar no Senhor para ter o pão de cada dia e orientação diária, pois ele deveria seguir marchando, sem sequer saber o que o esperava no próximo quilômetro. Ele desconhecia quando era parar ou seguir viagem, exceto quando o Senhor Deus o guiava a cada momento. Não devo dizer que Abraão se tornou um pobre pensionista devido à provisão diária de Deus, mas usarei um termo melhor e o descreverei como "um cavalheiro plebeu que dependia da generosidade real de Seu Rei celestial". Sua porção era nada além do que ser herdeiro do Céu e da Terra. Você consegue viver pela fé? Você, que tem hesitado em crer no Senhor Deus, porventura tal graça divina o leva a confiar

---

[21] Deus muda o nome de Abrão para Abraão posteriormente (Gn 17:5).

nele de agora em diante? Se você fizer isso, você será salvo, pois a fé é a questão decisiva. Perceber a existência de Deus e confiar nele, especialmente confiar em Sua misericórdia, por meio de Jesus Cristo, é essencial. Quanto à vida e caminhada em fé, são as coisas mais singulares do mundo. É como se eu tivesse subido vários lances de escadas desconhecidas, leves como o ar e, no entanto, sólidas como granito. Não consigo ver um único passo diante de mim e, muitas vezes, parece não haver nada para formar um ponto de apoio para o próximo passo. Olho para baixo e me pergunto como vim parar onde estou, mas continuo subindo, e Aquele que me trouxe até aqui me dá confiança para o que está diante de mim. Nas alturas e imerso no invisível, a escada divina me conduziu, e suas sinuosidades ainda me conduzirão para frente, para a glória. Muitas vezes deslizei, focado apenas no que os olhos podiam ver, mas aquilo que eu não pude de imediato contemplar, e no qual ainda assim acreditei, sempre me manteve firme. Filhos de Deus, vocês todos já experimentaram isso? Oremos para que o Senhor leve outros a trilharem essa mesma ascensão divina, começando hoje mesmo a vida de fé.

A última peculiaridade na caminhada de Abraão é esta: *prontidão em tudo o que ele fez*.

Não houve debates, considerações e enrolações do tipo "e se" e "mas". Ele não precisava forçar e debater —

Deus o atraiu, e ele o seguiu
Encantado com a voz do Deus amado.[22]

---

[22] Tradução livre de versos do hino *O Happy day*, de Philip Doddridge (1702–51) e Edward F. Rimbault (1816–76). Aqui, no entanto, Spurgeon faz uma pequena adaptação mudando a pessoa do predicado: de "eu" para "ele".

Sim, Abraão partiu imediatamente. A prontidão é uma das excelências mais brilhantes nas ações da fé. A morosidade estraga tudo. Alguém perguntou a Alexandre, o Grande, a que ele devia suas conquistas, e ele disse: "Eu venci porque nunca demorei". Enquanto o inimigo se preparava, ele começava a batalha e assim eram derrotados quando menos esperavam. É assim que a fé vence a tentação. Ela corre no caminho da obediência, ou melhor, ela sobe nas asas de águias e dessa forma acelera seu percurso. Em relação às coisas de Deus, nossos primeiros pensamentos são melhores; se pensamos demais nas dificuldades, ficamos desorientados. Sempre que você sentir uma inspiração para fazer uma coisa boa, não pergunte a ninguém se você deve fazer isso ou não; ninguém jamais se arrepende de fazer o bem. É melhor que pergunte a seus amigos depois, pois é prejudicial consultar carne e sangue quando o dever é evidente. Se o Senhor lhe deu bens, e você está sendo tocado a ser generoso para com a Sua causa, não fique contando cada centavo extra e calculando o quanto os outros dariam. Conte-o depois de tê-lo ofertado, se é que deve ser contado, mas o ideal seria não deixar sua mão esquerda saber o que sua mão direita faz. Jamais erramos quando fazemos com prontidão aquilo que é correto; não, no que tange ao dever, cada momento de demora é um pecado. Assim, temos Abraão diante de nós; que o Espírito Santo nos torne semelhantes a ele.

E então, quem ouvirá o chamado de Deus nesta manhã? Quem, como Abraão, deixará o mundo, com toda a sua tolice e se comprometerá, de agora em diante, a estar ao lado do Senhor? Ó, Espírito do Deus vivo, que aqueles que têm um Abraão escondido em si possam ser constrangidos a se revelar.

3. Gostaria de encerrar com duas ou três palavras sobre qual foi *o resultado da atitude de Abraão*.

A pergunta de muitos é: *será que valeu a pena?* Essa é a pergunta da maioria das pessoas e, dentro dos limites adequados, não é uma pergunta errada. O propósito de Abraão foi atendido? Nossa resposta é que foi glorioso. É verdade que isso o levou a um mundo de problemas, e não é para menos: um percurso tão nobre como o dele provavelmente não seria tão simples. Qual vida grandiosa foi fácil? Quem quer ser criança e fazer coisas banais? No entanto, lemos sobre a vida de Abraão, depois de toda uma jornada de dificuldades: "Era Abraão já idoso, bem avançado em anos; e o SENHOR em tudo o havia abençoado" (Gn 24:1). Essa é uma conclusão esplêndida — Deus abençoou Abraão em todas as coisas. O que quer que acontecesse, ele sempre estaria sob o sorriso divino, e todas as coisas cooperaram para o seu bem. Ele se separou de seus amigos, mas então teve a doce companhia de Seu Deus e foi tratado como amigo do Altíssimo, tendo permissão para interceder pelos outros, revestido de grande poder para benefício deles. Quase invejo Abraão. Eu o faria, de modo geral, se não soubesse que todos os santos têm permissão para usufruir dos mesmos privilégios. Que glorioso título Abraão recebeu quando foi chamado de "amigo de Deus"! As amizades terrenas que perdeu não foram abundantemente compensadas para ele? Que honra, também, o patriarca teve entre seus contemporâneos ao ser um grande homem e ser muito estimado! Ele se portava esplendidamente! Nenhum rei jamais se comportou mais regiamente. O trapaceiro rei de Sodoma quis fazer um trato com ele, mas o grande ancião respondeu:

"...juro que nada tomarei de tudo o que te pertence, nem um fio, nem uma correia de sandália, para que não digas: Eu enriqueci a Abrão" (Gn 14:23). Aqueles filhos de Hete também estavam dispostos a dar-lhe de presente um pedaço de terra ao redor da caverna de Macpela, mas ele não queria um presente dos cananeus; e então disse: "Não, eu lhe pagarei cada centavo. Eu pesarei o preço para você, o que você quiser"[23]. Em nobre independência, nenhum homem poderia superar o pai dos fiéis; seus contemporâneos parecem pequenos diante dele, e nenhum homem parece ser igual a ele, exceto Melquisedeque. A figura de Abraão atravessa as páginas da história mais como um espírito dos reinos celestiais do que como um mero homem; minucioso, puro e, por consequência, heroico. Viveu em Deus, para Deus e com Deus. Uma vida tão sublime recompensou mil vezes todo o sacrifício que ele foi levado a fazer.

Essa não foi uma vida abençoada? Alguém poderia dizer sabiamente: "Que minha vida seja como a de Abraão". Quanto às coisas temporais, o Senhor o enriqueceu e, em termos espirituais, ele ficou ainda mais rico. Ele era mais rico em coração do que em bens, embora sempre grandioso a respeito disso. E agora Abraão é o pai da fé, patriarca de toda a família dos crentes em Jesus e de todos os homens mortais. Somente a ele Deus disse: "...em ti serão benditas todas as famílias da terra" (Gn 12:3). Hoje mesmo, todos os povos são abençoados por meio de sua semente sem igual, até mesmo Jesus Cristo — semente de Abraão — a quem seja dada a glória para todo o sempre. Sua vida foi um grande êxito, tanto para o tempo

---

[23] Conforme Gênesis 23:1-16.

quanto para a eternidade; tanto para o que é temporal quanto para o que é espiritual. O caminho da fé foi o melhor caminho que ele poderia ter seguido.

E agora, que todos possamos ser levados a imitar seu exemplo. Se nunca o fizemos, que possamos, nesta manhã, ser levados a dar a Deus o que lhe é devido, confiando nele, a dar ao sangue de Cristo o que lhe é devido, a dar ao Espírito de Deus o que lhe é digno, rendendo-nos a Ele. Você fará isso ou não? Faço uma pausa para sua resposta. O chamado é feito novamente; você o obedecerá ou não? Ninguém aqui vai realmente declarar que não, mas muitos responderão que *esperam que sim*. Ai de mim! Meu sermão é um fracasso para aqueles que assim declaram. Se essa for a sua resposta, estou novamente frustrado. Quando Napoleão estava atacando os egípcios, tinha uma artilharia poderosa, mas não conseguiu alcançar o inimigo, pois eles estavam abrigados em um forte de barro. Isto deixou Napoleão irritado: se eles estivessem atrás de paredes de granito, ele poderia tê-los abatido, mas não conseguiu derrubar seus aterros, visto que cada projétil ficava encravado no barro, tornando a parede ainda mais forte. Suas esperanças e sua morosidade são como essa parede de barro. Eu preferiria muito mais que as pessoas dissessem: "Não acreditamos em Deus nem em seu Cristo", e falo francamente para aqueles que estão sempre atrás da parede de lama do "nós iremos em breve" e "quem sabe um dia". O fato é que vocês não pretendem obedecer ao Senhor de forma alguma. Vocês estão se enganando se pensam assim. Se Deus é Deus amanhã, Ele é Deus hoje; se vale a pena ter Cristo na próxima semana, vale a pena tê-lo hoje. Se existe algo na religião é que ela exige uma constante entrega às reivindicações dela e uma obediência imediata às suas leis. Porém, se você julgar que é mentira, confesse, e então saberemos sua posição. Se Baal é Deus, sirva-o; mas, se Deus é Deus, eu suplico a você, por Jesus Cristo, que se apresse até Ele como Ele é revelado. Saia do pecado do mundo, seja separado e ande pela fé em Deus. Que o Espírito de Deus o capacite para este fim. Amém e amém.

4

JACÓ: ADORANDO APOIADO SOBRE SEU BORDÃO[24]

Pela fé, Jacó, quando estava para morrer, abençoou cada um dos filhos de José e, apoiado sobre a extremidade do seu bordão, adorou. —Hebreus 11:21

"Quando estava para morrer." A morte é um teste completo de fé. Ao sentirmos o toque de seus dedos mirrados, os enganos desaparecem e apenas a verdade permanece, a não ser que haja um grande delírio; e então o espetáculo de um presunçoso pecador morrendo em suas iniquidades é algo que pode fazer os anjos chorarem. É difícil, muito difícil, manter uma mentira na presença das últimas solenidades; o fim da vida é geralmente o fim do autoengano. Há uma fé simulada, uma falsa segurança, que perdura sob todos os ardores comuns de uma provação, mas isso se evapora

---

[24] Sermão nº 1401, ministrado no *Metropolitan Tabernacle*, Newington. Publicado em 1878.

quando o fogo da morte a cerca. Certos homens estão em paz e tranquilos em suas consciências. Eles sufocam as convicções, recusam-se a permitir algo como o autoexame, consideram que suspeitar de si mesmos honestamente é uma tentação do diabo, gabam-se de sua ininterrupta tranquilidade de espírito e prosseguem no dia a dia com perfeita confiança. Mas nós não fazemos parte dessa espécie, pois seus olhos estão fechados, seus ouvidos estão cansados de ouvir e seu coração enrijecidos. Um canto de sereia os deixa encantados com contentamento duradouro, mas também pode levá-los à destruição. Terrível será o seu despertar quando morrerem: como um sonho, sua falsa paz se desvanecerá e terrores reais virão sobre eles.

A expressão "quando estava para morrer", me faz lembrar de muitos leitos de morte, mas não falarei deles agora, porque desejo que cada um de vocês imagine a cena de sua própria partida, pois rapidamente será contada uma história sobre cada um de vocês, começando por "quando estava para morrer". Quero que cada um projete um pouco sua mente para mais adiante, para o momento em que deve recolher os pés na cama, dar seu último adeus e entregar a alma. A menos que você seja levado por um infarto repentino, provavelmente pode ser atribuído um pouco de tempo a você, antes de sua real partida, no qual poderá ser dito: "ele estava para morrer". Talvez o ideal seja ir para algumas semanas antes da sua partida, até que a mente pareça ter passado pelo portão e já estar na glória, enquanto o corpo ainda permanece aqui, mas, como não temos experiência, dificilmente seremos capazes de formar um julgamento.

O texto nos diz que a fé do patriarca continuou firme enquanto ele estava morrendo, de modo que ele não derramou murmúrios, e sim abundantes bênçãos, abençoando os dois filhos de José. Que a nossa fé seja assim também, de modo que, quando estivermos morrendo, nossa fé realize alguma proeza ilustre para que a graça de Deus seja admirada em nós. Paulo não diz nada sobre a vida de Jacó, senão sobre a cena de sua morte. Houve muitos exemplos de fé na história da vida de Jacó, mas lembre-se que, na epístola aos Hebreus, quando Paulo está caminhando através das histórias e colhendo uma flor aqui e outra ali, ele reclama que lhe falta tempo mesmo fazendo isso de tão fértil que é o jardim da fé. Não tenho dúvidas, porém, de que ele reuniu o melhor de cada biografia; e, talvez, a melhor coisa na vida de Jacó tenha sido o fim. Jacó foi mais majestoso entre as cortinas de sua cama do que na porta de sua tenda; foi maior na hora de sua fraqueza do que no dia de sua força.

O ancião de 147 anos poderia estar disposto a partir por causa das enfermidades da idade, mas ainda assim ele tinha muitas razões para manter-se aqui na Terra e fazê-lo desejar viver o maior tempo possível. Depois de uma vida muito atribulada, ele desfrutou de 17 anos de notável conforto, tanto que, se tivesse sido conosco, provavelmente teríamos começado a lançar nossas raízes na terra de Gósen e temer o mero pensamento de sermos removidos de lá. No entanto, lá está o venerável patriarca, com a mão sobre seu cajado, pronto para partir, sem titubear, mas antes esperando a salvação de Deus. Depois de todas as suas idas e vindas, quando por tanto tempo foi um peregrino, deve ter sido muito agradável para ele ter se estabelecido em uma terra fértil com seus filhos, netos e bisnetos ao seu redor, tudo confortavelmente provido, com José à frente liderando a nação — primeiro-ministro do

Egito —, mostrando-se honrado por seu pai idoso e cuidando para que ninguém da família padecesse necessidade de alguma coisa. O último estágio do banquete da vida de Jacó foi, de longe, o mais doce, tanto que o ancião pode ter detestado precisar se retirar de uma mesa tão saborosa. Os filhos de Israel eram uma espécie de aristocracia estrangeira na terra, e nem mesmo um cão ousaria rosnar contra eles, a menos que o célebre José estendesse sua mão. Aqueles 17 anos devem ter sido incríveis e repletos de descanso para Jacó. Mas o sentimento não matou sua fé, nem o luxo destruiu sua espiritualidade; seu coração ainda estava lá, naquelas tendas, onde ele viveu como um peregrino de Deus. E você pode ver que sua alma não tinha uma única raiz no Egito. Sua principal preocupação era tomar cuidado para que nem mesmo seus ossos repousassem em Gósen, mas que seu corpo fosse retirado do país como um manifesto [N.E.: um lembrete] para a sua família, de que eles não eram egípcios nem poderiam ser transformados em súditos do Faraó e que Canaã era sua propriedade, para onde eles deveriam ir. Com sua última exigência de ser enterrado em Macpela, ele praticamente ensina a seus descendentes que eles deveriam se livrar de todas as boas terras que possuíam em Gósen, visto que a herança deles não estava nas margens do Nilo, mas do outro lado do deserto, em Canaã, para onde eles, com muita prudência, deveriam seguir. A bênção que ele deu aos filhos de José foi apenas uma declaração de sua fé inabalável, firmado na aliança de que Deus lhe havia dado aquela terra bem como a seus descendentes. A fé de Jacó sugeriu que largassem o presente e agarrassem o futuro, renunciassem ao temporal e se apoderassem do eterno, recusando os tesouros do Egito e apegando-se à aliança de Deus.

1. Primeiramente, então, *sua bênção*.

Jacó abençoou os dois filhos de José. Você terá paciência comigo enquanto tento mostrar que a bênção dele aos filhos de José foi um ato de fé? Porque, primeiro, *somente pela fé, o idoso Jacó poderia realmente conceder uma bênção a alguém*. Olhe para ele: está fraco demais para sair da cama. Quando se senta apoiado em travesseiros e na cabeceira da cama, pede que lhe tragam seu fiel cajado para se apoiar nele enquanto se levanta um pouco, para conseguir ficar em posição de estender as mãos e usar sua voz. Ele não tem forças, e seus olhos estão turvos, de modo que ele não pode distinguir quem é Efraim e quem é Manassés. Ele está falhando na maioria de suas capacidades. De todas as maneiras, você pode ver que ele é um idoso exausto, que nada pode fazer pelos filhos que ama. Se ele é capaz de conceder uma bênção, não pode ser pelo poder da natureza, e ainda assim ele pode abençoá-los; portanto, temos certeza de que deve haver um homem oculto naquele debilitado e idoso Jacó. Deve haver um Israel espiritual oculto nele; um Israel que, prevalecendo com Deus como um príncipe, obteve a bênção e é capaz de dispensá-la aos outros. E aí está: com um simples olhar, nós o vemos. Ele eleva-se à eminente posição de um rei, profeta e sacerdote, quando começa a pronunciar a bênção sobre seus dois netos. Ele acreditava que Deus falaria por meio dele; confiava que Deus justificaria cada palavra que ele pronunciasse. Ele estava convicto no Deus que ouve a oração. Sua bênção foi uma oração; e, ao pronunciar bênçãos sobre seus netos, ele sentiu que cada palavra que falava era uma prece à qual o Senhor estava respondendo. Eles foram e deveriam ser abençoados, e ele discerniu isso pela fé. Assim, vemos que Jacó estava manifestando sua fé, ao oferecer uma oração na qual ele acreditava e ao proferir uma bênção com profunda confiança.

Quer vivamos, quer morramos, tenhamos fé em Deus. Sempre que pregarmos ou ensinarmos o evangelho, tenhamos fé; sem ela, trabalharemos em vão. Sempre que você distribuir livros religiosos ou visitar doentes, faça-o com fé, porque a fé é a força vital de todo o nosso serviço. Se, somente pela fé, Jacó, moribundo, foi capaz de abençoar seus descendentes, então, da mesma forma, pela fé também podemos abençoar os filhos dos homens. Tenha fé em Deus, e a instrução que você fornece realmente edificará; as orações que você oferece trarão chuvas de misericórdia; seus esforços por seus filhos e filhas prosperarão. Deus abençoará tudo o que for feito com fé; mas, se não acreditarmos, nosso trabalho não será estabelecido. A fé é a espinha dorsal e a medula do poder cristão de fazer o bem: somos fracos como a água até entrarmos em união com Deus pela fé e, então, tornamo-nos preeminentes. Nada podemos fazer por nossos semelhantes, no sentido de promover seus interesses espirituais e eternos, se andarmos conforme a visão de nossos olhos. Todavia, quando alcançamos o poder de Deus e agarramos Sua promessa com ousada confiança, então obteremos o poder para abençoar.

Você perceberá também que *não só o poder para abençoar veio a Jacó pela fé, mas também as bênçãos que ele concedeu a seus netos eram dele pela mesma herança*. Todo o legado de Jacó era constituído por bênçãos que ele possuía apenas pela fé. Ele deu uma parte para Efraim e outra para Manassés: mas onde e o quê? Ele pegou uma bolsa de um cofre de ferro e disse: "Aqui, meninos, eu dou a vocês a mesma porção de dinheiro que dou a meus filhos"? Não, parece que não houve nenhum centavo nesse caso. Ele pediu o mapa das propriedades da família e declarou: "Entrego a vocês, meus rapazes, minhas terras em uma bela propriedade em tal paróquia e minhas fazendas sob tal feudo"? Não, não, ele não deu nenhuma parte de terra em Gósen, mas cada um tinha muito em Canaã.

Canaã pertencia a Jacó? Em certo sentido, sim, mas não em outro. Deus a havia prometido a ele, mas ele ainda não tinha um pedaço de terra lá. Ela estava repleta de cananeus; eles moravam em cidades muradas até o céu e mantinham a nação como seu direito de posse, como usucapião. Mas o bom ancião falava sobre Canaã como se fosse toda sua, e ele previa as tribos crescendo em nações como se já tivessem a posse real do país. No entanto, ele não tinha casa nem terreno na Palestina, mas contava tudo como se fosse dele, visto que o fiel Deus havia feito tal promessa a seus pais. Deus disse a Abraão: "Ergue os olhos e olha desde onde estás para o norte, para o sul, para o oriente e para o ocidente; porque toda essa terra que vês, eu te darei, a ti e à tua descendência, para sempre" (Gn 13:14-15). Então Jacó reconhece que o presente de Deus é uma escritura e um título de posse; baseado nisso, age quando diz: "Isto é para Efraim; isto é para Manassés", embora o infiel zombeteiro que estava por perto tivesse dito: "Ouça como o velho caduca e delira, dando o que ele não tem!". A "fé é a certeza de coisas que se esperam" (Hb 11:1), e ela trata com seriedade e criteriosamente aquilo que torna realidade. A razão cega pode ridicularizar, mas a fé é justificada por todos os seus filhos.

Amados, é desta maneira, então, que os crentes em Cristo abençoam os filhos dos homens; isto é: pela fé. Oramos por eles e lhes falamos de coisas boas que ainda estão por vir, não para serem vistas com os olhos, ou para serem percebidas pelos sentidos, mas coisas inconcebivelmente boas, reservadas por Deus para aqueles que o amam, que serão a porção para nossos filhos e amigos se eles crerem no Deus vivo. Pela fé, acreditamos em coisas que ainda não vimos. Confessamos que, como Abraão, Isaque e Jacó, somos peregrinos aqui e caminhamos em direção a um lugar sobre o qual Deus nos falou: "...a cidade que tem fundamentos, da qual Deus é o arquiteto e edificador" (Hb 11:10). Aprendemos a falar da coroa que o Senhor reservou para nós, e não apenas para nós, mas para todos os que amam a Sua vinda, e temos o prazer de dizer aos outros como ganhar essa coroa. Nós mostramos a eles o caminho e a porta estreita, os quais eles não podem ver. Apontamos para o final desse caminho estreito, até mesmo para os topos das montanhas coroadas com a cidade celestial onde os peregrinos do Senhor habitarão para sempre e desfrutarão de uma recompensa eterna. A fé é requerida para nos capacitar a indicar aos homens o invisível e eterno, e, se não podemos fazer isso, como podemos abençoá-los? Devemos crer por aqueles que amamos e ter esperança por eles; assim, com o poder de Deus, os abençoaremos. Vocês, pais terrenos, podem dar a seus filhos a herança que puderem e dividir entre suas filhas a riqueza que quiserem, mas, quanto a nós, nosso desejo é ver nossos filhos e os filhos de nossos filhos dotados das riquezas que vêm do alto. Se eles ganharem uma parte da terra do outro lado do Jordão, ainda que agora seja invisível, e tiverem uma parte agora em Cristo Jesus, ficaremos felizes — infinitamente mais felizes do que se eles fossem os mais ricos entre toda a humanidade. Nosso legado para nossos filhos são as bênçãos da graça, e nosso dote para nossas filhas são as promessas do Senhor.

É digno de nota que *Jacó, o venerável patriarca, em sua bênção, mencionou, particularmente, a aliança*. A fé de Jacó, como a fé da maioria do povo de Deus, fez da aliança sua aprazível tenda de habitação, sua torre de defesa e seu arsenal para a guerra. Nenhuma palavra mais doce do que a aliança estava em sua língua, e nenhum consolo mais rico sustentou seu coração. E Jacó relatou a José: "O Deus Todo-Poderoso me apareceu em Luz, na terra de Canaã, e me abençoou e me disse: 'Eis que te farei fecundo, e te multiplicarei...'" (Gn 48:3). Sua confiança repousava na promessa do Senhor e na fidelidade divina: essa foi a fonte da verdade da qual ele tirou a inspiração que o levou a abençoar os seus netos. Perceba também como ele insiste no nome de seu avô Abraão e de seu pai Isaque, com quem a aliança havia sido estabelecida anteriormente. As memórias de uma aliança de amor são preciosas, e cada manifestação confirmatória é entesourada e considerada. Homens à beira da morte não falam bobagens; eles falam de coisas sólidas. A eterna aliança, feita com seus pais, confirmada na trajetória de vida de cada um deles, tem sido uma das coisas grandiosas pelas quais os santos moribundos costumam render suas almas. Lembre-se de como Davi disse: "Não está assim com Deus a minha casa? Pois estabeleceu comigo uma aliança eterna, em tudo bem-definida e segura..." (2Sm 23:5).

Enquanto estamos sentados aqui, podemos conversar sobre o assunto tranquilamente, mas, quando o orvalho da morte repousar friamente sobre a fronte, o pulso estiver falhando e a garganta gradualmente se engasgar, será uma bênção fixar o olhar no fiel Promissor e sentir a calma na alma que nem mesmo as dores da morte podem perturbar, porque poderemos então exclamar: "...sei em quem tenho crido e estou certo de que ele é poderoso para guardar o meu depósito até aquele Dia" (1Tm 1:12).

Gostaria de chamar sua atenção para um ponto que acho que ilustra a fé de Jacó de maneira extraordinária. Ao distribuir suas bênçãos aos seus dois netos quanto ao futuro deles, ele as tira imediatamente de José e diz: "...Efraim e Manassés serão meus, como Rúben e Simeão" (Gn 48:5). Você sabe quem eram aqueles dois jovens cavalheiros? Pense um pouco e verá que eles eram muito diferentes em posição social, ofício, origem e perspectivas de qualquer um dos filhos de Jacó. Os filhos de Jacó foram criados como trabalhadores, sem conhecimento da sociedade educada ou das artes eruditas. Eles eram camponeses, meros beduínos, pastores errantes e nada mais. Porém aqueles dois jovens cavalheiros descendiam de uma princesa e, sem dúvida, haviam sido muito bem instruídos. O faraó dera a José "por mulher a Asanate, filha de Potífera, sacerdote de Om" (Gn 41:45), e os sacerdotes do Egito eram a classe mais alta de todas — a nobreza da nação. O próprio José era primeiro-ministro, e Efraim e Manassés eram participantes de sua elevada posição. Os filhos de Rúben e Simeão não eram ninguém nos círculos aristocráticos do Egito — gente muito boa e decente, fazendeiros e pastores, mas não pertencentes à alta classe do Honorável Barão Manassés e do Honorável Efraim. Na verdade, todo pastor era uma abominação para os egípcios e, portanto, inadmissível à nobreza egípcia, mas Manassés e Efraim eram de uma casta superior e cavalheiros de posição e fortuna. Mas *Jacó mostrou sua fé, ignorando as vantagens terrenas de seus netos*. Ele disse a José: "Eles não são seus. Não os vejo como egípcios. Não levo em conta a posição e a família da mãe deles. Os meninos têm perspectivas atraentes diante deles; eles podem ser sacerdotes do templo de ídolos e ascender ao mais alto prestígio entre os egípcios; mas todo esse esplendor nós rejeitamos para eles. E, em sinal disso, eu os adoto como meus próprios filhos; eles são meus. Como Simeão e Rúben, eles serão meus. Por todo o ouro do Egito, você não gostaria que um deles servisse a um ídolo, pois eu sei que você é fiel ao Deus e à fé de seu pai". E assim, imediatamente ele remove os meninos de todas as suas oportunidades brilhantes e lhes concede aquilo que, para a mente carnal, parece ser uma propriedade na terra dos sonhos, um castelo nas nuvens, algo intangível e inegociável. Isso, de fato, foi uma atitude de fé, e bem-aventurados os que podem imitá-la, escolhendo antes o opróbrio de Cristo para seus filhos do que todos os tesouros do Egito. A alegria disso é que aqueles rapazes aceitaram a troca e abandonaram as posses de ouro do Egito, assim como fez Moisés. Que nossos herdeiros e sucessores tenham a mesma atitude, e que o Senhor diga sobre eles: "...do Egito chamei o meu filho"; e novamente: "Quando [Efraim] era menino, eu o amei e do Egito chamei o meu filho" (Os 11:1).

Ainda não terminamos, pois observamos que Jacó *mostrou sua fé ao abençoar os filhos de José, segundo a ordem de Deus*. Ele colocou Efraim antes de Manassés, e isso não estava de acordo com as regras, mas ele sentiu o impulso sobre ele, e sua fé não resistiu à orientação divina: cego como estava, ele não se renderia às orientações de José; em obediência à disposição divina, impôs as mãos de forma que seus braços ficaram cruzados. A fé resolve fazer a coisa certa da melhor maneira. A fé de algumas pessoas às vezes as leva a fazer a coisa certa, porém da maneira errada; contudo, a fé madura segue a ordem que Deus prescreve. Se Deus quiser Efraim primeiro, a fé não discutirá sobre Seu decreto. Podemos desejar ver um filho favorito ser abençoado mais do que outro, mas a natureza deve renunciar a essa escolha, pois o Senhor faz o que lhe parece bom. A fé prefere a graça ao talento e a piedade à astúcia; ela coloca sua mão direita onde Deus a coloca, e não onde a beleza da pessoa ou a rapidez de seu intelecto sugerem. Nosso melhor filho é aquele que Deus chama de melhor; a fé corrige a razão e aceita o veredito divino.

Observe que *ele manifestou sua fé por sua clara referência à redenção*. Somente aquele que tem fé ora pela redenção de seus filhos, especialmente quando eles não apresentam sinais de estarem escravizados, e são esperançosos e amáveis. O bom ancião orou: "O Anjo que me tem livrado de todo mal, abençoe estes rapazes" (Gn 48:16). Permita que sua fé ecoe sobre seus filhos para que recebam as bênçãos da redenção, pois eles precisam ser redimidos assim como os outros. Se eles forem lavados no sangue de Jesus, se eles forem reconciliados com Deus pelo sangue de Seu Filho e se eles tiverem acesso a Deus pelo sangue da expiação, você pode morrer satisfeito; pois o que os prejudicará, uma vez que o anjo que redimiu você também os redimiu? Do pecado, de Satanás, da morte, do inferno, de si mesmo — nosso Redentor nos liberta "de todo o mal"; e esta é a maior de todas as bênçãos que podemos proferir sobre nossos amados filhos.

Jacó mostrou sua fé pela convicção de que Deus estaria presente em sua descendência. Como é motivadora a expressão do moribundo e idoso Jacó, dirigida não só aos meninos, mas a toda a família. Ele disse: "Eis que eu morro, mas Deus será convosco..." (Gn 48:21). É muito diferente das queixas de certos bons e anciões ministros quando estão morrendo. Eles parecem dizer: "Quando eu morrer, a luz de Israel será apagada. Eu morrerei e o povo abandonará a verdade. Quando eu partir, o guerreiro que carrega a bandeira terá caído e o vigia nas muralhas estará morto". Diante da morte, muitos temem pela carruagem de Israel e seus cavaleiros; e, às vezes, nós que estamos com boa saúde falamos muito dessa mesma forma, como se fôssemos maravilhosamente essenciais para o progresso da causa de Deus. Conheço alguns membros de nossa igreja que falam dessa maneira e perguntam: "O que faríamos se o Sr. Fulano de Tal morresse? Se nosso pastor partisse, o que a igreja faria?". Vou dizer a vocês o que fazer sem nós: permitam-me simular como se eu estivesse morto. "Estou morto agora, mas Deus estará com vocês." Quem quer que morra, o Senhor permanecerá com Seu povo e a igreja estará segura. A grande e antiga causa não depende de um ou dois de nós. Deus nos livre! A verdade era poderosa em nossa nação antes do nascimento do melhor homem vivo, e a verdade não será enterrada com ele, mas ainda será poderosa em sua própria juventude imortal; sim, e novos defensores surgirão, mais cheios de vida e vigor do que nós, e maiores vitórias serão conquistadas. É maravilhoso dizer como Jacó: "Eis que eu morro, mas Deus será convosco". Tal linguagem honra a Deus e revela uma mente muito confiante e completamente liberta do autoconceito que se julga importante, ou até mesmo necessário, para a causa de Deus.

2. Na sequência, somos informados de que o velho Jacó "adorava", *e adorava pela fé*.

De maneira muito breve, permita-me dizer que tipo de adoração eu penso que ele realizava.

Primeiro, enquanto ele estava morrendo, ofereceu a adoração de *gratidão*. Como é agradável o registro de tal episódio: "Os olhos de Israel já se tinham escurecido por causa da velhice, de modo que não podia ver bem. José, pois, fê-los chegar a ele; e ele os beijou e os abraçou. Então, disse Israel a José: 'Eu não cuidara ver o teu rosto; e eis que Deus me fez ver os teus filhos também'" (Gn 48:10-11). Sim! muitas vezes teremos que dizer: "Ó meu Deus, eu não pensei que Tu farias tanto assim, mas o Senhor foi muito além do que pedi ou mesmo pensei". Espero que isso esteja entre nossas últimas palavras e confissões, que não sabíamos nem a metade da bênção, que nosso bom Senhor guardou o melhor vinho até o último momento, e que o fim da festa na Terra seria apenas o início do banquete eterno no Céu — essa é a coroa de tudo. Declaremos, a respeito de nosso Senhor, que o encontramos cada vez melhor, e melhor, e melhor, mesmo antes de adentrarmos em Seu descanso. Ele foi melhor do que nossos medos, nossas esperanças e nossos desejos.

Ele também não ofereceu a adoração do *testemunho*, quando reconheceu a bondade de Deus para com ele durante toda a sua vida? Quando ele declarou: "...o Deus que me sustentou durante a minha vida até este dia" (Gn 48:15), estava admitindo que sempre fora dependente da direção do Senhor, mas sempre suprido. Ele tinha sido um pastor e usava uma palavra que aqui significa "o Deus que me guiou, que foi um pastor para mim durante toda a minha vida". Esse foi um testemunho do cuidado e da ternura do Senhor para com ele. Sim, e espero que também possamos terminar a vida bendizendo a bondade do Senhor e que este seja nosso testemunho: "Ele me alimentou por toda a minha vida. Às vezes, eu ficava em apuros e me perguntava de onde viria o próximo pedaço de pão, mas, se

Ele não enviou um corvo ou se não encontrou uma viúva para suprir minhas necessidades[25], ainda assim, de uma forma ou de outra, Ele me alimentou por toda a minha vida. Ele trabalhou em Sua própria maneira sábia, para que nunca me faltasse nada, pois o Senhor foi meu pastor por toda a minha vida".

Observe, também, como ele adora o Mensageiro da aliança com a adoração de um *amor reverente*. Ele fala do Anjo que o livrou de todo mal. Ele pensa no Anjo que lutou com ele e no Anjo que apareceu para ele quando adormeceu em Betel. Esse é o Anjo, não um anjo comum, mas o verdadeiro arcanjo — Jesus Cristo —, o Mensageiro da aliança em quem nos deleitamos. É Ele que nos libertou de todo o mal com Seu sangue redentor, pois nenhum outro ser poderia realizar uma redenção tão completa. Você se lembra de quando Ele veio pessoalmente até você, lutou com você e destruiu sua justiça própria e o fez mancar sobre sua coxa? Pode ser que aquele tenha sido seu primeiro encontro com Ele. Você o viu à noite e, a princípio, pensou que Ele era mais um inimigo do que seu amigo. Você se recorda de quando Ele tirou a sua força; mas, afinal, Ele o salvou, porque você estava prestes a cair ao chão em absoluta fraqueza, quando o agarrou dizendo: "Não te deixarei ir se me não abençoares" (Gn 32:26) — e então você foi abençoado? Previamente, você pensava que tinha força em si mesmo, mas aprendeu que era a própria fraqueza e que, somente quando se tornasse conscientemente fraco, você se tornaria realmente forte. Você aprendeu a deixar de olhar para si mesmo e olhar para Ele, e não o louva por Ele ter lhe ensinado essa lição? Quando morrer, você não vai adorá-lo pelo

---

[25] Referência a 1 Reis 17.

que Ele fez por você naquela ocasião e ao longo de toda a sua vida? Ó, meus irmãos, devemos tudo ao Anjo Redentor da aliança. Os males que Ele afastou de nós são terríveis, excedem a compreensão; as bênçãos que Ele nos trouxe são ricas, indo além de qualquer concepção.

Assim, você tem uma imagem do ancião Jacó louvando e adorando pela fé: a fé era a mola mestra dessas duas ações, sua essência, seu espírito e sua coroa.

3. O último tópico para falarmos é *a atitude de Jacó*.

Jacó, "apoiado sobre a extremidade do seu bordão, adorou" (Hb 11:21). Os católicos interpretaram erroneamente esse versículo, pois dizem: "Ele adorou a extremidade de seu bordão", e a ideia, suponho eu, era que havia um lindo deus esculpido na extremidade do cajado — uma imagem de um santo ou uma cruz, ou algum outro símbolo, e que ele segurou aquele emblema, e então adorou a extremidade de seu cajado. Sabemos que ele não fez tal coisa, pois não há nenhum vestígio em Abraão, Isaque ou Jacó de nada relacionado à adoração de imagens. Embora a adoração a ídolos tenha acontecido nas famílias deles, não era, no entanto, com o consentimento deles. Eles não eram homens perfeitos, mas estavam perfeitamente livres da idolatria e nunca adoraram uma imagem. Não, não, não! Eles adoravam somente a Deus. Ele adorou apoiado sobre a extremidade de seu bordão — inclinado sobre ele, apoiando-se nele. Em Gênesis, você lê que ele "se inclinou sobre a cabeceira da cama" (47:31). É muito curioso que a palavra para *cama* e para *bordão*, em hebraico, sejam tão semelhantes entre si que, a menos que haja marcas diacríticas — e suponho que estas não eram usadas nos tempos antigos —, seria difícil dizer se a palavra é "cama" ou "bordão". Não acho, entretanto, que Moisés ou Paulo possam estar errados. Jacó se fortaleceu e sentou-se na cama e se apoiou em seu bordão. É muito fácil adotar uma posição em que ambas as descrições seriam igualmente verdadeiras. Ele poderia se sentar na cama e, ao mesmo tempo, apoiar-se na extremidade de seu cajado.

Mas por que ele se apoiou em seu cajado? Para que fez aquilo? Acho que além de sua necessidade natural, por causa da idade avançada, ele o fez de forma simbólica. Você não se lembra quando ele disse: "…com apenas o meu cajado atravessei este Jordão" (Gn 32:10)? Eu acredito que ele manteve aquele cajado ao longo da vida como um memorial. Era seu bordão favorito, que ele levou consigo em sua primeira viagem, e se apoiou nele ao dar seu último passo. "Com apenas o meu cajado atravessei este Jordão"; ele havia dito isso antes, e agora, com aquele cajado em mãos, ele cruza o Jordão espiritual. Aquele bordão era seu companheiro de vida, a testemunha da bondade do Senhor, assim como alguns de nós que temos uma velha Bíblia, uma faca ou uma cadeira que está ligada a eventos memoráveis de nossa vida.

Mas o que esse cajado indicava? Vamos ouvir o que Jacó disse em outro momento. Ao apresentar-se ao Faraó, ele exclamou: "…os anos da minha peregrinação. Foram poucos e difíceis…" (Gn 47:9 NVI). O que o fez usar a palavra *peregrinação*? Ora, porque em sua mente sempre havia a ideia de ser um peregrino. Ele tinha sido literalmente assim durante a primeira parte de sua vida, vagando de um lado para outro, e agora, embora já tenha vivido 17 anos em Gósen, ele mantém o antigo cajado e se apoia nele para mostrar que sempre fora um peregrino, como seus pais, e por isso estava tão calmo. Enquanto ele se apoia naquele cajado, ele fala com José: "Não deixe meus ossos repousarem aqui. Eu vim para cá na providência de Deus, mas eu não pertenço a esse lugar. Quero ir embora, este cajado indica que sou apenas um peregrino aqui. Estou no Egito, mas não sou dele. Leve meus ossos embora. Não os deixe ficar aqui, pois, se o fizerem, meus filhos e filhas se misturarão com os egípcios, e isso não deve acontecer, pois somos uma nação distinta. Deus nos escolheu para si e devemos nos manter separados. Para fazer meus filhos verem isso, eis que morro aqui com meu cajado de peregrino na mão".

Agora, irmão em Cristo, quero que você viva com o mesmo espírito, sentindo que este não é o seu descanso nem sua terra natal. Não há nada aqui que seja digno de você. Sua casa está além, do outro lado do deserto, onde Deus mapeou sua parte. Cristo foi preparar o seu lugar, e seria uma loucura você não desejar isso. Quanto mais você viver, mais permita que este pensamento cresça em você: "Dê-me meu cajado. Eu vou embora. Pobre mundo, tu não és descanso para mim; eu não sou como teus filhos, mas sou um forasteiro, um estrangeiro. Minha cidadania está no Céu. Eu tenho parte na política e no trabalho do Egito, sim, e nas dores do Egito, mas não sou egípcio; sou um peregrino com destino a outra terra". Adore apoiado sobre seu bordão e cante:

> *Com um bornal nas costas e um bordão na mão,*
> *Avanço apressado por este mundo de oposição,*
> *Não há nada na Terra que me tente aqui ficar,*
> *Meu cajado é o emblema de que nas ruas do Céu*
> *vou caminhar.*[26]

Jacó: adorando apoiado sobre seu bordão

É muito peculiar que cada descendente de Jacó tenha ido adorar apoiado sobre o seu cajado, pois, na noite da ceia pascal, quando o sangue foi aspergido na verga e nas ombreiras das portas, cada um comia o cordeiro com seus lombos cingidos e um cajado na mão. A ceia era uma festa de adoração, e cada um participava apoiado em seu bordão, como os que se apressavam em sair de casa para uma peregrinação pelo deserto.

Meus caros ouvintes, este conselho não se aplica a todos vocês, pois nem todos vocês são como Jacó, nem pertencem à semente dos que creem. Não posso ordenar a pegarem seu cajado, pois, se vocês o pegassem e partissem, para onde iriam? Vocês não têm uma parte no outro mundo, nenhuma terra prometida, nenhuma Canaã que mana leite e mel. Para onde vocês irão? Seriam banidos da presença do Senhor e da glória de Seu poder. Ai de vocês! Não podem adorar, pois não conhecem a Deus; não podem abençoar os outros, pois vocês mesmos não foram abençoados. Que o Senhor os guie ao Seu amado Filho Jesus Cristo e os leve a colocar sua confiança nele; e então espero que, sendo salvos, vocês imitem Jacó pela fé, e ambos abençoarão os homens, adorarão a Deus e esperarão com seu bordão na mão, pronto para a jornada, para o descanso eterno.

---

[26] Tradução livre de um dos trechos do poema *The pilgrim's song* (A canção do peregrino), de Henry F. Lyte (1793–1847).

5

JOSÉ:
UM RETRATO EM MINIATURA[27]

> *O SENHOR era com José...*
> —Gênesis 39:2

As Escrituras geralmente resumem a vida de uma pessoa em uma única frase. Aqui está a biografia de José esboçada com inspiração: "Deus estava com ele" — assim Estêvão testemunhou em seu famoso discurso registrado em Atos 7:9. Eis a história da vida de Abraão: "Ele creu no SENHOR..." (Gn 15:6). Sobre Moisés, lemos: "Era o varão Moisés mui manso..." (Nm 12:3). Escolha alguém do Novo Testamento, como João Batista por exemplo, e você terá sua vida resumida nesta frase: "João não fez nenhum sinal, porém tudo quanto disse a respeito deste era verdade" (Jo 10:41). O simples nome de

---

[27] Sermão nº 1610, ministrado na manhã de domingo, dia do Senhor, 24 de julho de 1881, no *Metropolitan Tabernacle*, Newington.

João — "Aquele discípulo a quem Jesus amava" (Jo 21:7) — serviria de epitáfio para todos, pois retrata tanto o homem como sua história. A Bíblia Sagrada destaca esses fatos como um tipo de pintura em miniatura. Da mesma forma como dizem que Michelangelo, com seu lápis, desenhou um retrato com um único traço, o Espírito de Deus esboça a vida de um homem com uma única frase: "O Senhor era com José".

Observe, entretanto, que os retratos das Escrituras nos fornecem não apenas a vida exterior, mas a vida interior do homem. O homem olha para a aparência, o que está por fora, mas o Senhor olha para o coração; e assim as descrições bíblicas das pessoas não são apenas de sua vida aparente, mas de sua vida espiritual. Aqui temos José como Deus o viu, o verdadeiro José. Externamente, a impressão que dava é que, às vezes, Deus não estava com ele, pois nem sempre ele parecia ser um homem bem-sucedido. Contudo, quando você examina o mais íntimo desse servo de Deus, vê sua verdadeira essência — ele vivia em comunhão com o Altíssimo, e Deus o abençoava: "O Senhor era com José, que veio a ser homem próspero…" (Gn 39:2). Caros amigos, vocês gostariam de ter sua biografia interior esboçada? Como seria sua alma, se fosse apresentada em detalhes perante todo o mundo, quanto aos seus desejos, afeições e pensamentos? Muitas vidas parecem boas no papel, isto é, por fora; mas, debaixo de sua superfície, o biógrafo nunca ousou ir mais fundo, ou, talvez, não poderia ter ido mesmo que estivesse ansioso por fazê-lo. Muitas vezes, é considerado sábio esconder certos assuntos ao escrever a vida de uma pessoa: isso pode ser prudente se o objetivo for proteger uma reputação, mas dificilmente é verdadeiro. O Espírito de Deus não esconde as faltas, mesmo daqueles que mais admiramos, porém escreve acerca delas de forma transparente, como o Espírito da verdade, como ele de fato é. O homem que acima de outros era um "homem segundo o [...] coração" de Deus (At 13:22) ainda tinha, em alguns pontos, muitas falhas e cometeu uma ação infame que permanecerá por todas as eras como uma mancha em seu caráter. Havia em Davi um apego tão firme e inabalável ao Senhor Deus, um desejo tão sincero de fazer o que é certo e um arrependimento tão profundo quando ele errava que o Senhor ainda o considerava um homem segundo Seu próprio coração, embora Ele o tenha punido pesadamente por suas transgressões[28]. Davi foi um homem verdadeiramente sincero, apesar dos erros que cometeu, e é o coração de Davi que está esboçado. Portanto, aqui, o Espírito não está olhando para José como um filho favorito ou o primeiro-ministro egípcio, mas sim para o mais íntimo e verdadeiro José e, portanto, Ele o descreve assim: "O Senhor era com José".

Esse notável retrato de José nos faz lembrar fortemente de nosso Mestre e Senhor, aquele José Soberano, que é o Senhor sobre todos por causa de Israel. Pedro, em seu sermão para a casa de Cornélio, disse que nosso Senhor "...andou por toda parte, fazendo o bem e curando a todos os oprimidos do diabo, porque Deus era com Ele..." (At 10:38). Exatamente o que foi dito de José. É maravilhoso que as mesmas palavras descrevam Jesus e José, o Salvador perfeito e o patriarca imperfeito. Quando você e eu formos aperfeiçoados na graça, trajaremos a imagem de Cristo, e aquilo que descrever a Cristo também nos descreverá. Aqueles que vivem com Jesus serão

---

[28] Referência a 2 Samuel 11–12.

transformados por Sua comunhão até se tornarem como Ele. Em meu entendimento, como é belo ver a semelhança entre o primogênito e o restante da família, entre o primeiro Adão e o Segundo Adão, e todos aqueles homens que receberam a vida de Jesus e são um com Ele.

Ter o Senhor conosco é a herança de todos os santos, pois o que é a bênção apostólica nas epístolas senão um desejo de que o Deus triúno esteja conosco? Para a igreja em Roma, Paulo diz: "E o Deus da paz seja com todos vós. Amém!" (Rm 15:33). Para a igreja em Corinto, ele escreve: "A graça do Senhor Jesus Cristo, e o amor de Deus, e a comunhão do Espírito Santo sejam com todos vós" (2Co 13:13). Aos Tessalonicenses, ele diz: "O Senhor seja com todos vós" (2Ts 3:16). Não disse nosso glorioso Senhor: "E eis que estou convosco todos os dias até à consumação do século" (Mt 28:20)? Como poderia saudá-los melhor esta manhã do que nas palavras de Boaz aos ceifadores: "O SENHOR seja convosco!" (Rt 2:4)? Que resposta mais gentil vocês poderiam me dar do que "O SENHOR te abençoe"?

Certo dia, encontrei um irmão quacre no alto das montanhas que formam o muro de trás de Mentone. Ele estava com o traje usual e amava avidamente todos os que amam Jesus. Ele me saudou, e encontramos grande unidade de espírito. Ao me despedir, eu disse: "Amigo, o Senhor seja contigo", ao que ele respondeu: "E com o teu espírito", e ainda acrescentou: "É a primeira porção da liturgia que sempre usei". Na verdade, quanto mais pudermos usá-la em nosso coração, melhor, pois ninguém pode se opor a isso. Portanto, eu digo a todos vocês neste dia: "O Senhor seja com vocês", e sei que vocês estão respondendo: "E com o seu espírito". Creiam que esse desejo é concedido pelo Espírito Santo que está com meu espírito para que eu possa falar palavras que acalentarão o coração de vocês.

Agora vamos refletir sobre a vida de José e ver o que podemos aprender com ele. "O Senhor era com José." Consideraremos, primeiro, o fato; segundo, a evidência desse fato; e terceiro, o resultado desse fato.

1. Primeiro, vamos examinar a vida de José e observar *o fato*: "O Senhor era com José".

Deus foi gracioso com José quando ele era *criança*. Seu pai o amava porque ele era o filho de sua velhice e por causa das qualidades aprazíveis que Jacó via nele. Antes de completar 17 anos, Deus falou com ele em sonhos e visões durante a noite, sobre as quais lemos que "seus irmãos lhe tinham ciúmes; o pai, no entanto, considerava o caso consigo mesmo" (Gn 37:11). Queridos jovens, pode ser que Deus não apareça a vocês em sonhos, mas Ele tem outras maneiras de falar aos Seus jovens Samuéis. Vocês se lembram que Ele chamou: "Samuel, Samuel", e o filho amado respondeu: "Fala, porque o teu servo ouve" (1Sm 3:10). Que você responda da mesma maneira ao chamado vindo de Deus por meio de Sua palavra. Foi um grande privilégio para alguns de nós, mesmo antes de deixarmos a infância e a adolescência, termos recebido graciosas instruções de Deus. Ele nos conduziu ao arrependimento, guiou-nos à fé em Cristo e revelou Seu amor em nosso coração, tudo isso antes mesmo de deixarmos a sala de aula e o pátio de recreio. Começam bem aqueles que começam cedo com Cristo; Ele estará conosco até o fim, se estivermos com Ele no início. Se José não tivesse sido um menino piedoso, ele jamais poderia ter sido um homem gracioso: a graça o fez diferir de seus irmãos na juventude, e ele permaneceu superior a eles durante todos os seus dias. Se formos graciosos enquanto ainda somos crianças, podemos ter a certeza de que o Senhor será gracioso conosco, mesmo que vivamos até a velhice e vejamos os filhos de nossos filhos. A piedade que é exercida desde a infância geralmente torna-se proeminente na vida adulta. Felizes são aqueles que têm Cristo com eles pela manhã, pois caminharão com Ele durante todo dia e com Ele descansarão docemente ao anoitecer.

"O Senhor era com José" quando ele estava em casa, Deus não o desamparou quando ele foi enviado para longe de seu querido pai e de sua amada casa e foi vendido como *um escravo*. Amarga é a vida de um escravo em qualquer país e era pior ainda naquela época. Sabemos, por intermédio de Estevão, que os patriarcas, movidos de inveja, venderam José para o Egito, mas o Senhor estava com ele; mesmo quando fora vendido, o Senhor estava com José. Deve ter sido uma jornada muito terrível para ele atravessar o deserto, incitado por aqueles rudes ismaelitas, provavelmente viajando com um grupo, como os escravos fazem até hoje no centro da África. Que Deus acabe com esse sistema abominável![29] Este filho precioso, cujo pai amoroso o havia vestido com um traje principesco de muitas cores, agora usa a indumentária de um escravo e marcha sob o sol quente e sobre a areia escaldante; nunca um prisioneiro foi tão submisso sob tratamento cruel; José suportou contemplando Aquele que é invisível; seu coração foi sustentado por uma profunda confiança no Deus de

---

[29] A abolição da escravidão no Império Britânico ocorreu em 1833.

seu pai Jacó, pois "Deus estava com ele". Posso imaginá-lo no mercado de escravos, exposto, à venda. Sabemos com que angústia aterrorizante o escravo analisa o rosto daqueles que estão prestes a comprá-lo. Será que ele terá um bom dono? Quem o comprará? Será alguém que o tratará como um homem ou alguém que o usará de maneira pior do que como faz com um animal? "O Senhor era com José", enquanto ele estava ali para ser vendido, e José caiu em boas mãos. Quando ele foi levado para a casa de seu dono e lhe foram atribuídos os vários deveres de seu serviço, Deus estava com José.

A casa do egípcio nunca tinha sido tão pura, honesta e honrada antes. Sob a responsabilidade de José, secretamente estava o templo de suas devoções e, claramente, a morada de conforto e confiança. Esse escravo hebreu tinha uma glória de caráter que todos percebiam, e especialmente seu dono, pois lemos: "Vendo Potifar que o Senhor era com ele e que tudo o que ele fazia o Senhor prosperava em suas mãos, logrou José mercê perante ele, a quem servia; e ele o pôs por mordomo de sua casa e lhe passou às mãos tudo o que tinha. E, desde que o fizera mordomo de sua casa e sobre tudo o que tinha, o Senhor abençoou a casa do egípcio por amor de José; a bênção do Senhor estava sobre tudo o que tinha, tanto em casa como no campo" (Gn 39:3-5). A diligência, a integridade e a gentileza de José conquistaram seu dono, como deveriam. Quem dera que todos vocês, que são servos cristãos, imitassem José nisso e assim se comportassem de forma que todos ao seu redor vissem que o Senhor está com vocês.

Então chegou uma crise em sua história, o tempo de provação. Vemos José ser *provado por um tipo de tentação* em que, infelizmente, muitos caem. Ele foi atacado em uma esfera na qual a juventude é particularmente vulnerável. Ele "era formoso de porte e de aparência" (Gn 39:6), isso fez dele alvo de convites profanos por parte de alguém de cuja boa vontade dependia grandemente seu conforto, e se o Senhor não estivesse com José, ele teria caído. Grande parte da humanidade dificilmente o teria culpado se ele tivesse pecado: eles teriam lançado o crime sobre o tentador e desculpado a fragilidade da juventude. Eu digo não; Deus me livre; pois, em atos impuros, nenhum dos transgressores pode ser desculpado. Porém Deus estava com José, e ele não resvalou quando foi colocado em lugares escorregadios. Assim, ele escapou daquela cisterna profunda onde caem aqueles que abominam o Senhor. Ele foi resgatado do laço da mulher estranha, de quem Salomão disse: "Porque a muitos feriu e derribou; e são muitos os que por ela foram mortos. A sua casa é caminho para a sepultura e desce para as câmaras da morte" (Pv 7:26-27). A escravidão em si foi uma pequena calamidade em comparação ao que teria acontecido ao jovem José se ele fosse escravizado por paixões perversas. Felizmente, o Senhor estava com José e permitiu que ele vencesse a tentadora com a seguinte pergunta: "Como, pois, cometeria eu tamanha maldade e pecaria contra Deus?" (Gn 39:9). Ele fugiu, e essa fuga foi a demonstração mais verdadeira de coragem, a única forma de vencer os pecados da carne. O apóstolo diz: "Foge, outrossim, das paixões da mocidade..." (2Tm 2:22). Quando Telêmaco[30] estava na Ilha em que residia Calipso, seu mentor vociferou:

---

[30] Personagem da mitologia grega, filho de Odisseu (também conhecido como Ulisses). Em 1699, o francês François Fénelon lança o romance *As Aventuras de Telêmaco*, onde este episódio é narrado. A prisão de Telêmaco na ilha de Calipso é baseada no vínculo de sedução e ciúmes entre os dois.

"Fuja, Telêmaco, fuja; na fuga está a esperança da vitória". Sabiamente, José deixou suas vestes e fugiu, porque Deus estava com ele.

A cena muda novamente: aquele que outrora fora um filho favorito em sua casa, tornara-se um escravo e depois fora tentado, agora se torna *um prisioneiro*. As prisões do Egito eram, sem dúvida, tão horríveis quanto qualquer outra prisão dos tempos antigos, e aqui está José agora no calabouço fétido. Evidentemente, ele sentiu muito sua prisão, pois nos é dito no livro de Salmos que seus "pés apertaram com grilhões e a quem puseram em ferros" (Sl 105:18). Ele sentiu que era cruel estar sob tal calúnia e sofrer por sua inocência. A acusação contra um jovem como ele, tão puro, tão casto, deve ter sido mais doloroso do que ser ferido por escorpiões, mas ainda assim, quando ele se sentou na escuridão de sua cela, o Senhor estava com ele. A degradação de uma prisão não o privou dessa companhia divina. Bendito seja o nome do Senhor, Ele não abandona o Seu povo quando este encontra-se em desgraça. Não, Ele é mais amável com eles quando são falsamente acusados do que em qualquer outro momento e os encoraja em sua humilhação. Deus estava com José e, muito em breve, a atitude amável, a gentileza, a energia, a veracidade e a diligência dele conquistariam o carcereiro, de modo que José subiu novamente ao topo e era o administrador da prisão. Como uma rolha de cortiça, que você pode querer afundar, mas com certeza subirá de novo, assim era José: ele iria nadar, ele não podia se afogar, pois o Senhor estava com ele. A presença do Senhor fez dele um rei e um sacerdote aonde quer que ele fosse, e os homens nitidamente reconheciam sua influência. No pequeno reino da prisão, José reinou, pois "Deus estava com ele".

Entretanto, ele subirá ainda mais alto que isso, quando surgir à oportunidade de demonstrar seu *poder profético*. Certa manhã, dois dos que estavam sob sua responsabilidade pareciam desanimados e, com sua gentileza de sempre, José perguntou a eles: "Por que tendes, hoje, triste o semblante?" (Gn 40:7). Como ele sempre foi gentil e compreensivo, eles então lhe contaram seus sonhos, e José os interpretou, exatamente como os eventos ocorreriam. Mas por que ele interpretava sonhos? Porque Deus estava com ele. Na ocasião, José afirma àqueles dois prisioneiros que as interpretações "pertencem a Deus" (v.8). Não era porque ele tinha conhecimento de uma arte oculta, ou o dom de adivinhar, mas o Espírito de Deus repousava sobre ele, e assim ele entendia as mensagens ocultas por trás dos sonhos.

Isso o levou a outros patamares, pois, depois de ter sido provado dos 17 aos 30 anos, de ter servido por 13 anos como aprendiz em infortúnios, ele se apresenta *diante do Faraó*, e lá Deus estava com ele. Você pode ver que ele é intimamente sustentado, pois o jovem hebreu se apresenta com ousadia e fala de Deus em uma corte idólatra. O Faraó acreditava em inúmeros deuses: ele adorava o crocodilo, as aves, o touro e todos os tipos de coisas, até o alho-poró e as cebolas, de modo que alguém disse sobre os egípcios: "Povo feliz, cujos deuses crescem em seus próprios jardins". No entanto José não tinha vergonha de apresentar Seu Deus como o único Deus vivo e verdadeiro. Ele declarou: "Está é a palavra [...] que Deus manifestou a Faraó que ele há de fazer" (Gn 41:28). Calma e dignamente, ele desvenda o sonho e o explica ao Faraó, renunciando, porém, todo o crédito pela sabedoria. Ele diz: "Não está isso em mim; mas Deus dará resposta favorável a Faraó" (Gn 41:16). Deus estava realmente com ele.

José foi nomeado *governador* de todo o Egito, e Deus estava com ele. O Faraó o disse muito bem: "Acharíamos, porventura, homem como este, em quem há o Espírito de Deus?" (Gn 41:38). Sua política de armazenar cereal durante os anos de fartura foi admiravelmente bem-sucedida, pois Deus estava evidentemente trabalhando por intermédio dele a fim de preservar a raça humana de ser extinta pela fome. Todo o seu sistema, se considerado executado conforme os interesses do Faraó, seu mestre, foi sensato e bem-sucedido, muito além da expectativa. José não era o servo dos egípcios; Faraó o havia promovido, ele enriqueceu Faraó e ao mesmo tempo salvou a nação da fome.

Deus estava com ele ao trazer seu pai e sua família para o Egito e estabelecê-los em Gósen permanecendo com Jacó até o fim, e quando o próprio José estava prestes a morrer "fez jurar os filhos de Israel, dizendo: Certamente Deus vos visitará, e fareis transportar os meus ossos daqui" (Gn 50:25). O Senhor estava com José e o manteve fiel à aliança e ao povo da aliança, até o fim de uma longa vida de 110 anos. Ele morreu fiel ao Deus de seus pais, pois não foi contado entre os egípcios, com toda a sua cultura e todas as suas riquezas. Escolheu ser considerado israelita e compartilhar tudo com o povo escolhido, qualquer que fosse sua sorte. Ele, como o restante dos patriarcas, morreu em fé, buscando a herança prometida e por ela renunciando às riquezas e glórias do mundo, pois o Senhor estava com ele.

2. A seguir, revisaremos *a evidência do fato* de que Deus estava com ele.

Quais são as evidências de que o Senhor estava com José? A primeira evidência é esta: *ele sempre esteve sob a influência da presença divina* e viveu usufruindo dela. Não preciso citar as ocasiões — todas elas, no caso — visto que, em todos os lugares, sempre que o coração de José fala, ele nos deixa saber que está consciente de que Deus está com ele, especialmente diante de uma tentação.

Ó, que misericórdia foi para ele ser um homem temente a Deus! Por acaso ele falou: "Como posso cometer essa grande maldade e pecar contra Potifar?"? Não, embora ele teria pecado contra Potifar, que fora um mestre gentil para com ele. Ou então, porventura ele disse: "Como farei esta grande maldade e pecarei contra esta mulher?", visto que isso seria um pecado contra ela. Também não! Então, assim como Davi expressou: "Pequei contra ti, contra ti somente, e fiz o que é mau perante os teus olhos" (Sl 51:4), destacando a questão principal e reconhecendo ter pecado contra Deus, José o fez ao fugir da sedutora e argumentar: "Como, pois, cometeria eu tamanha maldade e pecaria contra Deus?" (Gn 39:9). Se você e eu sempre sentimos que Deus está perto, olhando fixamente para nós, não devemos ousar pecar. A presença de um superior muitas vezes impede um homem de se aventurar no que ele mais deseja fazer, e a presença de Deus, caso fosse percebida, seria uma barreira perpétua contra a tentação e nos manteria firmes em santidade. Você pode observar que, depois disso, ao falar sobre Deus e de quando o Senhor o ajudou não apenas a resistir à tentação, mas a realizar qualquer serviço, José sempre atribui todo crédito a Deus. Ele não interpretará o sonho de Faraó sem primeiro declarar que tal poder não vinha dele: "Deus manifestou a Faraó o que há de fazer" (Gn 41:25). Ele estava tão consciente da presença de Deus quando se apresentou ao grande monarca como quando rejeitou a sedutora mulher. José era o mesmo, tanto na esfera pública como em particular.

Permita-me ler o registro de sua família. "Antes de chegar a fome, nasceram dois filhos a José, os quais lhe deu Asenate, filha de Potífera, sacerdote de Om. José ao primogênito chamou de Manassés, pois disse: Deus me fez esquecer de todos os meus trabalhos e de toda a casa de meu pai. Ao segundo, chamou-lhe Efraim, pois disse: Deus me fez próspero na terra da minha aflição" (Gn 41:50). Quando seu pai idoso lhe perguntou: "Quem são estes?" (Gn 48:8), ele respondeu carinhosamente: "São meus filhos, que Deus me deu aqui" (v.9). Receio que não temos costume falar dessa maneira, mas José falou. Sem a menor pretensão, ele falou com o coração, sob a sensação da presença divina e da obra de Deus. Como ele se parece com nosso divino Senhor! Não posso deixar de falar isso. Se há alguma coisa boa mais marcante em nosso Senhor Jesus é seu senso da presença divina. Você vê isso quando Ele era ainda uma criança: "Não sabíeis que me cumpria estar na casa de meu Pai?" (Lc 2:49). Você ouve isso nas palavras: "Não estou só, porque o Pai está comigo" (Jo 16:32), e ainda, "...eu sabia que sempre me ouves..." (Jo 11:42).

Você percebe isso fortemente no último momento de vida terrena de Jesus, quando a dor mais aguda que o torturava o faz bradar: "Deus meu, Deus meu, por que me desamparaste?" (Mt 27:46). A presença de Deus era tudo para Cristo assim como era para José. Então, se você e eu colocamos o Senhor sempre diante de nós, se nossa alma habita em Deus, podemos confiar que Deus está conosco. Não há engano nisso. Se você estiver apegado neste texto: "Tu és Deus [...] que me vê" (Gn 16:13), pode ter certeza de que a presença do Senhor irá com você e Ele lhe dará descanso. Jamais pessoa alguma percebeu que Deus estava presente, então caminhou diante dele em santidade e depois descobriu que tudo era uma ilusão. A graça na vida prova que o Deus da graça está sempre conosco.

A próxima evidência é esta: Deus certamente estava com José porque *ele era puro de coração*. "Bem-aventurados os puros de coração, pois verão a Deus" (Mt 5:8 NVI); nenhum outro pode vê-lo. Deus não se manifestará para aqueles cujo coração é impuro. Aquele que tem as mãos limpas e o coração puro habitará nas alturas. Nosso Senhor Jesus disse: "Se alguém me ama, guardará a minha palavra; e meu Pai o amará, e viremos para ele e faremos nele morada" (Jo 14:23). Somente quando o coração fica escandalizado com o pecado e apaixonado pela santidade é que se pode entrar em comunhão com Deus, e não antes disso. "Andarão dois juntos, se não houver entre eles acordo?" (Am 3:3). Quando ouço alguns cristãos professos admitirem que têm pouca comunhão com Deus, poderia isso me impressionar? Como Deus pode ter comunhão conosco se não andamos obedientemente em Seus caminhos? Que comunhão a luz pode ter com as trevas? Ou "que harmonia, entre Cristo e o Maligno?" (2Co 6:15). A intensa pureza de José era uma prova de que o Deus, três vezes santo, estava sempre com ele. O Senhor guarda os pés de Seus santos. Quando eles são tentados, Ele os livra do mal, pois a presença de Deus derrama uma camada de santidade ao redor do coração no qual Ele habita.

A próxima evidência no caso de José foi *a diligência com a qual ele se entregava ao seu dever onde quer que estivesse*. Deus estava com José e, portanto, o homem de Deus dificilmente se importava com as circunstâncias exteriores de sua posição, mas começava imediatamente a fazer o que era bom. Deus estava na cisterna: sim, o Senhor estava com José, e a cisterna não foi tão terrível para ele, embora ele tenha implorado a seus irmãos, e eles não lhe tenham dado ouvidos. José cumpriu seu dever de adverti-los de seu crime. Ele foi levado como prisioneiro pelos ismaelitas, mas na caravana ele estava seguro, pois Deus estava com ele. Quando ele se tornou escravo na casa de Potifar, o Senhor estava com ele, e ele era um homem próspero; a mudança de cenário não foi uma mudança de sua Companhia mais querida. Ele não se exibiu e ostentou suas intenções grandiosas, mas trabalhou onde estava e desempenhou os deveres comuns com grande cordialidade, pois o Senhor estava com ele. Muitos diriam: "Fui vendido injustamente como escravo. Eu não deveria estar aqui, e não sou obrigado a cumprir nenhuma obrigação para com Potifar. Por direito sou um homem livre, tão livre quanto Potifar, e não devo trabalhar para ele de graça". Não, o Senhor estava com José e, portanto, ele se dedicou ao que estava em suas mãos, e começou a servir com determinação. Com certeza, no início ele executou tarefas domésticas, e então, aos poucos, ele subiu de posição e foi estabelecido mordomo da casa e de tudo quanto possuía Potifar.[31] O homem verdadeiramente

---

[31] Conforme Gênesis 39:1-6.

piedoso está pronto para tudo: ele não disputa um lugar, mas aceita a condição em que se encontra e faz o bem nela, por amor ao Senhor.

Mesmo assim, o Senhor estava com José quando ele foi lançado na prisão. Ele sabia que Deus estava com ele naquele cárcere e, portanto, não se sentou com ressentimento em seu pesar, mas se esforçou para tirar o melhor proveito de sua angustiosa condição. Como o Senhor estava ali com ele, ele foi consolado; seria infinitamente melhor estar lá com Deus do que no trono do Faraó sem o Senhor. Ele não lamentou e chorou, nem passou seu tempo escrevendo petições a Potifar ou fazendo apelos a ele. José se colocou a serviço de seus companheiros de prisão e do carcereiro e logo estava na frente de novo, pois "O Senhor era com ele".[32]

Quando José foi exaltado e Faraó o fez governador do Egito, observe o que ele fez. Ele não se gabou ou levou seu caso ao tribunal; não parou para desfrutar de suas honras em paz e deixou que outros cuidassem dos negócios, mas se pôs a trabalhar imediatamente: "...percorreu José toda a terra do Egito" (Gn 41:45). Em seguida, leia o próximo versículo: "Era José da idade de trinta anos quando se apresentou a Faraó, rei do Egito, e andou por toda a terra do Egito" (v.46).

Ele mal estava no cargo e logo se lançou em cumprir suas demandas, fiscalizando pessoalmente todo o país. Muitos estão tão esgotados por seu grande esforço a fim de conseguir uma posição que não lhes restam forças para cumprir suas responsabilidades. Quando se encontram em uma nova posição, sua primeira consideração é como devem gastar os

---

[32] Conforme Gênesis 39:21-23.

lucros dela. Os caçadores de boas vagas raramente tentam adequar-se à situação, mas anseiam pela posição, sejam eles adequados para ela ou não. Muitos, quando conseguem um cargo, são extremamente hábeis em mostrar o que não se deve fazer; eles entram no escritório com uma lista excessiva de tarefas e passam tudo para o próximo funcionário, e este para o próximo, de forma que nada seja feito por eles: a procrastinação é a própria engrenagem dos negócios e a pontualidade, o ladrão do tempo. Eles fazem o mínimo que podem em troca de dinheiro, convictos na teoria de que, se você for muito eficaz, seu trabalho não será valorizado. José, no entanto, não era desse tipo, pois, assim que foi nomeado governador do Egito, ele começou a construir depósitos e juntar grãos para enchê-los. Por meio de seu maravilhoso plano econômico, ele supriu o povo em tempos de fome e, no processo, o poder do Faraó foi grandemente fortalecido. O Senhor estava com ele, portanto ele não pensou na honra em ter sido promovido, mas na responsabilidade que havia sido colocada sobre ele e entregou-se totalmente à sua grande tarefa. Isso é o que você e eu devemos fazer se quisermos dar provas práticas de que Deus está conosco.

Mas observe novamente: Deus estava com José, e *isto o tornou manso e compassivo*. Alguns homens que são muito bons nos negócios são rudes, grosseiros, insensíveis; mas José não era assim. Sua ternura o distingue; ele é cheio de respeito amoroso. Quando tinha prisioneiros sob sua responsabilidade, ele não os tratava com aspereza, mas com muita consideração. Ele observava seus semblantes, perguntava sobre seus problemas e estava disposto a fazer tudo o que estivesse ao seu alcance para ajudá-los. Esse foi um dos segredos de seu sucesso na vida

— era amigo de todos. Aquele que está disposto a ser o servo de todos é quem será o chefe de todos. Deus estava com José e ensinou-lhe compaixão, pois o próprio Deus é compassivo e abundante em misericórdia pelos que sofrem.

Talvez você se oponha a isso e diga que José pareceu afligir e atormentar seus irmãos por um tempo. De jeito nenhum. Ele estava procurando o bem deles. O amor que José nutria por eles era sábio e prudente. Deus, que é muito mais amoroso do que José, frequentemente nos aflige para nos levar ao arrependimento e nos curar de muitos males. José desejava levar seus irmãos a um estado de espírito correto e foi bem-sucedido, embora o processo tenha sido mais doloroso para ele do que para seus irmãos. Por fim, ele não conseguiu se conter e desatou a chorar diante de todos eles, pois havia um grande e amoroso coração por trás das vestes egípcias de José. Ele amou com toda a sua alma, e o mesmo acontecerá com todo homem que tem Deus consigo, pois "Deus é amor" (1Jo 4:8). Se você não ama, Deus não está com você. Se você passa pelo mundo sendo egoísta, taciturno, amargo, desconfiado, fanático, insensível, é o diabo que está com você, não Deus; pois onde Deus está, Ele expande o espírito, Ele nos faz amar toda a humanidade com o amor da benevolência, e nos faz ter uma doce complacência na irmandade escolhida de Israel, para que tenhamos satisfação singular em fazer o bem a todos aqueles que são da família da fé. Esta era uma marca de que Deus estava com José.

Outra marca da presença de Deus na vida de José é *sua grande sabedoria*. Ele fez tudo como deveria ser feito. Dificilmente, você poderia alterar qualquer coisa na vida de José para melhorá-la, e se eu admiro sua sabedoria em uma coisa mais do que em outra, é em seu maravilhoso silêncio. É fácil falar, ou melhor, é fácil falar bem, mas quão difícil é ficar silente! Até onde sei, ele nunca disse uma palavra sobre a esposa de Potifar. Parecia necessário para sua própria defesa, mas ele não acusaria a mulher; ele calou-se e deixou o julgamento seguir seu curso, deixou a acusadora com sua própria consciência e a deliberação indiferente de seu marido. Isso mostrou grande poder; é difícil para um homem comprimir os lábios, se calando quando seu caráter está em jogo. José foi tão eloquente em seu silêncio que não há uma só palavra de reclamação em todo o registro de sua vida. Não podemos dizer isso de todos os santos da Bíblia, pois muitos deles reclamaram amargamente; na verdade, temos livros inteiros de lamentações. Não condenamos aqueles que se queixaram, mas admiramos muito aqueles que, como ovelhas diante dos tosquiadores, ficaram mudos. O ferro entrou em sua alma, mas ele não nos diz isso; olhamos para o livro de Salmos a fim de obter essa informação; ele suportou em calma resignação toda a vontade do Pai soberano. Quando seus irmãos se puseram diante dele, os homens cruéis que o venderam, ele não os repreendeu, mas os consolou, dizendo: "Agora, pois, não vos entristeçais, nem vos irriteis contra vós mesmos por me haverdes vendido para aqui; porque, para conservação da vida, Deus me enviou adiante de vós" (Gn 45:5). Dando uma amável justificativa pelo ato dos irmãos, José disse: "Deus me enviou adiante de vós, para conservar vossa sucessão na terra e para vos preservar a vida por um grande livramento. Assim, não fostes vós que me enviastes para cá, e sim Deus..." (vv.7-8).

Como é diferente do espírito daquelas pessoas que bisbilhotam, procurando descobrir defeitos, e, quando uma imperfeição é encontrada, gritam: "Olha! Você viu isso? Eu lhe disse, esses homens não são tudo aquilo que dizem ser". Sim, pode ser verdade que há manchas no Sol, mas há manchas maiores em seus olhos, do contrário, você veria mais a luz. Aqueles que veem as falhas dos outros tão prontamente têm as suas próprias e em abundância. São como um homem que rouba uma mercadoria e corre atrás de outros gritando: "Ladrão, ladrão!", assim, eles tentam desviar a atenção de si próprios. Que Deus nos torne cegos para as falhas de Seu povo, que nos livre de termos um olho de lince para as falhas deles e uma aptidão criativa para atribuir-lhes maus motivos.

Eu gostaria que fôssemos tão sabiamente silenciosos quanto José. Muitas vezes, podemos nos arrepender daquilo que falamos, mas raramente do silêncio que escolhemos. Você pode reclamar e ser justificado em sua queixa, mas terá muito mais glória se não reclamar. Afinal, do que José poderia se queixar, visto que o Senhor estava com ele? Ele estava na prisão, o que é motivo de reclamação. Sim, mas, se o Senhor estava com ele, o cárcere não era mais sombrio. Eu ficaria feliz em ir para a prisão a qualquer dia se o Senhor estivesse comigo. Quem não gostaria? Mas José estava longe de seu amado pai e do trotear daqueles pezinhos que ele tanto amava ouvir — os pés do irmãozinho Benjamin. Tenho certeza de que José sempre sentiu falta do único outro filho de sua mãe, seu único e legítimo irmão. Foi uma grande dor para ele estar longe de casa, mas ainda assim ele estava tranquilo, calmo e feliz. Deus está com ele se Benjamin não estiver; se o pai Jacó está ausente, Deus está presente; assim, ele não encontra motivo para amargo lamento, mas muitos motivos para aceitar sua sorte e fazer o seu melhor em cada circunstância.

"Deus estava com ele", e esta é a última evidência que dou sobre isso: *ele se manteve fiel à aliança*, fiel a Israel e ao Deus de Israel até o fim. Faraó deu-lhe em casamento a filha de um sacerdote, e os sacerdotes eram a classe mais alta em todo o Egito. Assim José foi promovido à nobreza pelo casamento, bem como chefe de toda a nobreza por ofício. "Clamavam diante dele: Inclinai-vos!" (Gn 41:43), e todos o honraram em toda a terra do Egito. No entanto, ele não era um egípcio; ainda era um israelita, e seu bom e idoso pai, quando desceu para o Egito, encontrou nele um membro da família de alma e coração. A bênção de seu pai foi muito apreciada por ele, e José a obteve para si mesmo e para seus filhos. Percebo com muito pesar que muitos cristãos que prosperam neste mundo não têm Deus com eles, pois se tornam egípcios: já não se importam com a simples adoração prestada pelo povo de Deus, mas aspiram por algo mais pomposo e mais conceituado. Eles querem estar entre a elite da sociedade e, por isso, procuram uma igreja "da moda" e engolem seus princípios. Eles impõem tudo isso aos filhos, pois quem pode esperar que jovens damas e cavalheiros frequentem uma capela comum, a qual é frequentada por pessoas tão humildes? Pelo bem dos jovens, eles são obrigados a se relacionar com uma sociedade mundana, e assim deixam seus princípios, seu povo e seu Deus. Eles tornam-se egípcios; na verdade, alguns deles se tornariam satanistas para ganhar posição e status. Lá vão eles para o Egito, como cardumes; eu presenciei isso e tornarei a ver. Se alguns de vocês ficarem ricos, ouso dizer que farão o mesmo; parece ser o jeito dos homens. Tão logo um crente prospera no mundo, ele se envergonha da verdade que um dia amou. Esses apóstatas encontrarão grande angústia no dia de sua morte. Na verdade, eu digo a vocês que, em vez deles terem vergonha de nós, nós é que temos boas razões para nos envergonharmos deles, pois é para sua própria desgraça que eles não podem se contentar em relacionar-se com os escolhidos de Deus, por estes serem pobres e talvez iletrados.

José apegou-se ao seu povo e ao seu Deus. Embora vivesse no Egito, não se tornou egípcio; ele nem mesmo permitiu que seu cadáver repousasse em uma pirâmide egípcia. Os egípcios construíram uma tumba muito cara para José, a qual permanece lá até hoje, mas não o seu corpo. Disse ele: "Eu ordeno a vocês, leve meus ossos com vocês; pois não pertenço ao Egito, meu lugar é na terra da promessa". Ele "deu ordens quanto aos seus próprios ossos." (Hb 11:22). Deixe os outros fazerem o que quiserem; quanto a mim, minha sorte está lançada com aqueles que seguem fielmente o Senhor. *Sim, meu Senhor, onde Tu habitas, eu habitarei; o Teu povo será o meu povo, e o Teu Deus será o meu Deus, e que meus filhos sejam Teus filhos até à última geração*. Se o Senhor estiver com você, é o que você dirá, mas, se Ele não estiver e você prosperar no mundo e aumentar suas riquezas, você dará as costas para Cristo e ao Seu povo, e nós teremos que dizer como Paulo: "Porque Demas, tendo amado o presente século, me abandonou..." (2Tm 4:10).

3. Por último, vamos observar *o resultado de Deus estar com José*.

O resultado foi que ele "veio a ser um homem próspero" (Gn 39:2). Porém observe que, embora o Senhor estivesse com José, *isso não o privou do ódio alheio*. O Senhor estava com ele, mas seus irmãos o odiavam. E, sim, se o Senhor ama um homem, o mundo o afligirá. Sabemos que somos filhos de Deus, visto que os Seus adversários são os nossos adversários. Além disso, "O Senhor estava com José", mas isso não o privou da pior espécie de *tentação*: não impediu que a sua senhora lançasse seu olhar perverso sobre ele. O melhor dos homens pode ser tentado ao pior dos crimes. A presença de Deus não protegeu José da *calúnia*: a mulher vil o acusou de uma maldade ultrajante, e Deus permitiu que Potifar acreditasse nela. Você e eu teríamos dito: "Se o Senhor estivesse conosco, como esse mal poderia nos acontecer?". Ó, mas o Senhor estava com ele, e ainda assim ele foi caluniado. Não, a presença divina não o resguardou da *dor*: ele sentou-se na prisão usando grilhões até o ferro entrar em sua alma, e mesmo assim o Senhor estava com ele. Esta presença não o salvou de *decepções*. Ele disse ao copeiro-chefe: "...lembra-te de mim, quando tudo te correr bem" (Gn 40:14), mas este se esqueceu de José completamente. Tudo pode parecer ir contra você, mas Deus está com você. O Senhor não promete que você terá aquilo que parece ser prosperidade; você terá o que de fato é, a prosperidade verdadeira, no melhor sentido.

Então, o que o fato de Deus estar com José fez por ele? Primeiro, *o salvou de um pecado grave*. Ele foge, fecha seus ouvidos, escapa e vence, pois Deus está com ele. Ó, jovem amigo, se Deus está com você na hora da tentação, você não desejará outra coisa, nenhum resultado mais grandioso do que permanecer perfeitamente puro, com as vestimentas limpas e sem manchas da carne.

Deus estava com ele, e o resultado seguinte foi que isso *o capacitou a agir de maneira grandiosa*. Onde quer que ele estivesse, fazia esplendidamente a coisa certa. Se ele era um escravo, seu mestre descobre que nunca tivera um servo como ele antes; se ele era um prisioneiro, as masmorras da prisão nunca ficaram tão encantadas com a presença de um anjo ministrador como ele antes; e se ele foi exaltado por estar com o Faraó, este percebe que o Egito nunca tivera um primeiro--ministro tão grandioso como José antes, nunca as finanças egípcias haviam sido tão prósperas.

Deus ajudou José de tal maneira, que ele foi capaz de *cumprir um propósito glorioso*, pois, se Noé foi o segundo pai do mundo, o que diríamos de José, senão que ele foi o cuidador provedor do mundo? A raça humana teria morrido de fome se a previdência de José não tivesse armazenado a produção dos sete anos de fartura, visto que houve fome em todas as terras. Os seios de José nutriram toda a humanidade. Não era uma posição desprezível para o jovem hebreu ocupar, ser gerente do abastecimento de todo o mundo conhecido. Se Deus estiver conosco, também cumpriremos um propósito nobre. Pode não ser tão amplamente conhecido, tão visível aos olhos humanos, mas a vida é sempre enobrecida pela presença de Deus.

O fato de Deus estar com ele também *lhe deu uma vida muito feliz*. Considerando a vida de José do começo ao fim, é uma vida invejável. Ninguém pensaria em colocá-lo entre os miseráveis. Se tivéssemos que fazer uma seleção de homens infelizes, com certeza não pensaríamos em José. Não mesmo, visto que foi uma vida abençoada e feliz, e assim será a sua se Deus estiver com você.

E, para terminar, Deus deu a José e sua família *uma porção dobrada em Israel*, o que nunca aconteceu a qualquer outro dos doze filhos de Jacó. Ele disse: "Agora, pois, os teus dois filhos, que te nasceram na terra do Egito, antes que eu viesse a ti no Egito, são meus; Efraim e Manassés serão meus, como Rúben e Simeão" (Gn 48:5), e assim fez de cada um deles uma tribo. Efraim e Manassés estavam cada um à frente de uma tribo, como se fossem realmente filhos de Jacó. Levi é tirado dos doze, e a provisão é feita para os levitas como servos de Deus. Então, Efraim e Manassés são inseridos, de modo que a casa de José aparece duas vezes entre os doze. Existem dois Josés em Israel, mas apenas um Judá. José tinha uma porção dobrada do reino. Aqueles que começam cedo com Deus, permanecem firmes até o fim e apegam-se a Deus tanto na dificuldade como na prosperidade verão seus filhos serem levados ao Senhor, e em seus filhos possuirão o dobro. Sim, o Senhor dará o dobro a eles por tudo o que possam perder em honra de Seu nome. Pode ser que vocês vivam para ver a mão do Senhor sobre seus filhos e os filhos de seus filhos, e a eles cumpra-se a palavra: "Por vós Israel abençoará, dizendo: Deus te faça como a Efraim e como a Manassés" (Gn 48:20). Busquemos uma porção dobrada com o povo de Deus, mantendo-nos de coração com eles. Quem está disposto a sofrer com eles para com eles reinar? Quem está disposto a deixar as riquezas do Egito para trás para que possa ter uma porção dobrada na Terra Prometida, a terra que mana leite e mel? Acho que ouvi alguns de vocês dizerem: "Eis-me aqui, senhor. Ficarei muito feliz em compartilhar com o povo de Deus, seja como for". Carregue a cruz de Cristo e você receberá a coroa de Cristo. Ande com Ele pelo atoleiro e pelo pântano, e você caminhará com Ele pelos palácios de glória e terá uma porção dobrada com Ele no dia de Seu retorno. Isso só pode ser possível porque o Senhor está com você, e deve ser o princípio e o fim de tudo. "O Senhor era com José..." (Gn 39:2). Ó, Senhor, esteja conosco. Ó, Senhor, cujo nome é Emanuel, Deus conosco, esteja conosco, de agora em diante e para sempre. Amém e amém.

6

MOISÉS:
A DECISÃO DE MOISÉS[33]

Pela fé, Moisés, quando já homem feito, recusou ser chamado filho da filha de Faraó, preferindo ser maltratado junto com o povo de Deus a usufruir prazeres transitórios do pecado; porquanto considerou o opróbrio de Cristo por maiores riquezas do que os tesouros do Egito, porque contemplava o galardão. —Hebreus 11:24-26

No último domingo, falamos sobre a fé de Raabe. Tivemos então que mencionar seu antigo e desagradável caráter e mostrar que, apesar disso, sua fé triunfou, pois além de salvá-la produziu boas obras. Agora me ocorreu que algumas pessoas diriam: "Esta fé é, sem dúvida,

---

[33] Sermão nº 1063, ministrado na manhã de domingo, dia do Senhor, 28 de julho de 1872, no *Metropolitan Tabernacle*, Newington.

algo muito adequado para Raabe e pessoas dessa classe; um povo destituído de doçura e luz pode seguir o evangelho, e isso pode ser muito apropriado e útil para eles, mas uma classe de pessoa mais sensata jamais aceitaria isso". Pensei que era possível que, com um sorriso de escárnio, alguns pudessem rejeitar toda a fé em Deus, como se não fosse digno de pessoas com uma condição de vida mais abastada e com outra educação. Tomamos, portanto, o caso de Moisés, que é um contraste direto com o de Raabe, e acreditamos que isso possa ajudar a eliminar o desdém; embora, na verdade, isso possa ser de pouca importância, pois, se um homem é dado ao escárnio, dificilmente vale a pena perder cinco minutos argumentando com ele. O escarnecedor é, geralmente, uma pessoa tão desprezível que sua zombaria não merece ser considerada. Aquele que é bom em escarnecer não é bom em mais nada, e pode muito bem ser deixado para cumprir sua vocação.

Ocorreu-me também que, porventura, alguns poderiam, com toda a seriedade, dizer: "Eu, pela providência de Deus e pelas circunstâncias que me cercam, fui protegido do pecado aparente. Além disso, não sou membro de uma casta inferior e não pertenço à classe de pessoas de quem Raabe seria uma representante adequada. Na verdade, pela providência de Deus, fui colocado em uma posição cobiçada e posso, sem egoísmo, reivindicar um caráter superior". É possível que tais pessoas se sintam como se estivessem em desvantagem por causa dessa superioridade, pois este é pensamento que deve passar por suas mentes: "O evangelho é para pecadores; ele é capaz de alcançar o principal dos pecadores e o libertar. Somos livres para admitir que somos pecadores, mas talvez, porque não pecamos tão abertamente, podemos não estar tão conscientes do pecado e, consequentemente, nossa mente pode não estar tão bem-preparada para receber a abundante graça de Deus que transforma o mais vil entre todos os pecadores". Conheci alguns que quase desejaram ser literalmente como o filho pródigo em suas andanças, para que pudessem ser mais facilmente como ele em seu retorno. É um grande erro no qual eles estão empenhados, mas de forma alguma é incomum. Talvez, ao apresentarmos a eles um dos heróis da fé, que foi um homem de posição nobre, educação elevada e caráter ilibado, eles sejam levados a corrigir seus pensamentos. Moisés pertencia à mais nobre ordem dos homens, mas foi salvo somente pela fé, justamente pela mesma fé que salvou Raabe. Esta fé o moveu para servir fielmente a Deus e para uma abnegação inigualável. Minha sincera oração é para que vocês, que são éticos, amáveis e educados, possam ver na atitude de Moisés um exemplo para si mesmos. Não mais desprezem a vida de fé em Deus. É o que lhes falta, é o que necessitam acima de qualquer outra coisa. Vocês são jovens de posição elevada? Assim foi Moisés. Vocês são homens de caráter imaculado? Ele também era. Você está agora em uma posição em que seguir a consciência lhe custará caro? Moisés suportou tudo vendo aquele que é invisível, e embora tenha sido um perdedor por um tempo, agora, por sua suposta perda, ele é um eterno ganhador. Que o Espírito de Deus o incline a seguir o caminho da fé, da virtude e da honra, onde você possa ver um homem como Moisés liderando o caminho.

Devemos considerar, primeiramente, a ação decisiva de Moisés; e, em segundo, a fonte de sua decisão de caráter — foi "pela fé". Em terceiro, examinaremos os argumentos pelos quais sua fé dirigiu sua ação e, depois disso, refletiremos brevemente sobre as lições práticas que o assunto sugere.

1. Primeiro, observemos *a ação decisiva de Moisés*.

"Quando já homem feito, recusou ser chamado filho da filha de Faraó" (Hb 11:24). Não precisamos narrar as histórias contadas por Josefo e outros escritores antigos em relação aos primeiros dias de Moisés, como, por exemplo, quando ele tomou a coroa do Faraó e a pisoteou. Essas coisas podem ser verdadeiras, mas é igualmente possível que sejam pura ficção. O Espírito de Deus certamente não as registrou nas Escrituras Sagradas, e o que o Senhor acha que não vale a pena registrar não precisamos pensar que valha a pena ser considerado. Nem devo mais do que sugerir respostas do porquê Moisés permaneceu não menos que 40 anos na corte do Faraó. Sem dúvida, durante esse tempo, ele foi chamado de "filho da filha do Faraó" e, se ele não se entregou aos prazeres do pecado, de qualquer forma, tinha sua parte nos tesouros do Egito. É bem possível que ele não fosse um homem convertido até a idade de 40 anos.

Provavelmente, durante seus primeiros dias, ele era, para todos os efeitos e propósitos, um egípcio, um aluno aplicado, um grande erudito na sabedoria egípcia e, como Estêvão nos diz no livro de Atos, Moisés "era poderoso em palavras e obras" (At 7:22). Durante aqueles primeiros dias, ele estava familiarizado com filósofos e guerreiros, e talvez, em suas buscas envolventes, tenha se esquecido de sua nacionalidade.

Podemos ver a mão de Deus sobre Moisés durante os 40 anos em que esteve na corte de Faraó; qualquer que seja o mal ou a indecisão que pudesse tê-lo mantido lá, vemos o bom resultado que Deus trouxe disso, pois ele se tornou, por sua experiência e observação, o melhor e mais apto para governar uma nação e o instrumento mais adequado nas mãos de Deus para moldar o estado israelita em sua forma designada. Talvez, durante aqueles 40 anos, ele tenha tentado fazer o que muitos estão visando fazer agora: ele estava tentando ver se não poderia servir a Deus e permanecer na condição de filho da filha de Faraó ao mesmo tempo. Talvez ele fosse como alguns de nossos irmãos em uma certa igreja que protestam contra algo da congregação, mas ainda permanecem naquela igreja, dando assim ao ritualismo a mais completa liberdade. Talvez ele pensasse que poderia compartilhar os tesouros do Egito e ainda assim prestar testemunho com Israel. Ele seria conhecido como companheiro dos sacerdotes de Ísis e Osíris, mas, ao mesmo tempo, daria testemunho honesto de Jeová. Se ele não tentou essa impossibilidade, outros em todas as épocas o fizeram. Pode ser que ele se aquietasse dizendo que tinha oportunidades tão notáveis e proveitosas que não poderia desperdiçá-las ao identificar-se com os israelitas dissidentes da época. Uma confissão pública de seus sentimentos particulares o excluiria da boa sociedade, e especialmente da corte, onde era muito evidente que sua influência era grande e benéfica. É bem possível que o mesmo sentimento que ainda mantém tantas pessoas boas em um lugar errado possa ter influenciado Moisés até os 40 anos; mas então, tendo atingido o auge de sua idade adulta e sofrendo a influência da fé, ele se livrou da tentação sedutora, como acredito que muitos de nossos dignos irmãos serão capazes de fazer em breve. Certamente, eles nem sempre manterão uma união com os aliados de Roma, mas serão homens o suficiente para serem livres. Se, quando Moisés era criança, ele falava e pensava como criança, deixou de lado o comportamento infantil que colocava em jogo seus princípios ao se tornar um homem[34]; se, quando ele era um jovem, pensou que poderia esconder uma parte da verdade e assim poderia manter sua posição, quando atingiu maturidade suficiente para saber qual era a verdade plena, ele desprezou qualquer risco e se revelou corajosamente como o servo do Deus vivo.

O Espírito de Deus direciona nosso olhar para o momento em que Moisés atingiu a idade adulta, isto é, quando completou seus primeiros 40 anos de vida; então, sem qualquer hesitação, ele se recusou a ser chamado de filho da filha de Faraó e tomou sua parte juntamente com o desprezado povo de Deus.

Suplico que você primeiro considere *quem ele era quando fez isso*. Ele era um homem culto, pois fora "educado em toda a ciência dos egípcios" (At 7:22). Alguém pode dizer que talvez o conhecimento dos egípcios não fosse grande coisa. Talvez não, e o conhecimento dos ingleses não é muito maior. As gerações futuras rirão tanto do conhecimento dos ingleses quanto rimos agora do conhecimento dos egípcios. O conhecimento humano de uma geração é a loucura da próxima. O que é a assim chamada Filosofia, senão a ocultação da ignorância sob nomes difíceis e o arranjo de meras suposições em teorias elaboradas? Em comparação com a luz eterna da Palavra de Deus, de todo o conhecimento dos homens "luz nenhuma se ergue; vertem somente escuridão visível".[35] Homens letrados,

---

[34] Referência a 1 Coríntios 13:11.

[35] Referência ao livro *Paraíso perdido* (eBooksBrasil.org, 2006) escrito por John Milton, publicado originalmente em 1667.

via de regra, não estão prontos para confessar o Deus vivo. A Filosofia, em sua presunção, despreza a revelação infalível do Infinito e ela não virá à luz para que não seja reprovada. Em todas as épocas, quando um homem se considera sábio, quase invariavelmente condena a sabedoria infinita. Se ele fosse realmente sábio, teria se curvado humildemente diante do Senhor de todos, mas, como o era apenas teoricamente, ele disse: "Quem é o Senhor?". Segundo a carne, não são escolhidos muitos homens ilustres nem muitos poderosos. "Graças te dou, ó Pai, Senhor do céu e da terra, porque ocultaste estas coisas aos sábios e instruídos e as revelaste aos pequeninos" (Mt 11:25) — não disse isso nosso Senhor, e não é Sua palavra para todo o sempre? Mesmo assim, às vezes um homem culto assim como Moisés é levado pela bênção do Céu a ficar do lado da verdade e do que é certo e, quando for assim, que o Senhor seja glorificado!

Além de ser um homem instruído, Moisés *era uma pessoa de alto escalão*. Ele havia sido adotado por Termutis, a filha do Faraó, e é possível, embora não possamos ter certeza disso, que ele fosse o próximo herdeiro por adoção da coroa egípcia. É dito que o rei do Egito não tinha outro filho, que sua filha não tinha filho e que Moisés, portanto, se tornaria o rei do Egito. Mesmo assim, por maior que fosse e por mais poderoso que fosse na corte, ele se juntou ao oprimido povo de Deus. Queira Deus que possamos ver muitos homens proeminentes se posicionando bravamente pela causa de do Senhor e Sua verdade e repudiando a religião dos homens, porém, se o fizerem, será um milagre da misericórdia visto que, de fato, poucos de célebres homens ousaram fazer isso. Aqui na Terra e lá no Céu, pode ser encontrado um rei, e aqui e na igreja pode ser encontrado alguém que usa uma coroa e ora; mas dificilmente os que têm riquezas entrarão no reino do Céu. Quando lá adentram, agradecemos a Deus por isso.

Além disso, lembre-se de que Moisés *era um homem de grande habilidade*. Temos evidência disso pela destreza com que administrou os negócios de Israel no deserto, pois, embora ele fosse inspirado por Deus, seu próprio talento natural não fora substituído, mas sim dirigido. Ele era um poeta: "Então, entoou Moisés e os filhos de Israel este cântico ao SENHOR..." (Êx 15:1). Esse memorável poema no mar Vermelho é uma ode muito magistral e prova a habilidade incomparável do autor. O Salmo 90 também demonstra a extensão de seu potencial poético. Ele foi profeta, sacerdote e rei no meio de Israel e um homem inigualável, exceto por Aquele que era muito mais do que um homem. Nenhum outro homem que eu conheço chega tão perto de Cristo na glória de Seu caráter como Moisés, de modo que encontramos os dois nomes ligados ao louvor no Céu — "e entoavam o cântico de Moisés, servo de Deus, e o cântico do Cordeiro" (Ap 15:3).

Assim, vê-se que ele era um homem verdadeiramente eminente, mas se uniu ao povo de Deus e caminhou com eles. Não são muitos os que farão isso, pois o Senhor "escolheu as coisas fracas do mundo para envergonhar as fortes [...], e aquelas que não são, para reduzir a nada as que são; a fim de que ninguém se vanglorie na presença de Deus" (1Co 1:27-29). No entanto, Aquele que tem misericórdia de quem exerce a misericórdia tomou este notável homem, esse homem sábio, e deu-lhe graça para ser dedicado no serviço de seu Deus. Se eu me dirijo a alguém assim esta manhã, oro ansiosamente para que uma voz vinda da excelente glória o chame para a mesma atitude clara de ação.

A seguir, considere *que tipo de sociedade Moisés se sentiu obrigado a abandonar*. Ao sair da corte de Faraó, ele deve se separar de todos os cortesãos e homens de alto nível, alguns dos quais podem ter sido pessoas muito estimáveis. Sempre há um encanto na sociedade dos grandes, mas todos os laços foram rompidos pelo espírito resoluto de Moisés. Não tenho dúvidas de que, sendo erudito com toda o conhecimento do Egito, um homem como Moisés seria sempre bem-vindo nos vários círculos da ciência. Contudo ele renunciou a toda a sua honraria entre a elite intelectual e, como Cristo, teve que aprender a suportar todo o desprezo. Nem os homens poderosos nem os eruditos podiam segurá-lo, uma vez que sua consciência indicou o caminho. Esteja certo, também, de que ele teve que se afastar de muitos amigos. No decorrer de 40 anos, podemos supor que ele construiu amizades com pessoas que lhe eram queridas e agradáveis. Mas, para o pesar de muitos destes, ele se associou a uma classe pouco popular, a quem o rei procurou destruir e, portanto, daquele momento em diante, nenhum cortesão poderia lhe prestar reconhecimento. Por 40 anos, ele viveu na solidão do deserto e só voltou para ferir a terra do Egito com as pragas, de modo que sua separação de todas as suas antigas amizades deve ter sido completa. Contudo, ó espírito sincero, se isso romper toda ligação afetuosa, se afastar sua alma de tudo que você ama, se o seu Deus assim o exigir, que o sacrifício seja feito imediatamente. Se sua fé lhe mostrou que ocupar sua posição atual envolve conivência com o erro ou o pecado, então afaste-se, com a ajuda de Deus, sem mais negociações. Não permita ao laço do passarinheiro prendê-lo, mas, uma vez que Deus lhe dá liberdade, levante-se de forma desimpedida e louve a Deus por essa liberdade. Jesus deixou os anjos do Céu por sua causa; você não pode deixar a melhor companhia por causa dele?

Mas fico maravilhado com Moisés quando considero não apenas quem ele era e todos aqueles que ele teve que abandonar, mas *as pessoas com as quais ele teve que se associar*, pois, na verdade, os seguidores do verdadeiro Deus não eram pessoas amáveis naquela época. Moisés estava disposto a assumir o opróbrio de Cristo e suportar a aflição do povo de Deus quando, arrisco-me a observar novamente, não havia nada de muito atraente no povo em si. Eles eram extremamente pobres, estavam espalhados por todo Egito como meros escravos, atarefados com a fabricação de tijolos — algo que lhes fora imposto com o objetivo de destruir seu espírito e de fato cumprira muito bem o seu propósito. Eles estavam totalmente sem vigor de espírito, não possuíam líderes e não estavam preparados para segui-los, caso tivessem um. Quando Moisés, depois de ter defendido a causa deles, informou-os de que Deus o havia enviado, a princípio eles o receberam; mas, quando a primeira ação do profeta levou Faraó a dobrar seu trabalho por um decreto de que não receberiam mais palha para a fabricação dos tijolos, viraram-se contra Moisés imediatamente. Até mesmo 40 anos antes, quando ele interferiu em suas desavenças, um deles disse: Acaso, "pensas matar-me, como mataste o egípcio?" (Êx 2:14). Eles eram literalmente um bando de escravos, miseráveis, massacrados e deprimidos. Uma das piores coisas sobre a escravidão é que ela impede os homens e os deixa incapazes de usufruir a plena alegria da liberdade por gerações. Mesmo quando os escravos recebem a liberdade, não podemos esperar que ajam como os que nasceram livres, pois na escravidão a espada penetra na própria alma e aprisiona o espírito.

Assim, é claro que os israelitas não eram uma companhia muito seleta para aquele Moisés extremamente culto se unir; embora fosse um príncipe, ele devia se acomunar com os pobres; embora fosse um homem livre, ele devia se misturar com escravos; embora fosse um homem letrado, deveria se socializar com pessoas ignorantes; embora fosse um homem de espírito forte, devia se associar a servos abatidos no espírito. Quantos teriam dito: "Não, não posso fazer isso. Eu sei a qual igreja devo me unir se eu seguir completamente as Escrituras e obedecer a vontade do meu Senhor em todas as coisas, mas eles são tão pobres, tão iletrados, e seu local de culto está longe de ser arquitetonicamente belo. O pregador é um homem simples e direto, e eles próprios não são pessoas refinadas. De toda a congregação, apenas uma dúzia deles pode ter uma carruagem. Eu seria excluído da sociedade se me unisse a eles". Por acaso não ouvimos esse discurso barato e até nos cansamos dele, e ainda assim ele influencia amplamente esta geração sem cérebro e sem coração? Não sobrou ninguém que ame a verdade, mesmo quando ela não usa ornamentos? Não há ninguém que ame mais o evangelho em lugar da pompa e da ostentação? Se Deus levanta um Moisés, que importância tem para este que seus irmãos sejam tão pobres? "Eles são o povo de Deus", diz ele, "e, se são muito pobres, devo ajudá-los com mais generosidade. Se eles estão oprimidos e deprimidos, então mais ainda devo vir em seu auxílio. Se amam a Deus e Sua verdade, serei o companheiro de luta e estarei lado a lado com eles nessa batalha". Não tenho dúvidas de que Moisés refletiu sobre tudo isso, mas ele estava decidido e prontamente tomou seu lugar.

Além de outros assuntos, uma coisa triste deve ser dita sobre Israel, que deve ter causado a Moisés muito sofrimento. Ele descobriu que, entre o povo de Deus, havia alguns que não traziam glória ao Senhor e eram muito fracos em seus princípios. Ele não julgou o corpo todo pelos erros de alguns, mas por seus padrões e costumes; então ele viu que os israelitas, apesar de todas as suas falhas, eram o povo de Deus, enquanto os egípcios, com todas as suas virtudes, não eram. Agora cabe a cada um de nós provar os espíritos pela Palavra de Deus, e então seguir sem medo com nossas convicções. Onde Cristo é reconhecido como o cabeça da Igreja? Onde as Escrituras são realmente recebidas como regra de fé? Onde se creem claramente nas doutrinas da graça? Onde as ordenanças são praticadas como o Senhor as entregou? Pois irei com esse povo, a sua causa será a minha causa, o seu Deus será o meu Deus. Não buscamos por uma igreja perfeita deste lado do Céu, e sim uma igreja livre de papado, sacramentalismo e falsa doutrina; e caso não consigamos encontrar uma, esperaremos até que possamos, mas nunca entraremos em comunhão com a falsidade e as artimanhas sacerdotais. Se houver falhas nos irmãos, é nosso dever suportá-los pacientemente e orar por graça para vencer o mal. No entanto, com papistas e racionalistas, não devemos ter afinidade, ou Deus exigirá isso de nossas mãos.

Considere agora *o que Moisés deixou quando se aliou com Israel*. Ele deixou a honra — ele "recusou ser chamado filho da filha do Faraó" (Hb 11:24); ele deixou o prazer, pois se recusou "a usufruir prazeres transitórios do pecado" (v.25); e, de acordo com nosso apóstolo autor de Hebreus, Moisés também deixou riquezas, pois, ao aceitar o opróbrio de Cristo, ele renunciou "aos tesouros do Egito" (v.26). Muito bem, então;

se chegar a isso, se, para seguir a Deus e ser obediente a Ele, devo perder minha posição na sociedade e me tornar um João-Ninguém, se devo renunciar a mil prazeres e se ser privado de ganhos e renda, ainda assim as exigências do dever devem ser cumpridas. Os mártires deram a sua vida no passado; não há mais ninguém que renuncie a sua própria vida hoje? Se houver verdadeira fé no coração do homem, ele não hesitará qual destes dois escolher: a pobreza extrema ou tolerar o pecado. Ele considerará o opróbrio de Cristo como uma riqueza maior do que todos os tesouros do Egito.

Considerem ainda, mais uma vez, *o que Moisés abraçou* ao deixar a corte. Ele assumiu muitas provações, "preferindo ser maltratado junto com o povo de Deus" (Hb 11:25); e ele tomou para si o opróbrio, pois ele "considerou o opróbrio de Cristo por maiores riquezas do que os tesouros do Egito" (v.26). Ó Moisés, se você precisa se unir a Israel, não há recompensa presente para você; você não tem nada a ganhar, mas tudo a perder; você deve fazer isso por puro princípio, por amor a Deus, por uma persuasão total da verdade, pois os povos não têm honras ou riquezas para outorgar. Você receberá aflição, e isso é tudo. Você será chamado de tolo e as pessoas pensarão que têm bons motivos para fazer isso. É exatamente a mesma coisa hoje. Se alguém, hoje, vai buscar o Senhor fora do acampamento, se vai a Cristo fora das portas da cidade[36], deve fazê-lo por amor a Deus e ao Seu Cristo, e por nenhum outro motivo. O povo de Deus não tem benefícios ou cargos a oferecer; portanto, eles imploram aos homens que avaliem o custo. Quando um fervoroso convertido disse a nosso Senhor: "Mestre, seguir-te-ei para

---

[36] Conforme Hebreus 13:12-13.

onde quer que fores" (Mt 8:19), ele recebeu como resposta: "As raposas têm seus covis, e as aves do céu, ninhos; mas o Filho do Homem não tem onde reclinar a cabeça" (v.20). Até agora, a verdade não oferece dote algum àqueles que estão comprometidos com ela, a não ser ela mesma. Abuso, desprezo, maltrato, contradições, deturpação são o salário frequente; e se algo melhor vier, não será considerado. Se alguém tem um espírito nobre o suficiente para amar a verdade por amor à verdade, e a Deus por amor a Deus, e Cristo por amor a Cristo, então que se associe com aqueles de mente semelhante. Porém, se busca algo além disso, se deseja se tornar famoso, obter poder ou ser beneficiado, é melhor manter seu lugar entre os covardes e amantes da imundície que existem aos montes a nossa volta. A Igreja do Senhor não suborna ninguém. Ela não tem recompensas mercenárias para oferecer e repudiaria usá-las se as tivesse. Se servir a Deus não é recompensa suficiente, deixe que aqueles que procuram algo mais sigam seu caminho egoísta: se o Céu não bastar, deixe que aqueles que o desprezam busquem o paraíso terreno. Moisés, ao se unir ao povo de Deus, agiu decididamente e de uma vez por todas, sem pretensão alguma, sem qualquer promessa advinda do lado certo ou de qualquer amigo para ajudá-lo na mudança. Por amor à verdade, por amor ao Senhor, ele renunciou a tudo, contente por ser contado entre o oprimido povo de Deus.

2. Agora, o segundo ponto: qual foi a fonte da decisão de Moisés?

As Escrituras dizem que foi a fé, caso contrário, alguns insistiriam que era a força do sangue. "Ele era israelita de nascimento e, portanto", dizem eles, "os traços da natureza prevaleceram". Nosso texto atribui um motivo muito diferente. Sabemos muito bem que os filhos de pais piedosos não são levados a adorar o Deus verdadeiro por causa de seu nascimento. A graça não corre no sangue; o pecado até pode, mas a justiça não. Quem não se lembra dos filhos dos renomados entusiastas do evangelho, que agora se entregaram ao ritualismo? Foi a fé, não o sangue, que impeliu Moisés no caminho da verdade. Nem foi a excentricidade que o levou a unir-se com o lado oprimido. Algumas vezes, encontramos um homem de boas linhagem e posição que se associou a pessoas de outra classe e condição simplesmente porque ele nunca poderia agir como qualquer outra pessoa e deveria viver de acordo com seu próprio jeito singular. Não foi assim com Moisés. Você não conseguiria encontrar um traço de excentricidade nele durante toda a sua vida: ele era sensato, firme, cumpridor da lei; era um homem concêntrico que se movia de acordo com a doutrina da prudência. Contudo nem assim sua decisão pode ser explicada; tampouco ele foi insuflado por alguma emoção repentina, quando na verdade ardiam intensas chamas patrióticas em sua alma que o tornavam um homem mais impetuoso que prudente. Pode ter havido alguma impulsividade ao matar o egípcio na primeira oportunidade, todavia ele teve mais 40 anos para pensar sobre isso e ainda assim nunca se arrependeu de sua escolha, mas agarrou-se ao povo oprimido de Deus e se recusava a pensar em si mesmo como filho da filha do faraó. Foi então a fé, tão somente a fé, que permitiu ao profeta do Sinai chegar à sua decisão e executá-la.

Qual fé Moisés tinha? Primeiro, ele tinha *fé no único Deus*. É possível que Moisés tenha visto os vários deuses do

Egito, assim como os vemos agora nos hieróglifos copiados de seus templos e pirâmides. Lá encontramos o gato sagrado, o íbis sagrado, o crocodilo sagrado e todos os tipos de criaturas que eram reverenciadas como divindades; e, além disso, havia hostes de ídolos estranhos, compostos por homens, animais e pássaros, que permanecem em nossos museus até hoje, e que uma vez foram os objetos da reverência idólatra dos egípcios. Moisés estava cansado de todo esse simbolismo. Ele sabia em seu próprio coração que havia um Deus, o único Deus, e Ele não teria nada a ver com Amon, Pitá ou Mut. Verdadeiramente, minha própria alma clama a Deus para que os espíritos nobres possam, nestes dias, cansar-se dos deuses de marfim, ébano e prata, aqueles que são adorados conforme o nome de cruzes e crucifixos, e venham a abominar a mais degradante e repulsiva de todas as idolatrias, nas quais um homem faz um deus com farinha e água, se curva diante dele e então o engole, enviando assim seu deus para o estômago, e eu poderia dizer coisa ainda pior. Alguém satirizando os egípcios disse: "Ó povo feliz, cujos deuses crescem em seus próprios jardins"; podemos dizer com igual força, ó povo feliz, cujos deuses são cozidos em seus próprios fornos! Não é esta a forma mais baixa de superstição que já degradou o intelecto do homem? Ó, que corações valentes e verdadeiros sejam levados a se afastar de tal idolatria, renunciar toda associação a ela e declarar: "Não, eu não posso e não me atrevo. Há um Deus que fez o Céu e a Terra, há um Espírito puro que sustenta todas as coisas pelo Seu poder e força, e apenas a Ele eu adorarei; e eu o adorarei segundo Sua própria lei, sem imagens ou outros símbolos, pois por acaso Ele não os proibiu?". Ele não disse: "Não farás para ti imagem de escultura, nem semelhança alguma do que há em cima nos céus, nem embaixo na terra, nem nas águas debaixo da terra. Não as adorarás, nem lhes darás culto; porque eu sou o SENHOR, teu Deus, Deus zeloso..." (Êx 20:4-5)? Ó, que Deus dê aos homens fé para saber que há apenas um Deus, e que Ele não deve ser adorado com ritos e cerimônias ordenadas pelo homem, pois "Deus é espírito; e importa que os seus adoradores o adorem em espírito e em verdade" (Jo 4:24)! Essa única verdade, se viesse com poder do Céu para a mente humana, estremeceria a Basílica de São Pedro e de São Paulo desde a cruz em suas cúspides até a cripta mais baixa, pois o que essas duas igrejas nos ensinam agora é pura idolatria: uma mediante o legalismo e a outra a permissividade, porque agora os homens que adoram corajosamente o que chamam de "elementos sagrados" têm liberdade e licença para exercer seus ofícios pecaminosos dentro da Igreja da Inglaterra. Todo homem que ama o Deus verdadeiro deve sacudir suas vestes para livrar-se dessas abominações, e oro a Deus para que possamos encontrar muitos Moisés que o façam.

A fé de Moisés também *descansou em Cristo*. "Mas Cristo ainda não tinha vindo", alguém pode dizer. Não, mas Ele estava por vir, e Moisés olhava para aquele que viria. Ele olhou através dos séculos vindouros e viu diante dele a Siló de quem Jacó, prestes a morrer, profetizou. Ele conhecia a antiga promessa que fora feita aos patriarcas de que, na semente de Abraão, todas as nações da terra seriam abençoadas, e Moisés estava disposto a ser desprezado a fim de participar desta bênção. Caros amigos, nunca teremos uma fé completa em Deus, a menos que também tenhamos fé em Jesus Cristo. Os homens tentaram por muito tempo, e muito fortemente, adorar o

Pai à parte do Filho; mas está escrito, e sempre será assim: "...ninguém vem ao Pai senão por mim" (Jo 14:6). Você se afasta da adoração ao Pai se não vier por meio da mediação e expiação do Filho de Deus. Agora, embora Moisés não soubesse a respeito de Cristo tudo o que agora é revelado a nós, ele ainda tinha fé na vinda do Messias, e essa fé fortaleceu o seu entendimento. Aqueles homens que sofreram são os que receberam a Cristo Jesus, o Senhor. Se qualquer pessoa me perguntasse o que fez os defensores da Igreja Presbiteriana Escocesa serem tão heroicos quanto foram; o que tornou nossos antepassados Puritanos tão destemidos diante de seus inimigos; o que levou os reformadores a protestar e os mártires a morrer, eu responderia que foi a fé no Deus invisível, juntamente com a fé no amado Filho de Deus, que é o Deus encarnado. Acreditando nele, sentiam tanto amor no coração deles que, por amor ao Senhor, poderiam ter morrido mil vezes.

Além de tudo isso, Moisés tinha fé *em relação ao povo de Deus*. Eu já toquei nesse assunto antes. Ele sabia que os israelitas eram escolhidos por Deus, que Deus havia feito uma aliança com eles, que, apesar de todas as suas falhas, Deus não quebraria Sua aliança com Seu próprio povo, e Moisés sabia, portanto, que a causa deles era também causa de Deus, e sendo a causa de Deus, era a causa correta, a causa da verdade. Ó, é maravilhoso quando alguém tem tanta fé que diz: "Não importa o que outras pessoas fazem, pensam ou acreditam. Agirei como Deus gostaria. Não importa o que meus semelhantes me mandam fazer, não importa o que as tendências dizem, não importa o que meus pais dizem, no que diz respeito à religião; a verdade é a estrela de Deus, e eu a seguirei aonde quer que ela me leve. Se isso me tornasse um homem solitário, se eu adotasse opiniões nas quais ninguém mais acreditasse, se eu tivesse que ser banido do meu círculo e romper com todas as conexões, tudo isso seria tão insignificante para mim quanto a insignificante poeira em uma balança. No entanto, se uma causa for verdadeira, acreditarei nela, a apresentarei e sofrerei por sua propagação; e se outra doutrina for uma mentira, não serei amigo dela, não, nem mesmo por um único momento. Não entrarei em comunhão com a mentira, não, nem por uma hora. Se um rumo for certo e verdadeiro, mesmo que através de inundações e chamas, se Jesus me guiar, eu o seguirei".

Esse me parece ser o espírito correto, mas onde você o encontra hoje em dia? O espírito moderno sussurra: "Todos, cada um de nós, temos razão". Dessa forma, tanto aquele que diz "sim" como aquele que diz "não", ambos têm razão. Você ouve alguém falar com sentimentalismo piegas, o que ele chama de caridade cristã: "Bem, eu sou da opinião de que, se um homem for muçulmano, católico, mórmon ou protestante, se for sincero, está tudo bem". Eles não estão incluindo os satanistas, malfeitores e canibais, mas, se as coisas continuarem assim, eles os aceitarão na família feliz da Igreja Liberal[37]. Essa é a conversa e a hipocrisia da era presente, mas presto meu testemunho de que não há verdade nisso, e peço a cada filho de Deus que proteste contra isso e, como Moisés, declare que não pode haver cumplicidade com tal associação.

---

[37] *Broad Church* (Igreja ampla/geral, em tradução livre) é uma expressão que se refere à tolerância dentro da Igreja da Inglaterra, em particular, e ao Anglicanismo, em geral, em oposição, por um lado, à *High Church* (Igreja Alta) que tendia ao ritualismo e o anglo-catolicismo e, por outro lado, à *Low Church* (Igreja Baixa) com inclinações evangélicas. No século 19, formavam parte desse movimento os anglicanos que se opunham a definições teológicas positivas e que buscavam uma interpretação dos ritos anglicanos, em um sentido geral e liberal.

A verdade existe em algum lugar, vamos encontrá-la; a mentira não compactua com a verdade, vamos aboniná-la. Existe um Deus, vamos segui-lo, e não aceitamos que falsos deuses sejam deuses também. Certamente, a verdade tem algum valor para os filhos dos homens; sem dúvida, deve haver algo que valha a pena ser defendido, algo pelo qual vale a pena lutar e algo pelo qual vale a pena morrer, mas hoje em dia não parece que os homens pensem assim. Que possamos ter o devido respeito pela verdadeira Igreja de Cristo no mundo, que segue a palavra e a doutrina apostólica. Vamos encontrá-la, nos unir a ela e lutar ao seu lado pela causa de Deus e por Sua verdade!

Mais uma vez, Moisés teve fé na "recompensa do galardão". Ele disse consigo mesmo: "Devo renunciar a muito e reconhecer que perderei um cargo, posição social e riquezas; mas, apesar disso, sairei ganhando, pois haverá um dia em que Deus julgará os filhos dos homens. Espero um trono de juízo com balanças imparciais e espero que aqueles que servem a Deus fielmente sejam revelados como homens sábios e justos, enquanto aqueles que se curvaram para obter um alívio momentâneo descobrirão que perderam a eternidade, enquanto olhavam somente para o presente, e que trocaram o Céu por um mero prato de lentilhas"[38]. Moisés tinha isso em sua mente, e você não conseguiria persuadi-lo a abrir concessões e não ser "insensível", ou a não julgar outras pessoas boas, mas ter uma mente aberta, ou ainda a se lembrar da filha do Faraó e de como ela o havia criado de maneira tão amável. Também não conseguiria convencê-lo que deveria considerar

---

[38] Referência a Gênesis 25:31-34.

as oportunidades que tinha de fazer o bem na posição que ocupava; como poderia ser amigo de seus pobres irmãos; que influência ele poderia ter sobre Faraó; como ele poderia se tornar o meio a fim de liderar os príncipes e o povo do Egito para o caminho certo; quem sabe, talvez Deus o tivesse criado com o propósito de estar ali, de ser aquele com quem se poderia contar, e... e... e assim por diante. Vocês conhecem a lábia dos babilônicos, pois nestes dias todos vocês leram ou ouviram os plausíveis argumentos do engano e da injustiça que, nestes últimos dias, ensinam os homens a fazerem o mal para que o bem se manifeste. Moisés não se importava com nada disso. Ele sabia qual era o seu dever e o cumpria, quaisquer que fossem as consequências. O dever de todo homem cristão é acreditar na verdade, segui-la e deixar os resultados com Deus. Quem ousa fazer isso? Ele é filho de um rei, mas repito, quem ousa fazer isso hoje em dia?

3. Neste terceiro ponto, refletiremos sobre alguns dos *argumentos que apoiaram Moisés* em seu resoluto caminho de seguir a Deus.

O primeiro argumento é que ele viu claramente que Deus era Deus e, portanto, manteria Sua palavra, resgataria Seu povo do Egito e lhes daria uma herança. Moisés então dizia a si mesmo: "Desejo estar do lado certo. Deus é Todo-Poderoso, totalmente verdadeiro e plenamente justo. Estou do lado de Deus e, por estar do lado de Deus, mostrarei minha fidelidade, abandonando completamente o outro lado".

Em segundo lugar, vemos no texto que ele percebeu que os prazeres do pecado eram transitórios. Ele disse a si mesmo:

"Posso ter pouco tempo de vida e, mesmo que viva até uma idade avançada, a vida em sua maior longevidade ainda é curta; e, quando eu chegar ao fim da vida, que reflexão miserável terei de fazer de que todo o prazer que tive estaria então acabado e, portanto, terei que comparecer diante de Deus como um israelita traidor que abandonou seu direito de primogenitura para desfrutar dos prazeres do Egito".

Ó, se as pessoas pesassem tudo nas balanças da eternidade! Estaremos todos perante o tribunal de Deus em alguns meses ou anos, e então vocês pensam: *Como nos sentiremos?* Um dirá: "Nunca pensei sobre religião", e outro: "Pensei nisso, mas não o suficiente para tomar qualquer decisão sobre o assunto. Eu segui o fluxo da multidão". Outro argumentará: "Eu conhecia a verdade muito bem, mas não conseguia suportar a vergonha que me causava. As pessoas achariam que eu era um fanático se eu tivesse continuado com isso". E outro: "Fiquei em dúvida entre duas opiniões. Não podia pensar que era justo sacrificar a posição dos meus filhos para poder ser um seguidor da verdade". Que reflexões lamentáveis virão sobre os homens que venderam o Salvador como Judas! Que lamentáveis leitos de morte devem ter aqueles que foram infiéis à sua consciência e que não foram verdadeiros ao seu Deus! Mas olha com que compostura o crente em Cristo esperará ansiosamente por outro mundo! Ele dirá: "Pela graça eu sou salvo e bendigo a Deus porque pude aguantar ser ridicularizado, pude suportar que rissem de mim, levar a pior em uma situação, ser expulso de uma fazenda e chamado de tolo, mas ainda assim isso não me feriu. Encontrei consolo na companhia de Cristo; contei a Ele todos os meus problemas e descobri que ser repreendido pela causa de Cristo era algo mais precioso do que possuir todos os tesouros do Egito. Bendito seja o Seu nome! Eu perdi os prazeres do mundo, mas eles não me faziam falta. Estava feliz por tê-los perdido, pois encontrei um prazer mais doce na companhia de meu Senhor, e agora há prazeres para desfrutar que jamais acabarão". Ó irmãos, por estarmos empenhados na causa de Cristo e por irmos até o fim com Ele, mesmo que implique na perda de todas as coisas, isso será pago a longo prazo. Pode trazer muitos infortúnios sobre você no presente, mas isso logo acabará e então virá a recompensa eterna.

Então, novamente, Moisés pensou consigo que mesmo os prazeres, que duram por um tempo, enquanto duraram não foram iguais ao prazer de ser desprezado por amor a Cristo. Isso também deve nos fortalecer: que o pior de Cristo é melhor que o melhor do mundo. Se formos sinceros, agora usufruímos de mais alegria como cristãos do que poderíamos obter dos pecados dos ímpios.

Tenho apenas isto a dizer para encerrar. Primeiro, devemos todos estar prontos para nos separar de tudo por Cristo e, se não estivermos, não somos Seus discípulos. "Mestre, está nos pedindo algo difícil", diz alguém. Mas eu o repito, pois o sublime Mestre afirmou: "Quem ama seu filho ou sua filha mais do que a mim não é digno de mim" (Mt 10:37). "Assim, pois, todo aquele que dentre vós não renuncia a tudo quanto tem não pode ser meu discípulo" (Lc 14:33). Jesus pode não exigir que você realmente deixe algo, mas você deve estar pronto para deixar tudo, se necessário.

A segunda observação é a seguinte: devemos abominar a própria ideia de obter honra neste mundo ocultando nossos sentimentos ou fazendo concessões. Se houver uma chance de você ser muito estimado por permanecer calado, fale imediatamente e não corra o risco de ganhar tamanha falsa honra. Se houver esperança de que as pessoas o elogiem por você estar tão pronto a ceder às suas convicções, ore a Deus para que o torne como uma rocha que nunca mais cederá; pois que glória mais condenatória poderia ter um homem do que ser aplaudido por renegar seus princípios a fim de agradar a seus semelhantes! Que o Senhor nos livre disso!

O terceiro ensinamento é que devemos ocupar nosso lugar com aqueles que verdadeiramente seguem a Deus e as Escrituras, mesmo que não sejam totalmente o que gostaríamos que fossem. O lugar de um israelita é com os israelitas, o lugar de um cristão é com outros cristãos. O lugar de um verdadeiro discípulo de Cristo e da Bíblia é com outros que também o sejam, e, mesmo se acontecer de eles serem os mais insignificantes do país, os mais miseráveis entre todos os pobres e as pessoas mais iletradas e incultas do seu tempo, o que é tudo isso se o Seu Deus os ama e se eles amam a Deus? Pesando nas balanças da verdade, o menor deles vale dez mil do mais célebre dos homens ímpios.

Por último, todos nós devemos olhar para a nossa fé. A fé é essencial. Você não pode ter um caráter completo sem fé sincera. Comece aí, prezado ouvinte. Se você não é um crente em Cristo, se não crê no único Deus, que o Senhor o converta e lhe dê agora esse precioso dom! Tentar criar um caráter que seja bom sem um alicerce de fé é como edificar sobre a areia, ou amontoar lenha, feno e palha — que são em si coisas muito boas, mas que não suportarão o fogo; como todo caráter cristão terá de suportar o fogo, é certo construir sobre a rocha e construir com as graças e os frutos que suportarão as provações. Você será provado e se você, ao se esgueirar pela vida, evitou toda a oposição e todo o ridículo como um covarde, pergunte a si mesmo se você é um discípulo daquele dono da casa a quem chamavam de Belzebu ou se você realmente é um seguidor daquele Salvador crucificado que declarou: "Se alguém quer vir após mim, a si mesmo se negue, dia a dia tome a sua cruz e siga-me" (Lc 9:23). Suspeite dos lugares cômodos; tenha medo daquela paz perpétua que Cristo declara que veio quebrar. Ele diz: "Não penseis que vim trazer paz à terra; não vim trazer paz, mas espada" (Mt 10:34). "Eu vim para lançar fogo sobre a terra e bem quisera que já estivesse a arder" (Lc 12:49), assim Ele disse.

Serei levado lá ao céu
Em leitos floridos e de paz,
Enquanto, para conquistar o prêmio, outros lutaram
E por mares de sangue navegaram.

Se para reinar eu devo lutar,
Anima-me, Senhor!
Somente com o Teu falar
Suportarei a dor. Amém.[39]

---

[39] Tradução livre de estrofes do hino *Am I a soldier of the cross*, de Isaac Watts (1674–1748).

7

JOSUÉ: TÔNICO REVIGORANTE PARA OS SERVOS DE DEUS [40]

...não te deixarei, nem te desampararei...
—Josué 1:5

Não há dúvidas de que Deus havia falado com Josué antes. Ele demonstrou ser um homem de fé por muitos anos, e sua fé o permitiu se destacar por uma simples autenticidade de caráter e obediência totalmente fieis à vontade do Senhor; tanto é que Josué e Calebe foram os dois únicos remanescentes de toda a geração que saiu do Egito.[41] "Achado fiel entre os infiéis"[42], Josué sobreviveu onde todos os demais morreram; mantendo-se de pé e em pleno vigor, ele poderia ser comparado a uma árvore solitária que espalha

---

[40] Sermão nº 1214, ministrado no *Metropolitan Tabernacle*, Newington. Publicado em 1875.
[41] Conforme Números 14:30.
[42] Referência ao livro *Paraíso perdido* (eBooksBrasil.org, 2006) escrito por John Milton, publicado originalmente em 1667.

seus verdejantes ramos intatos pelo machado que nivelou seus companheiros ao chão.

Contudo agora Josué estava prestes a iniciar um novo ofício: ele havia se tornado rei em Israel no lugar de Moisés; de um servo, ele havia ascendido a governante, e agora cabia a ele liderar o povo para cruzar o Jordão e organizar suas forças para a conquista da Terra Prometida. No princípio desta nobre tarefa, o Senhor aparece a seu servo e diz: "...como fui com Moisés, assim serei contigo; não te deixarei, nem te desampararei" (Js 1:5). Quando o povo de Deus assumir novas posições, eles deverão ter novas revelações de Seu amor. Novos perigos trarão novas proteções; novas dificuldades, novas ajudas; novos desânimos, novos confortos; para que também possamos nos alegrar nas tribulações, visto que elas consistem em muitas portas recém-abertas da misericórdia de Deus para nós. Ficaremos alegres diante das situações extremas porque são oportunidades divinas. O que o Senhor disse a Josué foi sobremodo encorajador e veio exatamente quando ele precisava, pois ele estava sob grande perigo, e grande foi o consolo da palavra do Senhor dos Exércitos: "Não to mandei eu? Sê forte e corajoso; não temas, nem te espantes, porque o Senhor, teu Deus, é contigo por onde quer que andares" (Js 1:9).

Não dedicaremos muito tempo na introdução, mas vamos considerar imediatamente a promessa divina: "Não te deixarei, nem te desampararei".

1. Observem aqui, primeiramente, *a pertinência do consolo que estas palavras deram a Josué*: "Não te deixarei, nem te desampararei".

Isso deve ter sido muito animador para ele, *a respeito de si mesmo*. Ele conhecia Moisés e deve ter tido uma grande estima por ele. Moisés era um homem notável, um entre mil; dificilmente, dentre os nascidos de mulher, surgiu alguém superior a ele. Josué tinha sido seu servo e sem dúvida se considerava muito inferior ao grande legislador. Quando uma pessoa se associa a alguém de mente mais brilhante, uma sensação quanto a sua própria fraqueza se apodera dessa pessoa. Se você socializa com aqueles que são inferiores a você, poderá se tornar vaidoso; mas, intimamente associado a mentes superiores, há uma probabilidade muito maior de que você se fique deprimido e pense ainda menos de si mesmo do que a humildade exigiria, pois a humildade é, afinal, apenas uma estimativa correta de nossos próprios poderes. Josué, portanto, pode possivelmente ter ficado um tanto desanimado sob uma sensação de muita pressão em relação às suas próprias deficiências; e essa garantia animadora resolveria o seu caso: "*Eu não te deixarei*; embora sejas menos sábio, ou humilde, ou corajoso do que Moisés, *Eu não te deixarei, nem te desampararei*". Se Deus está com nossa fraqueza, ela se fortalece; se Ele está com nossa loucura, ela se transforma em sabedoria; se Ele está com nossa timidez, ela reúne coragem. Não importa quão consciente uma pessoa esteja por não ser nada em si mesma: quando está consciente da presença divina, se alegra até em sua enfermidade, pois o poder de Deus repousa sobre ela. Se o Senhor disser ao homem ou à mulher mais fraca aqui: "Não te deixarei, nem te desampararei", nenhum pensamento covarde cruzará aquele Espírito enobrecido; essa palavra fortalecerá o temeroso com a coragem de um leão que nenhum adversário será capaz de intimidar.

O consolo dado a Josué foi extremamente *oportuno diante da presença de seus inimigos*. Ele havia espiado a terra e sabia que era habitada por gigantes, homens famosos tanto por sua estatura quanto por sua força. Os filhos de Anaque estavam lá, e outras tribos, descritos como "povo grande, numeroso e alto" (Dt 2:21). Ele sabia que eles eram um povo guerreiro e experiente no uso de apetrechos destrutivos de guerra, que causavam terror aos homens, pois tinham carruagens de ferro. Ele sabia, também, que suas cidades eram de dimensões colossais — fortalezas cujas pedras hoje surpreendem um viajante, que pergunta que habilidade maravilhosa poderia ter erigido aquelas imensas rochas em seus lugares. Os outros espiões haviam dito que esses cananeus moravam em cidades que estavam muradas até o céu, e, embora Josué não concordasse com esse exagero, ele sabia muito bem que as cidades a serem conquistadas eram poderosas fortalezas, e as pessoas a serem exterminadas eram homens de coragem atroz e grande vigor físico. Portanto, o Senhor disse: "Não te deixarei, nem te desampararei". O que mais era necessário? Certamente, na presença de Deus, os anaquins tornam-se anões, as fortalezas tornam-se uma simples tenda em um jardim de pepinos e as carruagens de ferro são como o dente-de-leão numa colina, que com um simples sopro as sementes são levadas pelo vento.

O que pode ser tão forte contra o Altíssimo? O que é desafiador em oposição ao Senhor Jeová? "Se Deus é por nós, quem será contra nós?" (Rm 8:31). Aqueles que estão conosco são muito mais do que aqueles que estão contra nós, pois temos o Senhor dos Exércitos em nossa ofensiva. "Portanto, não temeremos ainda que a terra se transtorne e os montes se abalem no seio dos mares" (Sl 46:2). "Ainda que um exército se acampe contra [nós], não se atemorizará o [nosso] coração; e, se estourar contra [nós] a guerra, ainda assim [teremos] confiança" (Sl 27:3).

Esse consolo também foi *suficiente para atender todas as demandas*. Talvez Josué soubesse que o maná não cairia mais. No deserto, o suprimento de pão celestial era contínuo, mas, quando eles cruzassem o Jordão, eles teriam que lutar contra o inimigo; com a miríade de pessoas que estavam sob o comando de Josué, a questão de prover para eles não deve ter sido algo trivial. De acordo com alguns cálculos, quase três milhões de pessoas deixaram o Egito. Dificilmente dou crédito a esse cálculo, estando inclinado a acreditar que toda a questão dos números do Antigo Testamento ainda não foi compreendida e que um melhor conhecimento da língua hebraica levará à descoberta de que alguns textos têm sido frequentemente mal interpretados. Mesmo assim, muitas pessoas vieram com Josué até a orla do deserto e cruzou o Jordão para a terra de Canaã. Quem sustentaria todo esse bando faminto? Josué poderia ter questionado: "Todos os rebanhos e manadas devem ser mortos para sustentar esta grande multidão? E o mar produzirá seus peixes quando o maná cessar? Como essas pessoas serão alimentadas?". Contudo a provisão que atenderia a todas as demandas de suprimentos era esta: "Não te deixarei, nem te desampararei" (Js 1:5). Eles poderiam comer até se fartar, pois Deus lhes proveria o alimento; suas roupas poderiam envelhecer sobre eles agora, pois o milagre do deserto cessaria; porém, novas vestimentas seriam encontradas para eles nos guarda-roupas de seus inimigos. Quando o Senhor abre todos os Seus celeiros, ninguém tem falta de pão, e quando Ele abre Seus guarda-roupas, ninguém fica desnudo. Então não havia espaço para a ansiedade na mente de Josué. Quanto a si mesmo, se fraco, isso o tornava forte; quanto a seus inimigos, se fossem poderosos, essa promessa o tornava mais forte que eles; e quanto às necessidades de Israel, se fossem grandes, essa promessa supriria tudo e a todos.

Certamente essa palavra deve ter trazido uma consolação encantadora ao coração do filho de Num *quando viu o povo falhar com ele*. Entre todos os seus companheiros com quem havia compartilhado a marcha de 40 anos através do grande e terrível deserto, restava apenas o venerável Calebe. Ambos eram os dois últimos feixes da grande colheita e eram como espigas frondosas totalmente maduras e prontas para ser colhida. Os anciãos envelhecem solitários, e não é de se admirar que isso aconteça. Eu os ouvi dizer que eles vivem em um mundo onde não são conhecidos, agora que todos os seus velhos amigos, um por um, já tinham partido e eles foram deixados sozinhos, como a última andorinha do outono, quando todas as demais buscam por um clima mais ensolarado. No entanto, o Senhor diz: "Não o desampararei; não morrerei; estou para sempre com você. Seu Amigo no Céu viverá enquanto você viver". Quanto à geração que havia surgido ao redor de Josué, eles eram pouquíssimo melhores que seus pais; eles retrocederam no dia da batalha, até os filhos de Efraim, quando estavam armados e carregavam arcos. Eles eram muito propensos a se desviar para o pecado mais provocativo. Josué teve uma tarefa tão difícil com eles quanto

Moisés, o que foi suficiente para abater o coração desse líder quando teve que lidar com eles. O Senhor parece pedir-lhe que não confie neles, nem que se desanime se forem falsos e traiçoeiros: "Eu não te deixarei; *eles* podem deixá-lo, mas *Eu* não. Eu não te desampararei. Eles podem se revelar covardes e traidores, mas Eu não te abandonarei". Ó, que coisa bendita é saber que, em um mundo falso e inconstante, onde aquele que come pão conosco também morde nossa mão[43], onde o conselheiro favorito se torna um Aitofel e transforma sua sabedoria em ódio astuto[44], "há amigo mais chegado do que um irmão" (Pv 18:24), Alguém que é fiel e nos dá provas seguras de um amor que as muitas águas não podem apagar.

Eu poderia, portanto, delongar-me neste ponto e mostrar que a promessa consoladora tem tantas facetas quanto um diamante bem lapidado, cada uma refletindo a luz do consolo divino sobre o olhar de fé de Josué. Mas analisaremos outros aspectos.

2. Segundo, *em que ocasiões podemos considerar que tal promessa se estende a nós?*

É muito bom ouvir essa promessa, como foi proferida a Josué, mas, ó Deus, se o Senhor falasse conosco assim, como seríamos consolados! O Senhor sempre faz isso? *Seremos* tão ousados assim em acreditar que Senhor *nos* conforta? Amado, toda a passagem das Escrituras fala do mesmo modo para homens que pensam como Josué. Nenhuma Escritura é de

---

[43] Referência a João 13:18-26.
[44] Referência a 2 Samuel 15-17.

interpretação pessoal; nenhum texto expirou com a pessoa que o recebeu primeiro. Os confortos de Deus são como poços os quais nenhum homem ou grupo de homens pode esgotar, por mais intensa que seja sua sede. Um poço pode ser aberto para Agar[45], mas esse poço jamais é fechado, e qualquer outro andarilho pode beber nele. A fonte de nosso texto jorrou primeiro para refrescar Josué, mas, se estivermos na posição de Josué e tivermos o seu caráter, podemos trazer nossos cântaros e enchê-los até a borda.

Permitam-me mencionar quando penso que podemos sentir com segurança que Deus nos diz: "Não te deixarei, nem te desampararei". Certamente, é quando somos *chamados para fazer a obra de Deus*. A obra de Josué era a obra do Senhor. Foi Deus quem deu a nação ao povo e disse: "...eis que lançarei fora da sua presença [...] os cananeus..." (Êx 34:11), e Josué era o executor de Deus, a espada na mão do Senhor para expulsar os povos condenados. Ele não estava entrando em um compromisso quixotesco de sua própria escolha e concepção; ele não se elegeu e escolheu seu próprio trabalho, mas Deus o chamou para isso, colocou-o no cargo e ordenou que o fizesse, e, portanto, o Senhor disse a ele: "Não te deixarei, nem te desampararei". Irmão, você está servindo a Deus? Você vive para ganhar almas? É seu grande objetivo ser instrumento nas mãos de Deus para cumprir Seus propósitos de graça para com os filhos decaídos dos homens? Você sabe que Deus o colocou onde você está e chamou-o para fazer a obra para a qual a sua vida foi designada? Então vá em nome de Deus, pois, tão certo quanto Ele o chamou para Sua obra,

---

[45] Referência a Gênesis 16:7.

esteja seguro de que Ele diz também a você, como de fato a todos os Seus servos: "Não te deixarei, nem te desampararei".

Porém ouço alguns de vocês dizerem: "Não estamos engajados em um trabalho do tipo que poderíamos precisamente chamar de 'obra do Senhor'". Bem, irmãos, mas vocês estão *engajados em uma obra a qual se esforçam para realizar para a glória de Deus?* Seu comércio e trabalho são lícitos — isto é, você não tem dúvidas de que é uma atividade honesta e, ao executá-la, segue apenas princípios corretos? Você se esforça para glorificar a Deus em seus negócios? Nas campainhas de seus cavalos está gravado: "Santo ao SENHOR?" (Zc 14:20). Não seria possível que todos nós fôssemos pregadores; pois onde estariam os ouvintes? Muitos estariam fora de lugar se deixassem seu chamado comum e se dedicassem ao que, sem fundamento bíblico, é chamado de "ministério". O fato é que a vida religiosa mais verdadeira é aquela em que um homem segue a vocação comum de vida no espírito de um cristão. Então, você está fazendo isso? Se for esse o seu caso, você está ministrando diante de Deus ao medir metros de tecido ou pesar quilos de chá tanto quanto Josué estava ao eliminar os heveus, jebuseus e heteus. Você está servindo a Deus quando está cuidando de seus próprios filhos e ensinando-os no temor do Senhor, cuidando da casa e fazendo dela uma igreja para Deus, como estaria se tivesse sido chamado para liderar um exército na batalha pelo Senhor dos Exércitos. E você pode tomar essa promessa para si mesmo, pois o caminho do dever é o caminho pelo qual tal promessa deve ser usufruída. "Não te deixarei, nem te desampararei".

Agora, atenção: se você está vivendo para si mesmo, se está vivendo para lucrar, se o egoísmo é o objetivo de sua vida, ou se você está buscando uma vocação profana, se há algo em seus negócios que seja contrário à mente e à vontade de Deus e à sã doutrina, você não pode esperar que Deus o auxilie no pecado, pois Ele não o fará. Tampouco você pode pedir a Ele para satisfazer os seus desejos e ajudá-lo na gratificação de seu próprio egoísmo; mas, se você puder realmente dizer: "Vivo para a glória de Deus, e desejo consagrar inteiramente à Sua glória a vida comum que levo", então você pode apossar-se desta promessa para si mesmo: "Não te deixarei, nem te desampararei".

Entretanto, observem, há um outro assunto. Se quisermos ter essa promessa, devemos *colocar Deus em nossos planos*. Muitas pessoas desempenham sua vida profissional sem levar Deus em conta. Ouvi falar de alguém que disse que todos o haviam deixado, e uma pessoa indagou: "Mas certamente, como cristão, Deus não falhou com você!". Respondeu ele: "Ó, esqueci-me de Deus". Temo que haja muitos que se dizem cristãos e, no entanto, se esquecem de Deus na vida comum. Entre todos os pontos fortes que um homem planeja quando se envolve em um empreendimento, ele jamais deveria omitir o elemento principal, mas frequentemente é assim que fazemos. Perguntamos: "Sou competente para tal trabalho? Devo empreender, mas sou competente?". E logo de cara faz-se uma estimativa das competências, e nelas não há item algum anotado — "Item 1: a promessa do Deus vivo. Item 2: a orientação do Espírito Santo". Esses dois itens são deixados de lado no planejamento. Lembre-se de que, se você os omitir intencionalmente, não pode esperar usufruir deles. Você deve andar pela fé se quiser desfrutar dos privilégios dos fiéis. "O meu justo viverá pela fé" (Hb 10:38), e se você começar a viver pelos sentidos, unir-se-á ao pranto e ao lamento daqueles que saíram em busca de cisternas rotas e as encontraram vazias; seus lábios ficarão ressequidos de sede, porque você se esqueceu do Manancial de águas vivas para a qual devia ter ido.[46] Vocês, irmãos e irmãs, costumam colocar Deus em seus planos? Vocês planejam sob a direção do Onisciente e a ajuda do Onipotente?

Ouvi falar de um certo capitão que liderou suas tropas em uma situação muito difícil e ele sabia que no dia seguinte precisaria que todos estivessem cheios de coragem. Então, ao cair da noite, disfarçando-se, ele andou em volta das tendas dos soldados escutando suas conversas, e ouviu um deles dizer: "Nosso capitão é um grande guerreiro e conquistou muitas vitórias, mas desta vez ele cometeu um erro. Veja, há milhares de inimigos, e ele tem apenas alguns soldados, alguns cavaleiros e algumas escopetas". O soldado fez o relato e ia calcular a diferença quando o capitão, não podendo mais aguentar aquilo, afastou a lona da entrada da barraca e disse: "E quantos soldados você conta comigo, senhor?", como se dissesse: "Eu ganhei tantas batalhas que você deveria saber que minha habilidade pode multiplicar batalhões sob minha liderança". E assim o Senhor ouve Seus servos avaliando o quanto são fracos, o quão pouco podem fazer e como são poucos os seus ajudantes; e acho que o ouço dizer repreensivamente: "Mas quantos você conta com o seu Deus? Você nunca o considera em sua estimativa? Você fala em prover e se esquece do Deus da providência; fala em trabalhar, mas esquece o Deus que efetua em você tanto o querer como o realizar, segundo a Sua própria e boa vontade"[47].

---

[46] Conforme Jeremias 2:13.
[47] Conforme Filipenses 2:13.

Quantas vezes, em nossas empreitadas, pessoas prudentes nos agarraram pela manga e disseram que fomos longe demais? Poderíamos contar com a capacidade de realizar o que havíamos empreendido? Não, não poderíamos contar com isso, exceto que acreditamos em Deus, e com Ele todas as coisas são possíveis. Se for obra dele, podemos nos aventurar muito além da superficialidade da prudência, até chegar nas grandes profundezas da confiança divina, pois Deus, que garante nossa fé, logo a honrará. Ó cristão, se você pode se aventurar e sentir que não é nada, então você pode apossar-se da promessa: "Não te deixarei, nem te desampararei". Quando você está caminhando, você pode se chocar contra uma pedra; quando você está correndo com suas próprias forças, você pode se fatigar, "mas os que esperam no SENHOR renovam as suas forças, sobem com asas como águias, correm e não se cansam, caminham e não se fatigam" (Is 40:31).

Agora, lembre-se de que podemos nos apropriar dessa promessa quando estamos engajados na obra de Deus, ou quando transformamos nossos afazeres comuns em obra de Deus, e quando realmente o fazemos pela fé, consideramos Deus em nosso planejamento. Entretanto, também, *devemos ter o cuidado de andar nos caminhos do Senhor*. Observe o que Deus diz, duplamente a Josué, é extraordinário: "Sê forte e corajoso [...]. Tão somente sê forte e mui corajoso para teres o cuidado de fazer segundo toda a lei que meu servo Moisés te ordenou; dela não te desvies, nem para a direita nem para a esquerda, para que sejas bem-sucedido por onde quer que andares" (Js 1:6-7).

"Sê forte e corajoso", para quê? Para obedecer! É necessário coragem e força para obedecer? Por que, hoje em dia, é considerado corajoso o indivíduo que não está preso às leis de Deus? E por que se considera versado aquele que ridiculariza a revelação? Tenhamos certeza de algo: realmente é perito de mente e de coração aquele que se contenta em ser considerado um tolo e se apega à boa e antiga verdade, mantendo o bom e antigo caminho. Atualmente, já existem muitos pregadores "intelectuais"; alguns de nós podem ser dispensados desse intelectualismo alardeado para que possamos pregar o evangelho simples. Há muitos que podem obscurecer a teologia com as névoas frias do "pensamento moderno"; estamos satisfeitos em deixar a Palavra falar por si mesma, sem confundi-la com nossos pensamentos. Acredito que sejam necessárias mais coragem e força de espírito para se ater às coisas antigas do que para seguir atrás de novas e vagas especulações. Não devemos esperar que o Deus da verdade esteja conosco se nos afastarmos dele e de Sua verdade.

Tenha cuidado nas águas em que você nada. Vigie cada passo por onde caminha; isso é algo bom. Seja exato e preciso quanto à regra divina, sem dar atenção à opinião do homem, e até mesmo desafiando-a onde ela se revela enganosa. Seja obediente à lei de Deus, curvando-se diante dela, rendendo toda a sua natureza em alegre submissão a cada comando do Altíssimo. Quem anda honestamente anda seguro e para este a promessa é: "Não te deixarei, nem te desampararei". Direcione o rumo de sua vida com seus próprios princípios, e talvez você possa superá-los como desejar. Seja sábio em sua própria presunção e confie em seu próprio julgamento, e a promoção de tolos será sua recompensa; mas seja simples o suficiente para fazer apenas a vontade de Deus, para deixar as consequências e seguir a verdade, e a integridade e a retidão o preservarão. Continue fazendo o que é certo a todo custo, e o que é certo retribuirá tudo o que lhe custar, e o justo Senhor será fiel à Sua palavra: "Não te deixarei, nem te desampararei". Essas, então, penso eu, são as condições sob as quais qualquer crente em Jesus pode tomar para si as palavras de nosso texto.

3. E agora, por terceiro, consideremos *o que essa promessa não exclui.*

Não devemos interpretar mal esta graciosa palavra: "Não te deixarei, nem te desampararei", para que não fiquemos desapontados quando as coisas acontecem contrário às nossas expectativas.

Essa promessa não exclui o esforço. Muitos erros são cometidos a respeito das promessas de Deus. Alguns pensam que, se Deus estiver com eles, não terão que fazer nada. Josué não pensou assim. Ele e suas tropas tiveram que eliminar todos os amorreus, heteus e heveus, que morreram na batalha. Ele teve que lutar e empunhar a própria espada como se Deus não estivesse presente. A melhor e mais sábia coisa do mundo é trabalhar como se tudo dependesse de você, e então confiar em Deus, sabendo que tudo depende dele. Ele não nos deixará, no entanto, não devemos cruzar os braços e ficar parados. Ele não nos abandonará; não podemos, portanto, deitarnos em nossa cama e esperar que o pão de cada dia caia em nossa boca. Conheci pessoas preguiçosas que oravam a "Jeová-Jiré" e então se sentavam com os pés sobre a borda de uma lareira e com os braços cruzados, sendo preguiçosas e complacentes consigo mesmas. Geralmente suas presunções terminam assim: Deus lhes proveu roupas surradas e esfarrapadas e, sem tardar, um lugar na prisão do condado; eu acho que esta é a melhor provisão pode ser feita para pessoas ociosas, e quanto mais cedo elas a obtiverem, melhor para a sociedade. Ó, não, não, não, não! Deus não é complacente com a nossa preguiça, e qualquer homem que espera progredir neste mundo com qualquer coisa que seja boa, sem trabalhar duro, é um tolo. Coloque toda a sua alma no serviço de Deus, e então você receberá a Sua bênção, se estiver confiando nele. Até Maomé poderia apreciar isso. Quando um de seus seguidores disse: "Vou soltar meu camelo e confiar na providência", Maomé disse: "Não, não. Amarre-o o mais firmemente que puder e, então, pode confiar na providência". Oliver Cromwell[48] também tinha uma visão sensata dessa verdade. "Confie em Deus", disse ele, enquanto iam para a batalha, "mas mantenha a pólvora seca". Também nós devemos fazer isso. Não acredito que Deus queira que Seus servos ajam como tolos. O melhor julgamento que um homem tem deve ser empregado no serviço de Deus. O bom senso é, talvez, uma coisa tão rara entre os cristãos quanto o salmão no rio Tâmisa. Os "filhos do mundo são mais hábeis na sua própria geração do que os filhos da luz" (Lc 16:8), mas não deveria ser assim. Se você deseja ter êxito, use todas as faculdades que possui e empreenda todas as suas forças; e se for uma causa justa, então você pode descansar na promessa: "Não te deixarei, nem te desampararei".

Além disso, essa promessa não exclui infortúnios ocasionais. Depois que Josué a recebeu, ele foi até Ai e sofreu uma terrível

---

[48] General e político inglês que liderou os exércitos parlamentares na Guerra Civil Inglesa.

derrota naquele lugar, porque os regulamentos da guerra tinham sido violados. Eles haviam defraudado o Senhor de uma parte do despojo de Jericó, que estava escondido na tenda de Acã, e isso trouxe problemas para Israel. Sim, mesmo sem violar nenhuma lei, o melhor homem do mundo deve esperar que haja alguns desencorajamentos até no empreendimento mais bem-sucedido. Veja o mar: ele está se movendo, em breve subirá até a maré-cheia; mas toda onda que sobe, morre na praia e, depois de duas ou três grandes ondas que parecem capturar o cascalho, vem uma mais fraca que é sugada de volta. Muito bem, mas o mar vencerá e alcançará sua plenitude. Portanto, em toda boa obra feita para Deus há uma onda de retrocesso de vez em quando. Na verdade, Deus frequentemente faz Seus servos recuarem um pouco para que tenham mais espaço para correr e dar um salto maior do que teriam dado onde estavam antes. As derrotas nas mãos da fé são apenas preparativos para a vitória. Quando experimentamos pequenas derrotas, afiamos nossas espadas ainda mais e, da próxima vez, nos encarregaremos que nossos inimigos saibam quão afiadas elas estão. Não deixe, portanto, nenhum desapontamento temporário desanimar você, pois eles são comuns à humanidade e necessários para nosso progresso. Siga em frente! Deus certamente o testará, mas não o deixará, nem o abandonará.

Novamente, essa promessa não exclui tribulações frequentes e testes de fé. Na autobiografia do famoso Francke de Halle, que, pela graciosa mão de Deus, construiu e sustentou o orfanato de Halle, encontra-se esta declaração: "Eu pensei que, quando comprometi a mim e meu trabalho a Deus pela fé, eu tinha apenas que orar quando precisasse e para que as provisões chegassem, mas descobri que às vezes tinha que esperar e orar por muito tempo". Os suprimentos chegavam, mas não imediatamente. Os apertos nunca chegavam ao ponto de extrema necessidade, mas houve momentos de grande pressão. Não havia nada sobejando. Cada colherada de farinha tinha de ser raspada do fundo do barril, e cada gota de óleo que escorria parecia ser a última; mas ainda assim nunca chegava à última gota, e sempre restava uma pequena refeição. Pão nos será dado, mas nem sempre será em grandes porções; não nos faltará água, mas nem sempre teremos torrentes, pois ela pode vir em pequenos copos. Deus não prometeu levar nenhum de vocês para o Céu sem provar sua fé. Ele não falhará, mas o conduzirá a situações difíceis. Não o abandonará, mas o testará e o provará. Muitas vezes você precisará de toda a sua fé para manter o ânimo; e, a menos que Deus o capacite a confiar sem vacilar, você se sentirá profundamente perturbado em certos momentos. Por acaso, algum de vocês já foi levado à beira da fome pela obra de Deus? É um estado em que estive muitas vezes — graças a Deus, muitas vezes — e sempre tive livramento, e, portanto, posso dizer por experiência própria que vocês devem confiar no Senhor, pois Ele não permitirá que os fiéis sejam confundidos. Ele disse: "Não te deixarei, nem te desampararei", e cumprirá isso.

Caros amigos, gostaria de falar, mais uma vez: *essa promessa não impede nosso sofrimento*, nem nossa morte, e talvez nem de ter uma morte muito triste e terrível, como os homens julgam. Deus nunca deixou Paulo, mas eu vi o local onde a cabeça desse apóstolo foi decapitada pelo carrasco. O Senhor nunca deixou Pedro, mas ele, como seu Mestre, acabou morrendo crucificado. O Senhor jamais deixou os mártires, mas eles tiveram que cavalgar para o Céu em carros de fogo. O Senhor nunca deixou Sua Igreja, mas muitas vezes a Igreja do Senhor foi pisada como a palha é pisada para o monturo; o sangue da Igreja foi espalhado por toda a Terra e ela parecia estar totalmente destruída. Ainda assim, você sabe, a história da Igreja de Cristo é apenas outra ilustração do meu texto. Deus não a deixou, nem a abandonou; nas mortes de Seus santos, não lemos derrota, mas vitória. À medida que um por um partia — estrelas deixando de brilhar aqui na Terra —, eles brilharam com brilho dez vezes maior no Céu por causa das nuvens pelas quais passaram antes de alcançarem suas esferas celestes. Amados, talvez tenhamos de gemer no Getsêmani, mas Deus não nos deixará; talvez tenhamos que morrer no Gólgota, mas Ele não nos abandonará. Ressuscitaremos e, como nosso Mestre triunfou sobre a morte, da mesma forma alcançaremos o Seu trono por meio de grandes sofrimentos e das mais terríveis derrotas.

4. Preciso seguir adiante e ter sua atenção por alguns instantes sobre um quarto ponto, que é este: *o que esse texto significa então, se toda essa provação pode acontecer conosco?*

Primeiro, para aqueles que se apropriam do texto, significa que *seu trabalho não é em vão*; segundo, que *você não será abandonado*.

"Eu não te deixarei." *Seu trabalho no Senhor não será em vão.* O que isso significa? É a grande obra de pregar o evangelho a milhares? Deus não o abandonará nisso. Lembro-me de como há 20 anos eu estava pregando o evangelho com a simplicidade do meu coração, e isso causou alguma agitação, mas alguns homens intelectuais não deram importância e disseram que tudo terminaria em seis meses. Continuamos, não foi? Aos poucos, quando tínhamos uma multidão ainda maior nos ouvindo, diziam que era "um entusiasmo passageiro, uma espécie de espasmo religioso", que tudo terminaria como um mero fogo em palha. Eu me pergunto onde esses "profetas" estão agora. Se houver algum deles aqui, espero que se sintam confortáveis com a profecia não cumprida, que agora podem estudar com algum grau de satisfação. Milhares na Terra e centenas no Céu podem dizer o que Deus fez. Querido irmão, é em outro tipo de trabalho que você está engajado? Um esforço muito silencioso, discreto e despercebido? Bem, não deveria me surpreender que alguém ou outra pessoa zombe disso, o mínimo que seja. Dificilmente há um Davi no mundo sem um Eliabe para zombar dele[49]. Continue, irmão! Apegue-se a isso, continue trabalhando, trabalhe com afinco, confie em seu Deus e seu trabalho não falhará. Ouvimos falar de um ministro que, durante um longo ano de diligente ministério, conseguiu ganhar apenas um irmão para sua igreja — apenas um, algo um tanto triste para ele; mas aquele convertido por acaso era Robert Moffatt[50], e ele valia por mil de nós. Persevere! Se você trouxer apenas *um* a Cristo, quem estimará o valor deste um? Sua classe tem poucos alunos agora; pode parecer que Deus não está trabalhando. Ore sobre isso, chame mais alunos e ensine melhor, e, mesmo que você não veja um crescimento imediato, não acredite que isso é um fracasso. Jamais um verdadeiro sermão

---

[49] Referência a 1 Samuel 17:28.

[50] Missionário escocês na África, tradutor bíblico e sogro de David Livingstone.

do evangelho que foi pregado com fé e oração fracassou. Desde o dia em que Cristo, nosso Mestre, pregou o evangelho pela primeira vez, atrevo-me a dizer que nunca houve até hoje uma verdadeira oração que falhou, nenhuma verdadeira declaração do evangelho feita com um espírito reto que caiu por terra sem prosperar de acordo com a vontade do Senhor. Prossiga, irmão, pois tanto na guerra celestial quanto na terrena, cada disparo conta, "cada projétil tem seu alvo"[51].

Ademais, *você não será abandonado*, pois seu Amigo celestial disse: "Não te deixarei, nem te *desampararei*". Você não ficará sozinho ou sem um ajudante. Você está pensando no que fará na velhice. Não pense nisso: pense no que Deus fará por você na velhice. Ó, mas você diz que sua grande necessidade e longa doença desgastarão seus amigos. Talvez você enfade seus amigos, mas não a Deus, e Ele pode levantar novos ajudantes se os antigos o deixarem. Ó, mas suas enfermidades são muitas e logo o esmagarão; você não pode viver muito nessas circunstâncias. Muito bem, então você estará no Céu, e isso é muito melhor. Contudo você teme uma doença dolorosa. Pode nunca acontecer, e, supondo que venha a acontecer, lembre-se do que virá com isso: "O Senhor o assiste no leito da enfermidade..." (Sl 41:3). "Nunca te deixarei, nem te desampararei" — assim diz a promessa. "Não temas, porque eu sou contigo; não te assombres, porque eu sou o teu Deus..." (Is 41:10); "Porque os montes se retirarão, e os outeiros serão removidos; mas a minha misericórdia não se apartará de ti, diz o Senhor, que tem misericórdia de ti" (Is 54:10). Você não estará sozinho. Você não deve retorcer as mãos em desespero e, por sentir-se extremamente

---

[51] Provérbio inglês.

infeliz, dizer: "Sou como o pelicano no deserto" — totalmente abandonado — "como a coruja das ruínas" (Sl 102:6). O poderoso Deus de Jacó não abandona os Seus.

5. Isso me leva ao último ponto, que é este: *por que podemos ter certeza de que essa promessa se cumprirá para nós?*

Primeiramente, podemos ter certeza porque é a promessa de Deus. Alguma promessa de Deus já caiu por terra? Existem pessoas no mundo que nos desafiam continuamente e dizem: "Onde está o seu Deus?" (Sl 79:10). Eles negam a eficácia da oração; eles negam as manifestações da Providência. Bem, não me admira que as neguem, visto que a maior parte dos cristãos não percebe a resposta da oração nem a intervenção da Providência, por essa razão não vivem à luz da face de Deus ou pela fé. Mas o homem que anda pela fé dirá a você que ele percebe a providência divina e nunca há falta de Providência para ser percebida. Ele dirá que percebe as respostas às suas orações e nunca fica sem uma resposta a elas. O que é um assombro para os outros torna-se um fato comum da vida cotidiana para o crente em Cristo. Se Deus deu Sua palavra: "Não te deixarei, nem te desampararei", creiamos nela, pois:

Quão poderosa é Tua palavra de graça,
Ao som de Tua voz o céu se formou;
Com uma palavra estrelas criou,
Quão preciosas são Tuas promessas.[52]

---

[52] Tradução livre de uma das estrofes do hino *Begin, my tongue, some heavenly theme*, de Isaac Watts (1674–1748).

Tenha certeza de que, se um homem for chamado para fazer a obra de Deus, Ele não o deixará, pois *abandonar seus servos não é a conduta do Senhor*. Davi, no dia tenebroso de seu pecado, ordenou a Joabe que colocasse Urias, o hitita, na linha de frente da batalha e o deixasse ali para morrer pelas mãos dos filhos de Amom. Não foi cruel? Foi vil e traiçoeiro até o último grau. Você pode suspeitar do Senhor quanto a algo tão indigno? Deus nos livre! Minha alma sabe o que é suplicar ao Senhor meu Deus desta maneira: "Senhor, Tu me colocaste em uma posição difícil e me deste um serviço para realizar muito além da minha capacidade. Eu nunca cobicei este sublime lugar, e se não me ajudas agora, por que me colocaste aqui?". Sempre achei esse argumento prevalecente com Deus. Ele não empurrará Seus servos para conflitos severos e depois os deixará.

Além disso, lembre-se de que *caso os servos de Deus falhem*, se eles forem realmente servos de Deus, *o inimigo exultará e se gabará contra o próprio Senhor*. Essa foi a grande questão com Josué dias depois. Ele disse: "Ouvindo isto os cananeus e todos os moradores da terra, nos cercarão e desarraigarão o nosso nome da terra; e, então, que farás ao teu grande nome?" (Js 7:9). Se o Senhor levanta Lutero, e não o ajuda, então não é Lutero que falha, e sim o próprio Deus, segundo a concepção humana. Se o Senhor envia um homem para dar testemunho de uma verdade e o testemunho desse homem falha totalmente, então na avaliação dos homens é a verdade que falha; consequentemente, a desonra é lançada sobre Deus e Sua verdade, e Ele não aceitará isso. Se o Senhor usar o instrumento mais fraco, Ele rirá para desdenhar de Seus adversários por meio dele, e eles jamais dirão que o Senhor foi vencido.

Ademais, se Deus o levantou, meu irmão ou irmã, para você cumprir um propósito divino, *você acha que Ele será derrotado?* Alguma vez algum de Seus desígnios foi frustrado? Já ouvi pregadores falarem sobre Deus sendo derrotado pelo livre-arbítrio do homem e desapontado pela depravação do homem, e tudo mais. Mas esse Deus aí não é o meu Deus. Meu Deus é aquele que faz e sempre fará Sua vontade; que, quando projeta algo, realiza. Ele é o Deus a cuja onipotência ninguém pode resistir, a respeito de quem se pode dizer: "Não há quem lhe possa deter a mão, nem lhe dizer: Que fazes?" (Dn 4:35). O Deus poderoso de Jacó coloca Sua mão em um desígnio e o executa com a mesma certeza com a qual começa; a fraqueza do instrumento em Sua mão não o impede, nem a oposição de Seus inimigos o detém. Apenas acredite nele, e, imperfeito como você é, fará maravilhas e, na sua fraqueza, a força de Deus será glorificada.

Além do mais, meus irmãos, se confiamos em Deus e vivemos para Deus, *Ele nos ama muito para nos deixar.* Não é como se fôssemos párias, indigentes e forasteiros — tropas de mercenários que o príncipe contrata e deixa para serem despedaçados; não, nós somos Seus próprios filhos amados. Deus vê a si mesmo em todos os Seus servos. Ele vê neles os membros do corpo de Seu Filho amado. O menor deles lhe é precioso como a menina de Seus olhos e amado como Sua própria alma. É inimaginável que o Senhor colocaria um fardo sobre os ombros de Seus próprios filhos sem dar-lhes força para suportá-lo, ou os enviaria a trabalhos para os quais não lhes daria os recursos adequados. Ó fiéis, descansem no Senhor. "Descansa no SENHOR e espera nele" (Sl 37:7), pois Ele aparecerá em seu socorro. Ele não disse: "Não te deixarei, nem te desampararei"?

Como eu tenho trazido banha e gordura[53] da Palavra, tenho pensado em alguns de vocês, pobres almas, que desta Palavra não podem comê-la ou ter parte nela. Estou feliz em vê-los aqui, especialmente numa noite de quinta-feira, pois nem todos os não convertidos participam desses cultos durante a semana. Vocês devem ter fome dessas iguarias, ou não estariam aqui em grande número. Espero que suas bocas estejam salivando depois de tantas coisas boas desta aliança. Espero que, ao ver as promessas de Deus sobre a mesa e como elas são ricas, você diga a si mesmo: "Senhor, eu tenho parte nelas?". Ó, pobre alma, se Deus lhe dá apetite, só posso dizer que a comida é de graça para você. Se você deseja que Deus seja o seu Ajudador — se realmente deseja ser salvo por Cristo — venha, você é bem-vindo, pois você é a alma que Ele anela abençoar. Se seu desejo por Deus é pequeno, Ele tem um enorme anseio por você. Se você o deseja, isto é apenas o início, pois Ele o deseja há muito tempo. Venha até Ele, descanse nele, aceite a expiação que Seu Filho realizou, comece uma vida de fé com verdadeira seriedade, e você descobrirá que tudo o que eu expus é verdade. No entanto, a verdade completa é muito superior, pois você dirá, como a rainha de Sabá quando viu a glória de Salomão: "Eis que não me contaram a metade..." (1Cr 9:6). Bendito seja o Senhor para sempre, que ensinou meu pobre coração a confiar no Soberano, a viver de acordo com realidades invisíveis e a descansar no Deus fiel! Não há paz ou alegria como essa, ou digna de ser mencionada no mesmo dia. Que Deus conceda isso a cada um de vocês, amados, por amor ao Seu santo nome. Amém.

---

[53] Conforme Salmo 63:5.

8

GIDEÃO:
O SONHO COM O PÃO DE CEVADA[54]

Chegando, pois, Gideão, eis que certo homem estava contando um sonho ao seu companheiro e disse: Tive um sonho. Eis que um pão de cevada rodava contra o arraial dos midianitas e deu de encontro à tenda do comandante, de maneira que esta caiu, e se virou de cima para baixo, e ficou assim estendida. Respondeu-lhe o companheiro e disse: "Não é isto outra coisa, senão a espada de Gideão, filho de Joás, homem israelita. Nas mãos dele entregou Deus os midianitas e todo este arraial". —Juízes 7:13-14

Os midianitas estavam devastando a terra de Israel. Essas tribos itinerantes, propositadamente, mantinham-se

---

[54] Sermão nº 1873, ministrado na manhã de domingo, dia do Senhor, 22 de novembro de 1885, no *Metropolitan Tabernacle*, Newington.

afastadas durante os tempos de arar e semear e permitiam que os desamparados habitantes sonhassem que seriam capazes de fazer uma colheita. No entanto, assim que começava a brotar algo comestível pelo homem ou animal, essas hordas de beduínos surgiam como gafanhotos e devoravam tudo. Imagine um país como Israel, que já fora poderoso, agora tão reduzido a ponto de ser incapaz de resistir a esses guerreiros do deserto; tão humilhados que as cidades e aldeias ficaram vazias, e os habitantes esconderam-se nas encostas, nos cursos de água e nas enormes cavernas rochosas. Deus os havia abandonado por seus pecados e, portanto, sua própria varonilidade os havia deixado, e eles se esconderam dos inimigos, a quem, em dias melhores, haviam desprezado.

No seu limite, a nação culpada começou a clamar a Jeová, seu Deus, e a resposta não demorou muito. Um anjo apareceu a Gideão e anunciou-lhe que o Senhor entregaria os midianitas em suas mãos e que ele os destruiria como se fossem apenas um homem. Gideão foi um homem de grande fé: seu nome fulgura entre os heróis da fé na galeria de Hebreus 11, e você e eu faremos bem se alcançarmos o mesmo nobre patamar de fé que ele teve. Mas, apesar de tudo, o melhor dos homens são os homens no seu melhor; e homens de forte fé são frequentemente homens de fortes conflitos; assim era com Gideão. A grande fé e a grande fraqueza de fé desse homem mostraram-se no desejo pela busca de sinais. Uma vez que estivesse seguro de que Deus estava com ele, Gideão não temeria, ao contrário, se apressaria para a batalha, sendo o mais valente entre todos. Com alguns homens, ele estaria bem-preparado para enfrentar uma multidão de adversários, mas anelava por um sinal. E repetidamente ele pede por isso. A pergunta inquietante parece ser constantemente recorrente a ele: "Se o SENHOR é conosco, por que nos sobreveio tudo isto? E que é feito de todas as suas maravilhas que nossos pais nos contaram, dizendo: Não nos fez o SENHOR subir do Egito?" (Jz 6:13). Daí sua frequente oração: "Se, agora, achei mercê diante dos teus olhos, dá-me um sinal..." (v.17). Ele começou assim, e esse mau começo influenciou toda a sua carreira. Conheci muitas pessoas como este filho de Joás. Elas dizem: "Deixe-me saber que Deus está comigo e meu medo desaparecerá", mas sua pergunta constante é: "O SENHOR está comigo? Jesus é meu e eu sou dele? Permita-me apenas saber que sou um verdadeiro cristão e estarei convicto de que não perecerei, pois Deus não abandonará os Seus; mas então, eu sou um crente em Jesus? Tenho as marcas e evidências de um filho de Deus?". Daí a prática do rígido autoexame e, portanto, também o hábito enfraquecedor de ansiar por sinais e sentimentos. Quantos estão bradando: "Já não vemos os nossos sinais..." (Sl 74:9 NAA), "...vemos, todavia [...] Jesus...". Quantos estão orando: "Mostra-me um sinal do teu favor..." (Sl 86:17), sendo que o Senhor Jesus já se entregou por eles e, assim, deu o melhor sinal de Sua graça?

Assim aconteceu a Gideão, pois o Senhor, conhecendo sua fome por sinais e ao mesmo tempo a sinceridade de sua fé, ordenou-lhe, na noite da grande batalha na qual derrotaria Midiã, que descesse ao acampamento com seu servo como um espião. Ali ele receberia um sinal do favor de Deus, que efetivamente acalmaria todos os seus temores.

Imagino Gideão e seu servo descendo a colina, rastejando no silêncio da noite, quando o acampamento estava mergulhado no sono. Era quase o fim da primeira vigília e logo deveriam trocar a guarda. Os dois homens valentes aproximaram-se dos piquetes com passos furtivos e chegaram a passar pelas sentinelas. Como um velho hábito, eles aprenderam a não fazer mais barulho com seus passos, como se fossem gatos. À medida que avançam, eles se aproximam de alguns homens que estão conversando e ouvem a conversa deles. Não sabemos se eles estavam dentro da tenda, deitados em suas camas, ou se eles estavam sentados perto da fogueira do acampamento durante a última meia hora de sua exaustiva vigília, mas lá estavam eles, e Gideão segurou a respiração para ouvir a conversa. Um deles disse a seu colega que havia sonhado com algo e começou a contá-lo. Então o outro arriscou uma interpretação, e Gideão deve ter ficado pasmo quando ouviu seu próprio nome ser mencionado e seu sucesso prenunciado. Você não o vê com olhos lacrimejantes e mãos entrelaçadas, adorando a Deus em silêncio? Sua segurança transborda e, gesticulando para seu servo, eles fogem pelas sombras e sobem silenciosamente a colina até o lugar onde o pequeno bando de 300 homens estava escondido. Eles olham para baixo, para o acampamento adormecido, e Gideão brada: "Levantai-vos, porque o Senhor entregou o arraial dos midianitas nas vossas mãos" (Jz 7:15). Obedientes ao seu líder, eles descem com suas trombetas e com as tochas acessas escondidas em cântaros vazios. Dado o sinal, eles quebram os cântaros, revelam as luzes, tocam as trombetas e gritam: "...Espada pelo Senhor e por Gideão!" (v.20). Imaginando que um enorme exército está vindo sobre eles, as tribos do deserto correm para salvar suas vidas e, na escuridão, atacam uns aos outros. Midiã está espalhado; Israel está livre.

Em silenciosa reflexão, vamos agora interpretar o papel de espiões. Com todo o nosso juízo, vamos abrir caminho entre os adormecidos e ouvir o tal sonho e sua interpretação.

1. O primeiro fato que trarei à sua observação é *a impressionante providência* que deve ter revigorado Gideão.

Enquanto Gideão e seu servo Pura aproximavam-se silenciosamente até a tenda, um midianita estava contando um sonho cuja interpretação seria muito propícia a Gideão. Pode soar algo pequeno, mas certos acontecimentos não deixam de ser maravilhosos por parecerem insignificantes. O microscópio revela um mundo de maravilhas tão surpreendente quanto aquilo que podemos ver pelo telescópio. Deus é tão divino nos pequenos detalhes como nos de proporções extraordinárias, tão glorioso no sonho de um soldado como no voo de um serafim.

Agora observem, primeiramente, a providência de Deus, que fez o homem sonhar naquele exato momento e que fosse um sonho em particular. A terra dos sonhos é o caos, mas a mão do Deus da ordem está aqui. Que coisas estranhas e românticas são nossos sonhos! Fragmentos disso e pedaços imperfeitos daquilo, estranhamente unidos de maneira absurda.

Quantas monstruosidades em nosso sonho podemos ver,
Que nem foram, nem são, nem jamais poderão ser! [55]

No entanto, observem que Deus segura o cérebro desse árabe adormecido em Suas mãos e o impressiona da maneira que lhe apraz. Os sonhos geralmente vêm de pensamentos anteriores; veja então a providência que levou a mente desse

---
[55] Tradução livre de versos do poema *Dreams*, de John Dryden (1631–1700).

homem a colocar o pão no forno e assá-lo. O Senhor o prepara quando está acordado para sonhar apropriadamente quando estiver dormindo. Deus é onipotente no mundo da mente, bem como no da matéria: Ele o governa quando os homens estão acordados e não perde Seu poder quando eles dormem. Os pagãos atribuíam os sonhos a seus deuses. Há um relato que diz que:

Palas
Pôs fim a seu cansaço derramando sono
Sobre seus olhos, desfechando as caras pálpebras.[56]

Tênue como o ar, inconstante como o vento, a matéria de que são feitos os sonhos é a vaidade das vaidades; e ainda assim o Senhor a modela de acordo com Sua própria boa vontade. O homem deve sonhar, e deveria ser naquele exato momento e precisamente aquele sonho que transmitiria confiança e coragem para Gideão. Acreditem: Deus não está dormindo quando nós dormimos; Ele não está sonhando quando nós sonhamos. Eu admiro a providência de Deus nisso, e vocês? Não é incrivelmente bem ordenado que tal homem sonhe, e com isso declare uma verdade tão profunda como qualquer outro princípio da filosofia?

Além disso, não posso deixar de admirar o fato *que o homem foi movido a contar seu sonho a seu companheiro*. Não é todo mundo que conta seu sonho à noite; a maioria geralmente espera até de manhã. Mesmo que às vezes sejamos indevidamente tolos, outras vezes somos cautelosos o suficiente para

---

[56] Versos finais do Livro V da obra *Odisseia*, de Homero (Tradução de Trajano Vieira).

não nos apressarmos em contar visões tão desconexas como a que esse árabe acabara de ter. O que havia em tal visão? Sem dúvida, esse filho do deserto teria dito muitas vezes: "Eu tive um sonho — e está muito além da sabedoria humana para dizer seu significado". Mas dessa vez ele não consegue se livrar das imagens. Elas o atormentam, e ele conta a seu companheiro perto da fogueira. Olhem o rosto de Gideão enquanto ele escuta cada sílaba.

Agora, se essa atitude de contar o sonho tivesse sido arranjado por uma autoridade militar e fosse parte de um plano para que Gideão estivesse presente no momento exato para ouvi-lo, teria sido um fracasso, de uma forma ou de outra. Se o homem soubesse que tinha alguém ouvindo, ele poderia não ter sido tão pontual em sua narrativa; mas ele não sabia nada sobre ser ouvido e, ainda assim, foi pontual como o tique-taque de um relógio. Deus governa as línguas ociosas dos homens, bem como seus cérebros sonhadores, e Ele pode fazer um soldado tagarela no acampamento dizer tanto e tão pouco conforme servirá aos propósitos da sabedoria. É notável que *o homem tenha contado seu sonho exatamente quando Gideão e seu servo Pura se aproximaram*. Pense um minuto nas muitas chances contra tal fato. Estamos na ladeira da colina e descemos entre as árvores e as grandes rochas até quase chegarmos às pastagens do vale. Ali repousam os midianitas em suas enfileiradas tendas escuras, e o silêncio do sono profundo está em tudo, exceto onde alguns mantêm uma vigília sonolenta. Por que Gideão vai para aquela parte específica do acampamento? Indo para lá, por que ele acabou no lugar específico onde dois homens estavam conversando? Se ele estivesse espionando o acampamento, naturalmente vagaria por onde houvesse mais silêncio, a fim de não ser descoberto, pois, se os guerreiros tivessem subitamente se levantado e apanhado suas lanças, esses dois espiões teriam pouca chance de viver. Foi admirável que, entre inúmeras tendas, Gideão se aproximasse exatamente daquela em que estavam as duas sentinelas acordadas e que ele chegasse exatamente quando falavam um com o outro sobre Gideão, filho de Joás, um homem de Israel. Considerando que havia milhares de outras coisas sobre as quais eles poderiam ter falado, e considerando que havia milhares de outras pessoas sobre as quais Gideão poderia ter escolhido, não havia muitas chances de ele ouvir aquela singular conversa, e não hesito dizer que havia o dedo de Deus nisso. Se esse fosse apenas um único exemplo da precisão da providência divina, poderia não nos surpreender tanto, mas a história está repleta de tais exemplos: não me refiro apenas à história pública, mas à nossa vida privada. Às vezes, os homens constroem artefatos delicados em que tudo depende do toque de uma certa peça em um certo momento, e sua maquinaria é organizada para que nada falhe. Agora, foi nosso Deus quem orquestrou toda a história dos homens, e os anjos e as regiões dos mortos, pois cada evento ocorre no momento certo, dando consequência a outro evento, que produz um terceiro, e todas as coisas cooperam para o bem.

Acho que, se eu fosse Gideão, teria dito a mim mesmo: "Não me alegro tanto com o que esse sonhador diz, mas sim com o fato de ele ter contado seu sonho quando eu estava à espreita perto dele. Vejo a mão do Senhor nisso, e sou fortalecido por essa visão. Na verdade, percebo que o Senhor opera todas as coisas com uma sabedoria infalível e nunca falha em Seus desígnios. Aquele que dispôs esse plano pode coordenar todas as outras coisas". Ó filho de Deus, quando você está perturbado é porque se imagina sozinho, mas você não está; o eterno Trabalhador está com você. Preste atenção, e você ouvirá a rotação daquelas rodas inigualáveis que estão eternamente girando de acordo com a vontade do Senhor. Essas rodas são gigantes e espantosas, mas se movem em sincronia constante, todas estão "cheias de olhos ao redor" (Ez 1:18; 10:12). Seu curso não é uma rota cega de um carro gigante, mas os olhos veem, olham para o fim e para tudo o que surge dentro do circuito dessas rodas. Ó, que uma gotícula do colírio celestial toque nossos olhos para que possamos perceber a presença do Senhor em todas as coisas! E então nós veremos a montanha repleta de cavalos e carros de fogo ao redor dos profetas do Senhor[57]. As estrelas em seus caminhos estão lutando pela causa de Deus. Nossos aliados estão em todo lugar, e Deus os chamará na hora certa.

2. Agora, em segundo lugar, quero dizer algo a vocês sobre *o fortalecimento que Gideão encontrou em algo insignificante*.

Era um sonho, portanto, algo de pouca importância, e mesmo assim, Gideão foi fortalecido por ele. Ele foi consolado pelo sonho de um nômade, um simples sonho. Ele se animou com uma estranha história de um pão de cevada que havia derrubado uma tenda. É muito curioso que alguns dos servos de Deus extraiam tanto fortalecimento de coisas relativamente corriqueiras. Somos criaturas de emoção e de

---

[57] Referência a 2 Reis 6:17.

razão, portanto, muitas vezes somos fortemente afetados por coisas pequenas. Gideão alegra-se com o sonho de um pão de cevada. Quando Robert Bruce[58] foi repetidamente derrotado em batalha, desesperou-se para ganhar a coroa da Escócia. Porém, quando ficou escondido no sótão entre o feno e a palha, viu uma aranha tentando completar sua teia após ele romper aquele fio várias vezes. Ao ver o inseto começar de novo, e de novo, até que completasse sua teia para capturar sua presa, ele disse a si mesmo: "Se esta aranha persevera e triunfa, então eu perseverarei e terei êxito". Pode não haver qualquer relação real entre uma aranha e um aspirante a um trono, mas o coração corajoso fez uma associação, e assim o homem se animou. Se você e eu apenas olharmos ao nosso redor, embora os adversários de Deus sejam tantos quanto gafanhotos, ainda assim encontraremos consolo. Eu ouço os pássaros cantando: "Alegrem-se", e as árvores sem folhas nos convidam a confiar em Deus e viver, não obstante todos os sinais visíveis de vida tenham murchado. Se um sonho foi o suficiente para encorajar Gideão, um fato cotidiano da natureza pode ter o mesmo propósito para nós.

Entretanto é uma pena que precisemos de pequenas coisas para nos alegrar, quando temos motivos muito mais importantes para nos sentirmos contentes! Gideão já havia recebido a palavra do próprio anjo de Deus: "Já que eu estou contigo, ferirás os midianitas como se fossem um só homem" (Jz 6:16). Isso não era o suficiente para ele? Como o sonho de um rapaz pode confortá-lo mais que a própria Palavra de Deus? Ó filho de Deus, como você rebaixa a si mesmo e a Palavra de seu

---

[58] Rei da Escócia que libertou a nação do poderio inglês.

Mestre ao dar tanta importância a um pequeno sinal! A promessa do seu Senhor é pouco aos seus olhos? Que promessa de amor mais segura você deseja do que o sangue de Jesus derramado por você? Quando Jesus diz: "Em verdade, em verdade vos digo…" (Jo 5:24), o que mais você pode exigir? A Palavra do Senhor não é a verdade absoluta? Que selo você quer que se coloque naquilo que Deus escreve? O Senhor pode conceder mais sinais para o nosso bem, mas não devemos exigi-los.

Já disse que nosso gracioso Deus nos concede, permissivamente, até frivolidades, quando vê que tal coisa nos alegrará; e isso, creio eu, exige uma gratidão adoradora e o uso prático desse consolo. Deus nos concede graça para fazer coisas grandiosas, como resultado daquilo que, para outros, pode parecer insignificante. Não façamos uma cama de preguiçoso com tais sinais, mas nos apressemos para a luta, assim como Gideão o fez. Se vocês receberam um vislumbre de consolo, apressem-se para o conflito antes que as nuvens voltem; vão para o seu consagrado trabalho antes que percam o fervor do seu espírito. Que o Espírito Santo os guie a fazer isso.

3. Fui breve anteriormente, pois quero que vocês observem este terceiro ponto: *a descoberta animadora.*

Gideão percebeu uma providência surpreendente, recebeu uma frivolidade cômoda, mas também fez uma descoberta muito animadora: o inimigo sonhou com o desastre. Às vezes, eu e você pensamos nas hostes do mal e tememos jamais vencê-los, porque eles são muito fortes e inabaláveis. Ouça: nós os superestimamos. Os poderes das trevas não são tão fortes quanto parecem. Os infiéis e os hereges mais sutis são apenas homens,

homens maus, que, no fundo, são homens fracos. Vocês se preocupam porque, nesta guerra, vocês não são anjos, contudo sintam-se consolados ao saberem que os adversários da verdade também são homens. Às vezes, vocês ficam em dúvida, e eles também. Vocês se desesperam para alcançar a vitória; eles também. Às vezes, se sentem pressionados; eles também; às vezes, sonham com o desastre; eles também. É natural que os homens temam, e, quanto aos homens maus, é duplamente natural. Deve ter sido um grande conforto para Gideão pensar que os midianitas sonharam com ele e que esses sonhos eram aterrorizantes. Ele não pensava muito de si mesmo; considerava-se o menor de toda a casa de seu pai e que esta era pequena em Israel, mas os inimigos de Israel haviam feito outra avaliação de Gideão. Evidentemente, eles tinham a noção de que Gideão era um homem valente, a quem Deus poderia usar para golpeá-los, e estavam com medo dele. Aquele que interpretou o sonho usou o nome de "Gideão, filho de Joás", claramente sabendo muito mais sobre Gideão do que este esperava. Disse o soldado: "Não é isto outra coisa, senão a espada de Gideão, filho de Joás, homem israelita. Nas mãos dele entregou Deus os midianitas e todo este arraial" (Jz 7:14). Observe como suas palavras coincidem com as que o Senhor falou a Gideão. O inimigo começara a sonhar e a ter medo daquele que agora ouvia sua conversa. Um pavor do Senhor apoderou-se deles. Vamos dizer a nós mesmos: "Por que devemos ter medo dos pecadores? Eles têm medo de nós". Outro dia, um homem cristão estava com medo de falar sobre seu Senhor a alguém que conheceu. Teve muita dificuldade em criar coragem para falar para um cético, mas, depois de falar, descobriu que o cético sempre teve medo de que falassem com ele. É uma pena quando trememos diante daqueles que tremem por nossa causa. Por falta de fé em Deus, tornamos nossos inimigos maiores do que eles de fato são.

Contemple a multidão de duvidosos, hereges e blasfemos que, atualmente, surgem diante dos herdeiros de Israel, famintos por conta de seus desertos de racionalismo e ateísmo! Eles estão devorando todo o milho da nação. Eles lançam dúvidas sobre todas as verdades de nossa fé. Mas não precisamos temê-los, pois, se ouvíssemos suas confissões secretas, perceberíamos que eles têm medo de nós. Seus ruídos de intimidação e seus constantes desdéns são sinais de um temor verdadeiro. Aqueles que pregam a cruz de nosso Senhor Jesus são o terror dos pensadores modernos. No fundo de seu coração, eles temem a pregação do antigo evangelho e odeiam aquilo que temem. Em suas camas, eles têm pesadelos com a vinda de algum evangelista para sua vizinhança.

Assim como o nome Ricardo é temido pelos sarracenos[59], esses intelectuais orgulhosos estremecem com o nome de Moody. Eles gostariam de poder deter aqueles companheiros calvinistas e os velhos antiquados evangélicos. Irmãos, enquanto o evangelho puro for pregado na Inglaterra, sempre haverá esperança de que esses bandoleiros ainda serão dispersos e a igreja se livrará de sua intrusão. Se o clamor claro e confiante da "espada do SENHOR e de Gideão" for ouvido mais uma vez, muito em breve o racionalismo, socinianismo[60], ritualismo e universalismo baterão em retirada.

---

[59] Ricardo I da Inglaterra (o "Coração de Leão") com seu exército resistiu aos ataques das forças muçulmanas até obter a vitória. "Sarracenos" era uma das formas usada pelos cristãos da Idade Média para designar genericamente os árabes ou os muçulmanos.

[60] Consiste na doutrina de Fausto Sozzini, a qual rejeitava a divina trindade e a divindade de Jesus.

Não há nada que um filho de Deus precise temer, seja na terra ou debaixo dela. Não acredito que, nas profundezas do inferno, possamos ouvir ou ver qualquer coisa que faça um crente no Senhor Jesus ter medo. Ao contrário, as notícias da obra que o Senhor tem realizado fazem o inimigo tremer. A bondade traz em sua inocência um escudo de coragem, mas o pecado leva à covardia. Aqueles que seguem a falsidade têm um conselheiro secreto dentro de si, que lhes diz que sua causa é fraca e que a verdade prevalecerá e predominará sobre eles. Deixe-os em paz; a batida do próprio coração deles os assustará. O Senhor vive, e, enquanto Ele viver, ninguém que confie em Sua palavra permitirá que seu coração falhe, "porque os montes se retirarão, e os outeiros serão removidos..." (Is 54:10), "a palavra do Senhor, porém, permanece eternamente..." (1Pe 1:25). Nossos adversários não são tão sábios, nem tão corajosos, nem tão influentes quanto pensamos que sejam. Apenas tenha coragem e confie em Deus, e você os vencerá. Davi, você não precisa temer o gigante por seu tamanho; a sua estatura apenas o tornará um alvo mais fácil à sua certeira pedra. Seu próprio tamanho é sua fraqueza; é difícil não perceber uma carcaça tão grande. Não tenha medo, mas vá de encontro a ele; o Senhor o entregou em suas mãos. Por que os servos do Senhor deveriam falar com dúvida quando o seu Deus promete a honra de que os ajudará? Mudemos nosso discurso e declaremos com o salmista: "Levanta-se Deus; dispersam-se os seus inimigos; de sua presença fogem os que o aborrecem. Tributai glória a Deus; a sua majestade está sobre Israel..." (Sl 68:1,34). Recebemos um reino que não pode ser abalado. Cremos na fé que uma vez foi dada aos santos e a exibiremos como um estandarte pela verdade. Ainda assim, este cântico será cantado em nossas habitações: "O Senhor deu a palavra, grande é a falange das mensageiras das boas-novas. Reis de exércitos fogem e fogem; a dona de casa reparte os despojos" (Sl 68:11-12).

4. Por último, e o mais importante, pensemos um pouco no *próprio sonho e em sua interpretação*.

Em seu sonho, o midianita viu um pão de cevada. Os pães de cevada não eram muito valorizados como alimento naquela época, não mais do que agora. As pessoas comiam cevada quando não podiam obter trigo; então devido à fome e a pobreza, restava-lhes este tipo de alimento. A farinha de cevada era mais uma comida para cães ou para gado do que para homens; portanto, o pão de cevada era o emblema de algo desprezado. Um pão de cevada geralmente era cozido numa espécie de forno. Um buraco era feito no chão e assoalhado com pedras; nele era ateado um fogo e, quando as pedras estavam quentes, uma fina camada de farinha de cevada era posta sobre elas, coberta com as cinzas e, assim, rápida e grosseiramente cozida. O pão em si era um mero biscoito. Você não deve interpretar o sonho como se ele falasse de um grande pedaço de pão de cevada caindo colina abaixo e destruindo a tenda com seu próprio peso. Não, era apenas um pão, isto é, um biscoito, da mesma forma e espessura que vemos nos bolos de Páscoa dos judeus. Pode ter sido um longo pedaço de crosta fina, e foi visto no sonho algo avançando e balançando no ar como uma espada. O "pão de cevada veio rolando para dentro do acampamento midianita" (Jz 7:13 NVT) até que se chocou contra a tenda do príncipe de Midiã e virou-a completamente, deixando-a desmontada. Talvez, impulsionado por um tremendo vento, este floco de pão de cevada cortou como uma navalha o mastro principal do pavilhão, e então, a tenda real veio a ruir. Essa foi a visão: um sonho esquisito, bem estranho, e seu companheiro respondeu: "O sonho significa grande dano para o nosso povo. Um daqueles comedores de pão de cevada das colinas logo estará diante de nós. Aquele homem, Gideão, de quem ouvimos falar ultimamente, pode vir sobre nós repentinamente e nos destruir". Essa era a interpretação: o pão de cevada destruiria o acampamento.

Agora, o que temos que aprender com isso é que *Deus pode agir de diversas maneiras*. Nunca lhe faltam instrumentos. Para Suas batalhas, Ele pode encontrar armas no forno, na amassadeira, e até na cesta de um homem pobre. O Onipotente tem servos em todos os lugares. Para a defesa de Sua causa, Deus pode alistar todas as forças da natureza, todos os elementos da sociedade, todos os poderes constituídos. Seu reino jamais será vencido, pois o Senhor pode defendê-lo até com pães que agora estão sendo cozidos na brasa. Gideão, que debulha o milho hoje, debulhará os inimigos do Senhor amanhã. Pregadores da Palavra estão sendo treinados em todos os lugares.

Deus pode usar os meios mais insignificantes. Ele pode usar um pão que uma criança poderia esmigalhar para destruir Midiã e subjugar seu terrível poder. Ó meus irmãos! Frequentemente, nós consideramos os meios a serem usados e esquecemos de ir em direção Àquele que os usará. Nós geralmente paramos nos meios e começamos a calcular sua força natural e, assim, erramos nosso alvo. A questão é ir além dos instrumentos e chegar até Deus, que usa os instrumentos. Ouvi dizer que uma vela de sebo disparada de um rifle pode perfurar uma porta. O poder de penetração não está na vela, mas na força que a impulsiona. Portanto, nesse caso, não foi o pão de cevada, mas o impulso do Todo-Poderoso que o empurrou para frente e o fez destruir o acampamento. Não somos nada, mas Deus conosco é tudo: "Faz forte ao cansado e multiplica as forças ao que não tem nenhum vigor" (Is 40:29).

Ao usar meios frágeis, nosso Senhor obtém para si toda a glória e abafa o orgulho dos homens. Logo no início do capítulo 7 de Juízes, o Senhor diz a Gideão: "É demais o povo que está contigo, para eu entregar os midianitas nas suas mãos; Israel poderia se gloriar contra mim, dizendo: A minha própria mão me livrou" (Jz 7:2). A opressão que estava sobre o povo de Israel era um castigo pelo pecado, e sua libertação seria um ato de misericórdia. Eles deveriam ser levados a ver a mão do Senhor, e não poderiam vê-la mais claramente do que sendo libertos por meios tão débeis. Por zelo a Sua própria glória, muitas vezes agrada a Deus deixar de lado os meios prováveis e usar aqueles que jamais consideraríamos.

Bem, eu sei como são as coisas hoje: as pessoas pensam que, se o mundo deve ser convertido, isso deve ser feito por homens eruditos, homens de família nobre, ou pelo menos de talento eminente. Mas essa é a maneira comum do Senhor? Há algo nos Atos dos apóstolos, ou na vida de Cristo, que deva nos levar a olhar para a sabedoria humana, talento ou prestígio? Não parece que tudo está na direção contrária? O mar da Galileia foi a universidade apostólica de Cristo. Deus não tem sempre agido de acordo com Sua própria declaração de que ocultou essas coisas dos sábios e instruídos e as revelou aos pequeninos?[61] Não é verdade que "Deus escolheu as coisas loucas do mundo para envergonhar os sábios e escolheu as coisas fracas do mundo para envergonhar as fortes; e [...] as coisas humildes do mundo, e as desprezadas, e aquelas que não são, para reduzir a nada as que são" (1Co 1:27-28)? Não estamos no caminho errado quando olhamos para os homens, para os meios e capacidades, em vez de considerarmos a destra do Altíssimo? Irmãos, nunca esqueçamos o que o Senhor disse: "Da boca de pequeninos e crianças de peito suscitaste força, por causa dos teus adversários, para fazeres emudecer o inimigo e o vingador" (Sl 8:2).

O Senhor usa meios ordinários e, desta forma, Ele inclui você e eu. Se Ele usasse apenas os notáveis, os sábios e os fortes, seríamos deixados de lado. Então, os servos que têm apenas um talento poderiam achar desculpas para escondê-lo, mas agora o menor entre nós pode, pela graça de Deus, aspirar à utilidade. Irmãos, não permitam que sua fraqueza os afaste da obra do Senhor: vocês são, pelo menos, tão fortes quanto pães de cevada. Descobri que o texto original sugere até um ruído, como o que é produzido por castanhas ou milho assando no fogo. O sonhador notou que se tratava de um pão barulhento que rolou sobre o acampamento midianita. Mais barulho do que força, alguém diria. Era como uma brasa que morre fora do fogo, faz uma pequena explosão e nunca mais se ouve falar dela. Assim, muitos dos servos mais úteis de Deus foram mencionados no início — mero entusiasmo passageiro, fogo de palha, muito barulho por nada, e assim por diante. E ainda assim, o Senhor fere Seus inimigos por meio de seus meios

---

[61] Conforme Mateus 11:25.

ordinários. Meu irmão, talvez você esteja sendo compelido a pregar fielmente o evangelho, e isso abriu a boca dos adversários, que estão indignados com o fato de um ninguém como você ser útil. "Ora, não há nada no sujeito. É puro atrevimento da parte dele supor que tem o direito de falar." Não dê importância a isso! Continue com seu trabalho para o Senhor. Não pare por ser uma pessoa humilde, pois Deus se agrada de usar servos como você.

Em tempo algum, seus adversários são humilhados de forma tão vergonhosa como quando o Senhor usa instrumentos ordinários. O Senhor feriu o exército de Jabim pela mão de uma mulher, e os filisteus pela mão de Sangar, o lavrador[62]. Foi para a repreensão eterna que o Senhor pôs Seus inimigos em derrota com cântaros e trombetas nas mãos do pequeno bando que seguia o debulhador de Abiezer. O Senhor pisará em Satanás brevemente, colocando-o debaixo de nossos pés — sim, sob nossos pés, que são menos que o menor de todos os santos.

Observem, a seguir, que *Deus usa meios inesperados*. Se eu quisesse destruir uma tenda, com certeza não tentaria derrubá-la com um pão de cevada. Se eu tivesse que acabar com um acampamento, não o bombardearia com biscoitos. No entanto, como Deus agiu de forma maravilhosa por meio de pessoas que passariam despercebidas por nós! Ó paganismo, sua força e energia gigantescas, com César à frente, serão vencidas pelos pescadores do mar da Galileia! Deus quis assim e assim foi feito. O papado de Roma enfrentou uma queda singular por causa de reformadores rudes em sua fala e de

---

[62] Conforme Juízes 3:31 e 4:17,21.

condições pobres. Espere o inesperado, porque assim o Senhor trabalha para chamar a atenção dos homens para o que Ele está fazendo. Se Ele faz o que os homens comumente esperam que aconteça, eles não prestam atenção em Seus atos, por mais esplêndidos que sejam; mas, se Ele se afasta e faz o que ninguém poderia esperar, então a atenção do homem é capturada, e eles consideram que a mão do Senhor está nisso. Assim, eles também o admiram e o temem. Uma tenda cair não parece ser nada, mas uma tenda ser derrubada ao ser golpeada por um pão de cevada é algo para se maravilhar. Salvar almas é notável em si, mas elas serem salvas por algum evangelista simples e inexperiente que mal consegue falar corretamente torna-se o assunto da cidade. O Senhor chamar um ladrão ou blasfemador e falar através de seus lábios é uma coisa que faz os homens sentirem a grandeza de Deus. Então eles clamam: "Quão insondáveis são [...] os seus caminhos!" (Rm 11:33). Um pecado que é eliminado e extirpado é uma coisa abençoada — e ainda é mais miraculoso quando é feito, não por raciocínio, nem por argumentação eloquente, mas pela simples declaração da verdade do evangelho. Ó senhores, nunca sabemos o que o Senhor fará a seguir. Das pedras de um rio, Ele pode levantar defensores da fé, e, assim, não me desespero pela grande causa. Não, eu tenho esperança contra toda esperança[63].

Por mais que tenhamos sido empurrados para trás, vejo os guerreiros multiplicando-se e a grama do campo se transformando em lanças. Coragem! Coragem! Aquietem-se e vejam o livramento de Deus!

---

[63] Expressão inglesa baseada no texto de Romanos 4:18, que significa continuar esperando por algo mesmo que pareça improvável de acontecer. Foi registrada pela primeira vez em 1813.

Porém o sonho tem mais do que isso: *Deus usa meios menosprezados*. Este homem, Gideão, é comparado apenas a um pão de cevada, mas o Senhor o chama de "homem valente". Deus gosta de pegar homens desprezados pelos outros e usá-los para Seus gloriosos fins. "Ele é um tolo", dizem eles, "um homem inculto, alguém da classe de raciocínio mais baixa. Não tem requinte, nem cultura, nem entendimento. Ele não é uma pessoa de instrução avançada". Meu querido irmão, espero que ninguém entre vocês seja influenciado por esse tipo de conversa tola. Os "galanteadores" em nossas igrejas falam dessa maneira, todavia quem se importa com seu orgulho absurdo? É hora de os homens que desprezam os outros serem desprezados e saberem que assim o são. Os que se vangloriam de seu intelecto são de pouca importância para Deus. Todo o teor do Livro inspirado é assim: fala bondosamente de coisas desprezadas, porém não tem nenhuma palavra de reverência para com os orgulhosos e os pretensiosos. Portanto, vocês que são desprezados, deixem os orgulhosos incrédulos rirem de vocês e cantar a respeito de vocês a canção de um pão de cevada, mas tenham domínio sobre sua alma e prossigam no serviço de seu Senhor. Eles pensam em torná-los desprezíveis, mas o desprezo voltará sobre os zombadores. Pela força do Senhor, vocês devem ter tamanha força e vigor depositados em vocês que colocará os exércitos dos estrangeiros em fuga. Digam com Paulo: "...Porque, quando sou fraco, então, é que sou forte" (2Co 12:10). "Não temais, ó pequenino rebanho; porque vosso Pai se agradou em dar-vos o seu reino" (Lc 12:32). "Derribou do seu trono os poderosos e exaltou os humildes" (Lc 1:52).

Ademais, *Deus sempre usa meios eficazes*. Esse pão de cevada atingiu a tenda, de modo que ela caiu e virou, deixando-a tombada no chão. O Senhor nunca faz Seu trabalho pela metade. Mesmo que Ele use pães de cevada, Ele derrota completamente Seu inimigo. Uma bala de canhão não poderia ter feito trabalho melhor do que esse pão de cevada fez. Amigo, se o Senhor o usar para Seus propósitos, Ele fará Seu trabalho por intermédio de sua vida de modo tão eficaz e seguro como se tivesse escolhido o melhor obreiro possível. Ele tira nossa fraqueza de nós mesmos e a eleva a um nível de poder e eficácia com o qual nem sonhamos. Portanto, não temam, servos de Deus, mas entreguem-se nas mãos daquele que, da fraqueza, pode gerar força.

Concluirei fazendo uma aplicação de tudo isso a certos propósitos práticos. Irmãos, vocês não acham que a destruição da tenda do comandante pelo pão de cevada, a destruição do exército dos midianitas pelos cântaros que foram quebrados, o acender das tochas e o soprar das trombetas tendem a nos confortar quanto aos poderes do mal que agora cobrem o mundo? Às vezes, fico alarmado ao pensar no poder do inimigo, tanto em matéria de impureza quanto de falsidade. Neste momento, parece que não podemos fazer nada; não podemos nos infiltrar para desferir um golpe. O pecado e o erro têm tanto domínio que não sabemos como atacá-los. Os dois grandes grupos na Inglaterra, os Puritanos e os *Cavaliers*[64], se revezam, e agora os *Cavaliers* governam com muito poder. Houve uma época que a sã doutrina e a prática sagrada dominavam, mas, nestes dias, o ensino frívolo e a vida fútil estão em primeiro plano. Contudo nosso dever

---

[64] Nome dado aos apoiadores do rei Charles I, durante a Guerra Civil Inglesa. Também chamados de realistas.

é claramente seguir a Palavra do Senhor e o evangelho de nossos pais. Deus nos livre de nos gloriarmos, "senão na cruz de nosso Senhor Jesus Cristo..." (Gl 6:14). Pela cruz, venceremos. A impureza deste século nunca será limpa, exceto pela prevalência do evangelho, e a infidelidade desta Era jamais será eliminada por qualquer investida, senão pela pura verdade do Deus vivo. Devemos falar do perdão comprado com sangue, do perdão gratuito segundo as riquezas da graça divina e do poder eterno que transforma a natureza humana decaída e torna os homens novas criaturas em Cristo Jesus. Eles chamam isso de doutrina ultrapassada, entretanto coloque tal poder à prova na mais elevada escala e veremos que o evangelho "...é o poder de Deus para a salvação de todo aquele que crê..." (Rm 1:16).

Quanto a mim, pregarei o evangelho da graça de Deus, tão somente isso, mesmo que eu seja ignorado. Os guerreiros de Israel estão diminuindo e diminuirão muito mais. Como nos dias de Gideão em que, de todos os guerreiros, 22 mil se afastaram totalmente da lealdade verdadeira à causa, e muitos outros não tiveram coragem para lutar. Deixe-os ir. Milhares e centenas deles. Que os 30 mil que vieram ao toque da trombeta sejam reduzidos a 300 homens que lambem a água apressadamente assim como fazem os cães, visto que estão ávidos pela luta. Quando formos reduzidos e forçados a ver como somos poucos, seremos lançados sobre o inimigo com um poder que não é nosso. Nossa arma é a tocha do evangelho puro, flamejando através do despedaçar de nossos cântaros terrenos. A isso, adicionamos a trombeta o som de uma voz impetuosa: "Eis o noivo!", esse é o nosso clamor da meia-noite. Não podemos obter a vitória por qualquer força ou habilidade nossa, mas, no final, o inimigo será derrotado e somente o Senhor será exaltado. Se as coisas fossem piores do que estão, ainda bradaríamos: "Espada pelo Senhor e por Gideão", e permaneceríamos cada um em sua posição até que o Senhor se manifestasse com poder.

Outra lição que eu extraio do texto está relacionada aos nossos conflitos interiores. Caro amigo, você está sentindo em seu coração o grande poder do pecado. Os midianitas estão acampados em sua alma; no pequeno vale de Esdrelon (Jezreel), que fica dentro do seu peito, existem inúmeros males que, como os gafanhotos, devoram tudo o que cresce e fazem com que o conforto, a força e a alegria escoem de sua vida. Você suspira por causa desses invasores. Aconselho que você experimente o que a fé pode fazer. Seus próprios esforços fervorosos parecem torná-lo pior; pratique a fé. Nem lágrimas, nem orações, nem votos, nem abnegação desalojaram o inimigo; use o pão de cevada da fé. Creia no Senhor Jesus Cristo. Nele você está salvo; nele você tem poder para se tornar filho de Deus. Acredite nisso e alegre-se! Pobre pecador, experimente a fé. Pobre desviado, experimente a fé. Pobre esmorecido herdeiro do Céu, experimente a fé. O pão de cevada da fé ferirá o poder do pecado, quebrará o domínio da dúvida e lhe trará a vitória. Lembre-se deste antigo versículo: "...invoca-me no dia da angústia; eu te livrarei, e tu me glorificarás" (Sl 50:15). Seja valente para acreditar. Diga de uma vez:

Eu creio, seguirei crendo
Que Jesus morreu por mim[65]

---

[65] Tradução livre do refrão do hino *There is a Fountain*, de William Cowper (1731–1800).

Este parece um meio muito simples de obter a vitória, tão simples quanto o pão de cevada assado em brasa — mas Deus o escolheu, e Ele o abençoará, e isso derrubará o trono de Satanás em seu coração e produzirá a santidade e a paz em sua vida.

Mais uma vez, ainda na mesma linha: vamos, caros amigos, provar continuamente o poder da oração pelo triunfo do evangelho e pela conquista da alma dos homens. A oração fará qualquer coisa — fará tudo. Ela enche os vales e nivela as montanhas. Por seu poder, os homens são elevados da porta do inferno à porta do Céu. O que será de Londres? O que acontecerá com as nações pagãs? Eu escuto uma série de planos, muito visionários e muito difíceis de realizar, mas deixei isso de lado. Resta aos crentes em Cristo senão um único plano, pois nosso Senhor assim o ordenou: "...Ide por todo o mundo e pregai o evangelho a toda criatura" (Mc 16:15). Portanto, devemos fazer isso e, ao mesmo tempo, clamar confiantemente a Deus por meio da oração para que Seu Espírito Santo acompanhe a proclamação da Palavra. Provemos cada vez mais o poder da oração, descansando na certeza de que o Senhor é capaz de "...fazer infinitamente mais do que tudo quanto pedimos ou pensamos..." (Ef 3:20). Que cada homem fique com a tocha flamejante da verdade em suas mãos e a trombeta do evangelho em seus lábios, e assim cerquemos o exército inimigo. Este é o nosso grito de guerra: Cristo e Sua obra na cruz! Deus nos livre de considerarmos qualquer outra coisa entre os homens, exceto a morte, o sangue, a ressurreição, o reinado, a vinda e a glória de Cristo. Não percamos a fé em nosso chamado, nem em nosso Deus, mas tenhamos a certeza de que o Senhor reina e Sua causa triunfará, pois "...onde abundou o pecado superabundou a graça" (Rm 5:20). Veremos dias melhores e mais brilhantes do que estes. Concede-nos isso, ó Senhor, por amor de Teu 'Filho. Amém.

9

SAMUEL:
UM EXEMPLO DE INTERCESSOR[66]

*Quanto a mim, longe de mim que
eu peque contra o S<small>ENHOR</small>, deixando de orar
por vós; antes, vos ensinarei o caminho
bom e direito.* —1 Samuel 12:23

É um grande privilégio poder orar por nossos semelhantes. A oração, no caso de cada indivíduo, deve começar, necessariamente, com uma petição pessoal, visto que, até que a própria pessoa seja aceita por Deus, ela não pode agir como um intercessor pelos outros; e nisso reside parte da excelência da oração intercessória, pois para a pessoa que a exerce corretamente é uma marca de graça interior e um sinal da bondade da parte do Senhor. Você pode ter certeza de que seu Rei o

---

[66] Sermão nº 1537, ministrado na manhã de domingo, dia do Senhor, 9 de maio de 1880, no *Metropolitan Tabernacle*, Newington.

ama quando permite que você fale com Ele em favor de seu amigo. Quando o coração se torna maior ao crer na súplica pelos outros, cessam todas as dúvidas sobre a aceitação pessoal diante de Deus. Aquele que nos incita a amar certamente nos deu esse amor, e que melhor prova de Sua benevolência nós desejamos? É um grande avanço quando superamos a preocupação por nossa própria salvação e nos levantamos dos limites do medo sobre nós mesmos para a região mais ampla de cuidado pela alma de um irmão. Aquele que, em resposta à sua intercessão, viu outros abençoados e salvos pode tomar isso como uma promessa do amor divino e regozijar-se na condescendente graça de Deus. Tal oração se eleva mais que qualquer petição para nós mesmos, pois somente aquele que usufrui do favor do Senhor pode aventurar-se a suplicar pelos outros.

A oração intercessória é um ato de comunhão com Cristo, porque Jesus intercede pelos filhos dos homens. Faz parte de Seu ofício sacerdotal interceder por Seu povo. Ele ascendeu às alturas para esse fim e exerce esse ofício continuamente além do véu. Quando oramos por nossos semelhantes pecadores, estamos em harmonia com nosso divino Salvador, que intercedeu pelos transgressores.

Muitas vezes, essas orações têm um valor indescritível para aqueles que as fazem. Muitos de nós devemos nossa conversão, se formos à sua raiz, às orações de certas pessoas piedosas. Em inúmeros casos, as orações dos pais têm servido para levar os jovens a Cristo. Muitos outros poderão bendizer a Deus pelos professores, amigos e pastores que intercederam por eles em oração. Pessoas anônimas, muitas vezes confinadas em seus leitos, frequentemente são o instrumento de salvação de centenas devido a suas contínuas súplicas a Deus.

O "memorial escrito" (Ml 3:16) revelará o valor desses anônimos, que são tão pouco notados pelos cristãos. Da mesma forma que o corpo é unido por nervos e tendões, veias e artérias, todo corpo de Cristo é convertido em uma unidade viva por orações mútuas: recebemos oração e, agora, oraremos pelos outros. Não apenas a conversão de pecadores, mas o bem-estar, a preservação, o crescimento, o conforto e a utilidade dos santos são abundantemente promovidos pelas orações de seus irmãos; por isso os apóstolos clamaram: "Irmãos, orai por nós" (1Ts 5:25). Aquele que personificava o amor de Cristo disse: "...orai uns pelos outros, para serdes curados" (Tg 5:16), e o nosso grande Senhor e Cabeça encerrou Sua carreira terrena com uma oração incomparável por aqueles que o Pai havia lhe dado.

A oração intercessória é um benefício para o homem que a exerce, e geralmente é um canal de conforto melhor do que qualquer outro meio da graça. O Senhor mudou a sorte de Jó quando ele orou por seus amigos. Mesmo quando tal oração não corresponde ao seu objetivo, ela tem seus resultados. Davi nos diz que orou por seus inimigos: "Quanto a mim, porém, estando eles enfermos, as minhas vestes eram pano de saco; eu afligia a minha alma com jejum", e acrescenta: "e em oração me reclinava sobre o peito" (Sl 35:13). Ele enviou sua intercessão, como a pomba de Noé, mas, como ela, não encontrou descanso para seus pés, e nenhuma bênção veio dela. Ela voltou para aquele que a enviou e trouxe consigo uma folha de oliveira arrancada, uma sensação de paz para seu próprio espírito, pois nada é mais tranquilizador para o coração do que orar por aqueles que nos maltratam e nos perseguem. As orações em favor de outros são agradáveis a

Deus e proveitosas para nós mesmos; não são palavras jogadas ao vento, ao contrário, têm um resultado garantido pelo fiel Promissor.

1. Então, vamos nos deter primeiramente ao *hábito de intercessão de Samuel*, pois isso era incontestável em sua vida.

Percebemos isso no texto. O próprio Samuel diz: "Quanto a mim, longe de mim que eu peque contra o SENHOR, deixando de orar por vós". É claro que ele tinha o hábito e a prática contínua de orar por Israel; ele não poderia falar em parar de orar se não tivesse continuado em oração até então. Samuel tornou-se tão arraigado no hábito de orar pelo povo que nem mesmo o pensamento de cessar sua intercessão foi cogitado. O povo, avaliando o profeta por eles mesmos, suspeitou de que Samuel ficaria irritado com eles e, portanto, lhes negaria suas orações; assim, "Todo o povo disse a Samuel: Roga pelos teus servos ao SENHOR, teu Deus, para que não venhamos a morrer" (1Sm 12:19). Eles valorizavam muito as orações do profeta e sentiam como se a vida pública deles, e talvez até a pessoal, dependesse das súplicas de Samuel. Assim, eles rogaram, como homens que imploravam por suas vidas, para que Samuel não parasse de orar por eles, e este respondeu: "Longe de mim que deixe de fazê-lo". Negar suas orações não parece ter passado pela sua mente. A meu ver, aquelas palavras demonstram que o profeta ficou espantado com a ideia, horrorizado e indignado com a sugestão — "O que eu, Samuel, eu que tenho sido servo de vocês desde a minha infância, desde o dia em que pus o pequeno manto sacerdotal e os esperei na casa do Senhor, eu, que vivi por vocês, que os amei e estava disposto a morrer a serviço de vocês, devo algum dia deixar de orar por vocês?", ele declara: "Longe de mim". É a expressão mais forte que se pode imaginar, e isso, junto com sua evidente surpresa, mostra que o hábito de intercessão do profeta estava enraizado, pois era constante, firme, perenal e uma parte de si mesmo.

Se você ler sobre a vida de Samuel, verá como de fato era assim. Ele nasceu de uma oração. Uma mulher abatida de espírito o recebeu de Deus e exclamou alegremente: "Por este menino orava eu..." (1Sm 1:27). Ele foi nomeado em oração, visto que seu nome significa "...do SENHOR o pedi" (1Sm 1:20). Ele fez jus ao seu nome e provou sua precisão profética. Por ter começado a vida tendo sido ele próprio um pedido de oração a Deus, Samuel continuou a pedir a Deus, e todo seu conhecimento, sua sabedoria, sua justiça e seu poder para governar foram coisas que vieram a ele porque também foram pedidas a Deus. Ele foi educado por uma mulher de oração no início e, quando ele a deixou, foi morar na casa de oração por todos os dias de sua vida. Seus primeiros dias foram honrados por uma visitação divina, e até naquele tempo ele demonstrou o espírito de espera e vigilância que é o próprio joelho da oração. "...Fala, SENHOR, porque teu servo ouve..." (1Sm 3:9) é o clamor de um coração simples e sincero, o tipo que o Senhor sempre aceita.

Todos nós pensamos em Samuel sob aquela pequena figura tantas vezes pintada e esculpida, na qual uma doce criança é vista orando. Todos parecemos conhecer o pequeno Samuel, o menino da oração: nossos meninos e meninas o conhecem como um amigo familiar, ajoelhado e com as mãos postas. Ele nasceu, recebeu um nome, foi criado, abrigado e treinado na oração e nunca se desviou do caminho da súplica. Em seu caso, a profecia foi cumprida: "...da boca de pequeninos e crianças de peito tiraste o perfeito louvor" (Mt 21:16), e ele perseverou na oração de tal forma que deu frutos na velhice e testificou o poder de Deus para aqueles que vieram depois dele. Samuel tornou-se tão famoso como intercessor que, se você olhar o Salmo 99:6, lerá um breve, mas admirável, elogio a ele: "Moisés e Arão, entre os seus sacerdotes, e, Samuel, entre os que lhe invocam o nome...". Se Moisés e Arão são escolhidos como homens consagrados, líderes do Israel de Deus para o culto e o sacrifício, Samuel é escolhido como o homem que ora, o homem que invoca o nome de Deus. Todos em Israel sabiam que Samuel era um intercessor assim como conheciam Arão como sacerdote. Talvez, de maneira ainda mais notável, percebe-se o mesmo conceito inspirado sobre ele em Jeremias 15:1 onde ele é novamente elencado com Moisés: "Disse-me, porém, o SENHOR: Ainda que Moisés e Samuel se pusessem diante de mim, meu coração não se inclinaria para este povo; lança-os de diante de mim, e saiam". Aqui, sem dúvida, há uma alusão à oração persistente de Moisés, quando, na agonia de seu coração, ele clamou: "Agora, pois, perdoa-lhe o pecado; ou, se não, risca-me, peço-te, do livro que escreveste" (Êx 32:32). Essa foi uma forma elevada de súplica, mas Deus preza tanto Samuel como intercessor que Ele o colocou lado a lado com Moisés, e como forma de ameaçar a nação pecadora de Israel, disse a Jeremias que Ele não daria ouvidos nem mesmo a Moisés e a Samuel se eles estivessem diante dele. É bom aprender a arte da oração em nossa tenra idade, pois assim cresceremos e seremos proficientes nela. Uma pequena oração pode transformar-se em uma oração poderosa.

Ouçam isso, jovens, e que o Senhor os faça como Samuel. Que honra ser chamado para interceder pelos outros, para ser o benfeitor de nossa nação, ou mesmo o canal de bênção para nossa própria casa. Almejem por isso, meus jovens amigos. Talvez vocês nunca preguem, mas podem orar. Se vocês não subirem ao púlpito, podem curvar-se diante do trono de Deus e ser igualmente uma grande bênção.

Quanto ao êxito das orações de Samuel, leia sobre a vida deste profeta, e você verá que ele engendrou grandes livramentos para o povo. Em 1 Samuel 7, descobrimos que os filisteus oprimiram Israel severamente, e Samuel corajosamente convocou o povo para considerar sua condição, ordenou-lhes a abandonar a idolatria e a adorar o único Deus verdadeiro e prometeu-lhes suas orações como uma bênção, as quais valorizavam muito. Estas são as suas palavras: "...Congregai todo o Israel em Mispa, e orarei por vós ao Senhor [...] Tomou, pois, Samuel um cordeiro que ainda mamava e o sacrificou em holocausto ao Senhor; clamou Samuel ao Senhor por Israel, e o Senhor lhe respondeu" (1Sm 7:5,9). Este é um dos grandes acontecimentos de sua vida, e descreve muito bem toda sua carreira. Ele clamou, e o Senhor o ouviu. Neste caso, os israelitas marcharam para a batalha, mas Jeová foi à frente deles, em resposta à oração do profeta. Você podia ouvir o barulho dos tambores na marcha do Senhor dos exércitos e ver o brilho de Sua lança, pois a história da batalha é registrada assim: "Enquanto Samuel oferecia o holocausto, os filisteus chegaram à peleja contra Israel; mas trovejou o Senhor aquele dia com grande estampido sobre os filisteus e os aterrou de tal modo, que foram derrotados diante dos filhos de Israel. Saindo de Mispa os homens de Israel, perseguiram os filisteus e os derrotaram..." (1Sm 7:10-11). A conclusão de tudo é: "Assim os filisteus foram abatidos..." (v.13); isto é: a intercessão de Samuel foi a arma vitoriosa, e a Filístia curvou-se diante do poder de sua oração. Ó, vocês que conhecem o poder da oração, escrevam isso em seus estandartes: "Assim os filisteus foram abatidos".

As orações de Samuel eram tão prevalentes que a própria natureza era controlada por ele. Ó, que poder da oração! Ela foi ridicularizada; representada como algo não científico e pouco prático, mas nós que a experimentamos diariamente sabemos que seu poder não pode ser um exagero e não temos nem sombra de dúvida a seu respeito. Há tanto poder na oração que ela "move a mão que move o mundo". Só temos que saber orar, e o trovão levantará sua voz em resposta ao nosso clamor, e as flechas de Jeová serão lançadas para derrubar os adversários. Quanto àqueles que nunca clamam, ou nunca pedem com fé, como são capazes de julgar a oração? Eles serão testemunhas daqueles a quem a oração é um exercício frequente e a quem as respostas de Deus são tão comuns como o dia. Nenhum poder tem influência maior sobre o coração de um pai quanto a necessidade de seu filho, e no caso de nosso Pai, que está no Céu, é especialmente assim. Ele ouve a oração, pois não pode desonrar Seu próprio nome ou esquecer Seus próprios filhos.

Quando Samuel já estava em idade avançada e o povo começou a se voltar contra ele e a expressar insatisfação com seus indignos filhos, é bonito notar como Samuel imediatamente recorreu à oração. Veja o que o povo disse: "Vê, já estás velho, e teus filhos não andam pelos teus caminhos; constitui-nos, pois, agora, um rei sobre nós, para que nos governe, como o têm todas as nações" (1Sm 8:5). Samuel, já idoso, ficou profundamente triste; era natural que ficasse, mas observe as palavras que vêm depois. Samuel repreendeu o povo? Ele os mandou para casa por estar zangado? Não! Está escrito: "...Então, Samuel orou ao Senhor" (v.6). Ele contou a seu Mestre sobre eles, e seu Mestre o respondeu: "...Atende à voz do povo em tudo quanto te diz, pois não te rejeitou a ti" — não tome isso como se fosse uma afronta pessoal a você — "mas a mim, para eu não reinar sobre ele" (v.7). Esse desprezo pelo servo de Deus era uma rejeição ao próprio Deus, e o Senhor não queria que Samuel tomasse a ingratidão do povo com se direcionada a ele, antes que pensasse na conduta perversa do povo para com seu Senhor e Deus.

Samuel era um homem de abundante oração, assim, depois que registrou sua objeção quanto a tal pedido, disse-lhes tudo o que eles sofreriam por ter um rei, como ele os oprimiria, levaria seus filhos para serem soldados, suas filhas para serviços no seu palácio e tomaria seus campos e vinhas, mas ainda assim o povo persistiu em dizer: "...teremos um rei sobre nós" (v.19). Samuel não respondeu com raiva, mas voltou para seu Deus em comunhão secreta: "Ouvindo, pois, Samuel todas as palavras do povo, as repetiu perante o Senhor" (v.21). Ó, se fôssemos sábios o suficiente para fazer o mesmo! Em vez de andar por aí e contar uns aos outros das coisas infames que foram ditas sobre nós, seria bom irmos imediatamente ao nosso lugar secreto e recitá-las aos ouvidos do Senhor. Samuel foi, portanto, ao longo de toda sua vida de serviço, um homem poderoso na oração, e quando o povo o deixou e seguiu seu rei recém-constituído, o texto mostra que ele não cessou de interceder por eles. Ele diz: "Longe de mim que eu peque contra o Senhor, deixando de orar por vós" (1Sm 12:23).

E isso não foi tudo: quando Saul desviou-se e tornou-se um traidor de seu divino Senhor, Samuel intercedeu por ele. Ele passou uma noite inteira em súplicas fervorosas, embora tenha sido em vão, e muitas vezes chorou pelo príncipe rejeitado. O idoso Samuel foi, desde a juventude, um intercessor e nunca negligenciou o exercício sagrado até que seus lábios se fecharam na morte. Bem, amados, vocês não são os juízes da nação, senão eu imploraria que orassem pelo povo que governam. Nem todos vocês são pastores e mestres, do contrário, eu diria que, se não formos abundantes em oração, o sangue de pessoas estará em nossas mãos. No entanto, alguns de vocês são professores de jovens: não pensem que fizeram algo por suas turmas até que tenham orado por elas. Não fiquem satisfeitos com uma ou duas horas de ensino semanal; sejam frequentes em suas súplicas de amor. Muitos de vocês são pais. Como podem cumprir seu dever para com seus filhos, a menos que elevem seus nomes em oração? Alguns de vocês que não se encaixam nessas situações, no entanto, possuem algum grau de habilidade, alguma influência, alguma posição em que podem fazer o bem a seus semelhantes, e isso exige dependência de Deus. Você não pode cumprir suas responsabilidades como parente, como cidadão, como vizinho, ou como homem cristão a menos que suplique por todas as condições e classes sociais. Orar pelos outros deve se tornar um hábito para você, do qual você não cessaria, mesmo que eles o provocassem ao máximo; pois você apenas bradaria: "Deus me livre de deixar de orar por vocês, pois seria um grande pecado aos olhos do Altíssimo".

2. Por segundo, convido você a observar como Samuel foi *tentado a cessar sua intercessão* e como ele resistiu a isso pacientemente.

A primeira afronta foi o insulto *que eles lançaram sobre o profeta*. O célebre e longevo Samuel, que passara o ano todo percorrendo seu itinerário de um lado para outro para fazer justiça, nunca havia aceitado qualquer suborno. Ele havia feito tudo por eles sem honorários ou recompensa. Embora tivesse direito a ser remunerado, ele não recebeu nada, agindo na generosidade de seu espírito e fez tudo gratuitamente, como Neemias em dias posteriores, que afirmou: "Mas os primeiros governadores, que foram antes de mim, oprimiram o povo e lhe tomaram pão e vinho, além de quarenta siclos de prata; até os seus moços dominavam sobre o povo, porém eu assim não fiz, por causa do temor de Deus" (Ne 5:15). Durante uma longa vida, Samuel manteve a nação em paz, e inúmeras bênçãos foram concedidas a Israel por causa de sua liderança. Porém agora que ele estava envelhecendo e enfermo, embora estivesse longe de estar exaurido, eles aproveitaram essa desculpa para estabelecer um rei. Embora idoso, o profeta sentiu que ainda havia vida e trabalho para ele, mas o povo pediu um rei e, portanto, esse amigo deveria abandonar seu ofício e descer de sua alta posição. Ele fica desconfortável ao ouvir pela primeira vez o pedido do povo, mas, depois de um tempo em oração, de forma cortês, ele renuncia a sua posição, e toda sua ansiedade agora é para encontrar o homem certo para o trono. Quando tal homem é encontrado, o profeta tem todo o cuidado para que o ungido do Senhor seja guiado corretamente no reino e, sem pensar em si mesmo, alegra-se ao ver alguém cujo dias vindouros pareciam ser promissores. Agora, pense nisso, o quanto deve ter sido difícil para Samuel ser dispensado. Foi uma atitude egoísta e cruel, mas ele não orou um átomo a menos pelo povo por causa disso; provavelmente orou até muito mais. Assim como sua mãe orava mais quando a tristeza de seu coração era maior, Samuel fazia o mesmo.

Além do insulto que sofreu, ele se sentiu ferido pela *rejeição total de sua objeção solene*. Ele ficou diante deles e argumentou da maneira mais clara possível: "Para que vocês querem um rei?", ele parecia perguntar. "Este será o direito do rei que houver de reinar sobre vós: ele tomará os vossos filhos e os empregará no serviço dos seus carros e como seus cavaleiros, para que corram adiante deles. [...] Tomará as vossas filhas para perfumistas, cozinheiras e padeiras. Tomará o melhor das vossas lavouras, e das vossas vinhas, e dos vossos olivais e o dará aos seus servidores. As vossas sementeiras e as vossas vinhas dizimará, para dar aos seus oficiais e aos seus servidores. Também tomará os vossos servos, e as vossas servas, e os vossos melhores jovens, e os vossos jumentos e os empregará no seu trabalho. Dizimará o vosso rebanho, e vós lhe sereis por servos. Então, naquele dia, clamareis por causa do vosso rei que houverdes escolhido; mas o SENHOR não vos ouvirá naquele dia" (1Sm 8:11-18). Havia bom senso em tudo isso e, em pouco tempo, todas as palavras acabaram se revelando verdadeiras, mas eles não quiseram ouvir. Eles disseram: "Não! Mas teremos um rei sobre nós. Para que sejamos também como todas as nações; o nosso rei poderá governar-nos, sair adiante de nós e fazer as nossas guerras" (vv.19-20). Apesar de terem rejeitado sua advertência, o venerável homem não ficou irritado. É uma fraqueza dos homes sábios, experientes e de peso que, quando eles apresentam um caso evidente, fazem-no com zelo em toda a simplicidade de coração, e as coisas parecem tão simples como dois e dois são quatro. Então, se os ouvintes deles persistem deliberadamente em desafiar seus alertas, esses sábios ficam irritados, ou talvez seja melhor dizer que eles exibem uma indignação justificável. Samuel está sempre esperançoso e, se eles não fizerem o melhor possível, ele tentará levá-los a considerar uma segunda alternativa, ainda que inferior. Se eles não permanecerem sob o governo do Senhor, como Rei deles, ele espera que fiquem bem governados por um rei humano que venha a ser um vice-rei submisso a Deus, e assim Samuel continua a orar esperançosamente pelo povo e a fazer o melhor que pode.

Por fim, chegou-se então a isto: a nação deve ter um rei, e seu rei deve ser coroado. Eles devem ir a Gilgal para estabelecer o reino, e então Samuel se levantou e, nas palavras que eu acabei de ler para vocês, o profeta declarou como ele tinha lidado com o povo, como nunca defraudou, oprimiu ou tomou algo deles. Disse-lhes que a escolha de um rei era, na verdade, uma rejeição a Deus, que estavam deixando de lado as melhores regras e os mais honrados governos para descer ao nível das nações. Mesmo assim, *eles rejeitaram seu último apelo*, e é belo de se contemplar a calma com que Samuel abandona a questão quando faz seu último discurso e seu mais solene apelo ao Céu. O apego obstinado do povo aos seus caprichos não levou Samuel a restringir a oração em favor deles.

A lição prática disso é que, quando você for tentado a parar de interceder por certas pessoas, não deve ceder a tal sugestão. Ainda que tenham ridicularizado suas orações, ou que digam que não as querem, e se até mesmo zombaram de seus justos desejos em favor deles. Deixe para lá! Retribua com um amor ainda maior. Não pare de lutar com Deus por eles. Pode ser que você tenha ficado muito desapontado; seu coração pode se partir ao ver como eles se afastaram, mas ainda assim apresente suas profundas ansiedades diante do propiciatório e clame novamente por eles. O que será deles se você os abandonar? Não pare de interceder, embora você seja tentado a fazê-lo de dez mil maneiras.

Pode ser que você pense, em parte por incredulidade e em parte por preocupação, que realmente a condenação deles está selada e eles caminham para a perdição. Faça com que isso aumente a intensidade de sua oração em vez de diminuí-la. Tendo em vista que os pecadores caminham para o inferno, clame a Deus por eles. Enquanto houver fôlego de vida neles e o sopro de vida em você, faça com que a voz de sua súplica seja ouvida. E se seu marido vier a ficar mais bêbado e mais profano, por você ser uma boa esposa, continue a orar por ele, pois Deus, que "...é capaz de pegar o leviatã com um anzol" (Jó 41:1), pode também pegar esse grande pecador e torná-lo um santo. E se seu filho parecer mais libertino do que nunca, cubra-o com muitas súplicas e chore diante de Deus por ele. Mãe amorosa e pai gentil, juntem seus fervorosos clamores dia e noite no trono de misericórdia, e a resposta a sua súplica virá.

3. Agora, em terceiro lugar, quero destacar brevemente a *intercessão perseverante* de Samuel.

Embora o povo tenha insultado Samuel, ele não parou de orar por eles. Primeiro, ele imediatamente ofereceu uma nova súplica por eles, e seu clamor foi ouvido de forma que

Saul, no início, foi agraciado com uma rica medida de benevolência. Samuel não cessou sua oração por Saul mesmo quando ele se desviou, visto que encontramos esta passagem: "Arrependo-me de haver constituído Saul rei, porquanto deixou de me seguir e não executou as minhas palavras. Então, Samuel se contristou e toda a noite clamou ao Senhor" (1Sm 15:11). *Toda a noite.* Posso imaginar o idoso Samuel em agonia por Saul, a quem ele amava. As pessoas de idade avançada precisam dormir, mas o profeta abandonou sua cama e nas vigílias noturnas ao derramar sua alma perante o Senhor. Embora não tenha recebido nenhuma resposta animadora, ele continuou a clamar, pois lemos, um pouco mais adiante, "disse o Senhor a Samuel: "Até quando terás pena de Saul...?" (1Sm 16:1). Ele estava persistindo nisso o máximo que podia, até que o Senhor o avisou que não adiantaria. "Até quando terás pena de Saul?"

Deve-se admirar em Samuel o fato de que, embora Saul pudesse ter cometido um pecado que era para a morte, e Samuel tivesse algum temor de que seu destino estivesse decidido, ele ainda assim orou com esperança. O apóstolo João expõe o caso assim: "Se alguém vir a seu irmão cometer pecado não para morte, pedirá, e Deus lhe dará vida, aos que não pecam para morte. Há pecado para morte, e por esse não digo que rogue" (1Jo 5:16). Nesse caso, ele não proíbe nossas orações nem as encoraja, mas presumo que nos permita continuar orando. Não sabemos com certeza se a pessoa mais culpada realmente ultrapassou o limite da misericórdia e, portanto, podemos interceder com esperança. Diante de um receio terrível de que nosso parente errante esteja, possivelmente, além da esperança, se não somos ordenados a orar, certamente não somos proibidos; é sempre melhor errar pelo lado seguro, se é que erraremos. Ainda podemos ir a Deus, mesmo com um fio de esperança, e clamar a Ele no extremo de nossa aflição. É improvável que escutemos o Senhor nos dizer: "Até quando terás pena de Saul?"; tampouco o escutaremos dizer: "Até quando você vai orar pelo seu filho? Por quanto tempo você vai chorar por seu marido? Eu não pretendo salvá-los".

Quando o profeta soube que Saul havia sido irremediavelmente rejeitado, ele não parou de orar pela nação, mas desceu a Belém e ungiu Davi, e, quando Davi foi perseguido pela malícia de Saul, encontramos Samuel abrigando Davi em Ramá e manifestando o poder da oração em sua própria casa e no lugar santo: quando Saul desceu com intenção de prender Davi, mesmo na casa do profeta, havia uma reunião de oração sendo realizada, e Saul foi atingido por isso de tal forma que o Espírito de Deus se apossou dele e ele profetizou no meio dos que ali estavam, e, despido e humilhado, deitou-se a noite toda entre eles. Com isso indagavam: "Está Saul também entre os profetas?"[67].

O rei malicioso não se aventurou a tocar em Samuel. O profeta era um homem gentil, manso e amoroso, e, no entanto, o coração sombrio de Saul sempre teve um temor por ele, de modo que o segurou pela orla de suas vestes a fim de se proteger[68] e, depois que Samuel morreu, invocou seu suposto espírito perversamente em busca de orientação. O servo de Deus evidentemente impressionou o réprobo com o peso de seu caráter santo. Está escrito que "...o SENHOR

---

[67] Conforme 1 Samuel 19:18-24.
[68] Referência a 1 Samuel 15:27.

era com ele, e nenhuma de todas as suas palavras deixou cair em terra" (1Sm 3:19), e isso porque Samuel era um homem de oração. Aquele que prevalece com Deus em favor dos homens sempre prevalecerá com os homens em favor de Deus. Se você pode vencer o Céu pela oração, pode vencer a Terra pela pregação: se você sabe a arte de falar com o Eterno, será algo diminuto falar com mortais. Tenha certeza de que a própria essência de todo o verdadeiro poder sobre os homens para o bem deles deve residir no poder de Deus buscado em secreto. Quando esperamos no Senhor e triunfamos, nosso trabalho está praticamente concluído.

Rogo-lhes, portanto, que perseverem na súplica e sejam amparados em sua perseverança pelo conhecimento de que seria um pecado parar de orar por aqueles que têm sido o assunto de suas petições. Samuel confessou que seria pecado de sua parte abster-se de interceder. Como assim? Ora, se ele parasse de orar por aquele povo, estaria negligenciando seu chamado, pois Deus o havia feito um profeta para a nação, e ele deveria interceder por eles ou abdicar do seu dever. Seria uma falta de amor ao povo escolhido do Senhor se ele não orasse por eles. Como ele poderia ensiná-los se ele próprio não fosse ensinado por Deus? Como ele poderia esperar influenciá-los se não tivesse zelo o suficiente para clamar a Deus por eles? Seria, no caso dele, também um pecado de ira. Seria como se ele estivesse aborrecido com eles e com Deus, visto que ele não poderia ser tudo o que gostaria de ser. "Longe de mim", disse ele, "abrigar tanta ira em meu peito que deixe de orar por vocês". Teria sido uma negligência em relação à glória divina, pois, qualquer que fosse o povo, o nome de Deus estava enredado neles, e se eles não prosperassem, o Senhor não seria glorificado aos olhos dos pagãos. Samuel não podia desistir de orar por eles, já que sua causa era a causa de Deus. Teria sido uma crueldade com as almas se aquele que possuía tamanho poder na oração o tivesse contido. Ora, meus irmãos e irmãs, será pecado de sua parte se vocês negligenciarem o propiciatório. Vocês entristecerão o Espírito Santo, roubarão a glória de Cristo, serão cruéis com as almas mortas no pecado e serão falsos e traidores ao Espírito da graça e ao seu chamado sagrado.

4. Nosso último ponto é que Samuel mostrou *sua sinceridade na intercessão* com atitudes práticas.

Pois ele diz nas palavras do texto: "Longe de mim que eu peque contra o Senhor, deixando de orar por vós; antes, vos ensinarei o caminho bom e direito". Longe dele deixar de orar; ele seria duplamente diligente em ensiná-los, e assim o fez. Ele os ensinou ao lembrá-los das promessas de Deus, que Ele não abandonaria Seu povo; ao orientá-los sobre como agir: "Servi-o fielmente de todo o vosso coração" — ao evidenciar as razões — "pois vede quão grandiosas coisas vos fez" (1Sm 12:24) — e ao adicionar uma advertência solene: "Se, porém, perseverardes em fazer o mal, perecereis, tanto vós como o vosso rei" (v.25). Depois de orar por seus amigos, tente o máximo que puder para responder à sua oração usando os meios que Deus normalmente abençoa. Algumas pessoas fazem orações ociosas, pois não se esforçam para obter aquilo que pedem na oração. Se um lavrador pede uma colheita, ele também ara a terra e semeia, porque, caso contrário, suas súplicas seriam hipócritas. Se desejamos ver nossos vizinhos convertidos, devemos trabalhar para isso de todas as maneiras. Devemos convidá-los a ir conosco aonde o evangelho é pregado fielmente, colocar um bom livro em suas mãos ou falar pessoalmente sobre as verdades eternas. Se eu soubesse onde o ouro poderia ser encontrado e quisesse que meu vizinho ficasse rico, contaria a ele sobre o precioso depósito e pediria a ele que fosse buscar um pouco do tesouro comigo. Todavia muitos nunca pensam em convidar um vizinho ou amigo incrédulo para ir com eles à casa de Deus, e há milhares em Londres que esperam apenas um convite e com certeza virão, pelo menos uma vez, e quem sabe se isso não os levaria à conversão?

Se desejo a salvação de alguém, devo dizer-lhe da melhor maneira possível qual é sua condição, qual é o caminho da salvação e como se pode encontrar descanso. Todos os homens são acessíveis em algum momento ou de alguma maneira. Aliás, é muito imprudente ir apressadamente sobre todos assim que os vir. Seja prudente e tenha bom senso, pois você pode causar aversão justamente naqueles que deseja conquistar, mas aqueles que fervorosamente clamam pelos outros e empenham-se em alcançá-los geralmente são ensinados por Deus e, assim, tornam-se sábios quanto ao momento, à maneira e ao assunto. Um homem que deseja caçar pássaros se tornará, depois de um tempo, um especialista no esporte, visto que ele se entregará a isso, e assim ele se tornará um notável atirador com prática e saberá tudo sobre armas e cães. O homem que deseja pescar salmão tem o coração decidido a pescá-lo e fica absorvido por essa busca. Ele logo aprende como usar sua vara de pesca e a como manejar a pescaria. Então, aquele que deseja ganhar almas e coloca seu coração nisso descobre de algum modo tal habilidade, e o Senhor lhe concede o êxito. Eu não poderia lhe ensinar; você tem que praticar para descobrir. Contudo direi isto: nenhum homem está isento do sangue de seus semelhantes simplesmente porque orou para que se convertessem.

Suponha que, ao redor desta igreja em Newington, várias pessoas estejam morrendo de fome e nós tivéssemos uma reunião de oração para que Deus suprisse suas necessidades. Não seria uma hipocrisia digna de ser ridicularizada e submetida à reprovação se, depois de ter orado por essas pessoas, todos nós voltássemos para casa e jantássemos e não déssemos a elas um mísero pedaço de pão? O homem verdadeiramente benevolente coloca a mão no bolso e diz: "O que posso fazer para que minha oração seja atendida?". Ouvi falar de alguém que orou em Nova Iorque por um certo número de famílias muito pobres que havia visitado e pediu ao Senhor que as alimentasse e vestisse. Seu filhinho disse: "Pai, se eu fosse Deus, eu diria a você que respondesse à sua própria oração, pois você tem muito dinheiro". Da mesma forma, o Senhor pode muito bem nos dizer quando estivermos intercedendo: "Vá e responda sua própria oração, contando a seus amigos sobre meu Filho". Você canta: "Voe pelas nações, ó poderoso evangelho[69]"? Então, proclame-o, dê asas a essa mensagem. Você canta "Levai as boas-novas, ó vento"[70]? Então disponha-se para isso. Há um poder em seus dons; há um poder em sua fala; use-os. Se você pessoalmente não pode fazer muito, você pode fazer muito ajudando outra pessoa a pregar o evangelho de Cristo, mas primeiro deve fazer algo usando suas próprias mãos, coração e palavras. Vá e ensine o caminho bom e correto, e então suas orações serão ouvidas.

---

[69] Tradução livre de verso do hino *O'er the gloomy hills of darkness*, de William Williams (1717–91).

[70] Tradução livre de verso do hino *From Greenland's Icy Mountain*, de Reginald Heber (1783–1826).

10

DAVI:
REANIMANDO-SE EM DEUS [71]

*Davi muito se angustiou, pois o povo falava
de apedrejá-lo, porque todos estavam em amargura,
cada um por causa de seus filhos e de suas filhas;
porém Davi se reanimou no S*ENHOR*, seu Deus.
[...]. Então, consultou Davi ao S*ENHOR*, dizendo:
Perseguirei eu o bando? Alcançá-lo-ei? Respondeu-lhe
o S*ENHOR*: Persegue-o, porque, de fato, o alcançarás
e tudo libertarás.* —1 Samuel 30:6,8

Nós devemos ser profundamente gratos a Deus pela inspirada história da vida de Seu servo Davi. Foi uma vida notável, vigorosa, vivida em diferentes situações e condições. Quase posso me alegrar por sua vida não ter sido perfeita,

---

[71] Sermão nº 1606, ministrado na manhã de domingo, dia do Senhor, 26 de junho de 1881, no *Metropolitan Tabernacle*, Newington.

pois até mesmo suas falhas e seus erros são instrutivos. É a vida de um homem segundo o coração de Deus; mas ainda assim, a vida de quem andou errante, como uma ovelha perdida, e se recuperou pela graça do grande Pastor. Por isso, ele assemelha-se muito conosco, homens e mulheres pobres e imperfeitos. Eu arriscaria empregar a Davi a descrição que foi aplicada ao próprio poeta mundano —

Um homem tão diversificado que não parecia ser apenas um, mas o epítome de toda a humanidade.[72]

Cada pessoa pode encontrar algo parecido consigo na vida agitada, longa e cheia de obstáculos do filho de Jessé. Entre outras coisas, aprendemos que, onde há fé, certamente haverá prova; Davi, embora confiasse em Deus de todo o coração, precisou de toda a fé que possuía. Em sua juventude, foi caçado por Saul como uma perdiz nas montanhas, e sua vida estava constantemente ameaçada. Ele tinha uma fé tão valiosa e distinta que Satanás sempre tentava roubá-la. Mesmo assim, as piores provações que Davi sofreu surgiram não por sua fé, e sim pela falta dela. Aquilo que ele fez para evitar problemas o levou a uma angústia mais profunda do que as providências comuns causariam a ele. Ele deixou o país onde se sentia tão pouco à vontade — mas que foi a Tua terra, ó Emanuel — e ele foi para a terra dos filisteus, esperando escapar de mais problemas. Ao fazer isso, ele errou, e novas provações vieram sobre ele, aflições piores do que aquelas ocasionadas pelas mãos de Saul. Irmãos, certo poeta disse:

---

[72] Tradução livre de versos do poema *Character of Zimri (the Duke of Buckingham)*, de John Dryden (1631–1700).

*O caminho da tristeza, tão somente este caminho,
Conduz à terra onde a tristeza é desconhecida.*[73]

Ele falou a verdade, tendo em vista que "...no mundo, passais por aflições..." (Jo 16:33). Se você tem fé, ela deve ser provada; se essa fé falhar, você deve ser provado ainda mais. Não há trégua nessa guerra: as dificuldades devem ser enfrentadas. Este é o dia da batalha, e você deve lutar se quiser reinar. Você é como um homem lançado ao mar que, ou nada, ou se afoga. É inútil esperar tranquilidade onde nem mesmo o seu Senhor experimentou. Se você adotar as insignificantes mudanças sugeridas pela incredulidade, não evitará a aflição; as probabilidades são de que você fique preso entre os espinhos e seja flagelado pelos ferrões dos arbustos do deserto. Por mais acidentada que seja a rodovia do Rei, os atalhos são muito piores; portanto, mantenha-se no caminho do mandamento e enfrente corajosamente suas provações.

Outra lição é a seguinte: embora sejamos provados, a fé em Deus é um recurso disponível em todos os momentos. A fé é um escudo que você pode usar para defender-se de todo tipo de flecha, até mesmo "...os dardos inflamados do Maligno" (Ef 6:16); isso mesmo, nem mesmo os dardos inflamados do declarado inimigo penetram nesse escudo. Você não pode ser lançado em uma condição na qual a fé não o ajudará. Há uma promessa de Deus para cada situação, e Deus tem sabedoria, habilidade, amor e fidelidade para livrá--lo de todos os perigos possíveis. Portanto, você só tem que confiar em Deus, e a libertação virá. Observe principalmente

---

[73] Tradução livre de uma citação de William Cowper (1731–1800).

o seguinte: *mesmo quando seu problema foi causado por seus próprios erros, a fé ainda está disponível.* Quando sua aflição é evidentemente um castigo por uma transgressão grave, ainda assim confie em Deus. O Senhor Jesus orou pelo errante Pedro para que sua fé não o abandonasse: sua esperança de recuperação estava ali. A fé sob um sentimento de culpa é um daqueles tipos nobres de fé em que alguns ficam pasmos. A meu ver, um santo exercer a fé é comparativamente fácil, mas um pecador exercer fé, isso é difícil. Quando você sabe que andou retamente diante de Deus e não manchou suas vestes, então você pode confiar nele sem dificuldade. Porém, quando você se afastou, e quando finalmente o Pai celestial o tornou mais sábio guiando-o com Seu cajado para então você lançar-se sobre Ele, isso é realmente fé. Não deixe de exercitá-la, pois essa é a fé que salva. Qual é a fé que antes de tudo traz aos homens uma boa esperança, senão a fé de um pecador? Geralmente, na vida, quando nossa pecaminosidade se torna mais manifesta para nós do que de costume, somos levados àquele primeiro tipo de fé, no qual, sendo indignos, confiamos inteiramente na graça perdoadora. Seria sábio viver sempre pela mesma fé. Se um de vocês está em grande angústia e está ciente de que merece todos os problemas causados por sua tolice, ainda assim confie na misericórdia do Senhor. Não duvide do Senhor seu Salvador, pois Ele convida Seus filhos rebeldes a retornarem. Embora você tenha caído por sua perversidade, tome para você essas palavras e volte-se para o Senhor. Que o Espírito Santo lhe dê uma confiança renovada no Senhor, que perdoa a iniquidade, a transgressão e o pecado e "...não retém a sua ira para sempre, porque tem prazer na misericórdia" (Mq 7:18).

Permitamos que esse seja o nosso prefácio, e todo o sermão tenderá a ilustrá-lo.

Então, veremos primeiro a angústia de Davi — "Davi muito se angustiou"; segundo, o seu fortalecimento — "Davi se reanimou no Senhor, seu Deus"; terceiro, sua consulta a Deus — "Então, consultou Davi ao Senhor"; e por fim, em quarto lugar, a resposta que trouxe paz a Davi — o Senhor disse, "Persegue-o, porque, de fato, o alcançarás e tudo libertarás".

1. Primeiro, então, olharemos para a *angústia de Davi* — "Davi muito se angustiou".

Sua cidade fora incendiada, suas esposas capturadas, os filhos e as filhas de seus companheiros foram todos aprisionados e a pequena Ziclague, na qual eles haviam construído um lar, fumegou diante deles em ruínas enegrecidas. Os homens de guerra, com o coração ferido, revoltaram-se contra seu líder e estavam prontos para apedrejá-lo. A sorte de Davi estava no mais baixo estado de declínio. Para entender sua situação, devemos retroceder um pouco mais em sua história.

Davi estava muito angustiado porque *estava agindo sem consultar seu Deus*. Em geral, tinha o hábito de esperar a orientação do Senhor, pois, mesmo como um jovem pastor, tinha a alegria de cantar: "Ele me guia"[74]; mas, pela primeira vez, Davi estava sem direção e escolheu um caminho ruim. Desgastado pela perseguição de Saul, em um momento ruim, seu coração vacilou e ele disse: "Pode ser que algum dia venha eu a perecer

---

[74] Tradução livre do verso que intitula o hino *He leadeth me: o blessed thought!*, de Joseph Gilmore (1834–1918).

nas mãos de Saul..." (1Sm 27:1). Essa consideração foi perigosa. Tenha sempre medo de ter medo. Falhar na fé significa perder força. Não considere o desânimo meramente como uma perda de alegria; em vez disso, veja-o como algo que drena sua vida espiritual. Lute contra isso, pois muitas vezes é como a maré: quando a fé recua, o pecado vem e inunda tudo. Aquele que não confia plenamente em Deus, logo buscará consolo em outro lugar, e Davi o fez: sem pedir orientação divina, ele fugiu para a corte do chefe filisteu Aquis, esperando encontrar quietude lá. Veja o que resultou disso! Quando ele ficou entre as cinzas de Ziclague, começou a entender que coisa ruim e amarga é nos fiar em nosso próprio entendimento, esquecer que Deus nos guia e nos tornar uma lei para nós mesmos. Talvez alguns de vocês estejam sofrendo da mesma forma: vocês escolheram seus próprios caminhos e agora estão presos nos arbustos emaranhados que ferem sua carne. Você esculpiu para si mesmo e cortou seus próprios dedos; você obteve o desejo do seu coração e, enquanto a carne ainda está em sua boca, uma maldição vem com ela. Você diz que "fez o melhor", mas acabou sendo o pior. Davi nunca trouxe uma punição mais severa para si do que quando pensou em evitar mais desconforto deixando seu verdadeiro lugar.

Pior que isso, se é que pode ser pior, *Davi também preferiu seguir a sagacidade em vez da verdade*. A mente oriental era, e provavelmente ainda é, propensa a mentir. Os orientais não acham errado dizer algo que não é a verdade; muitos o fazem costumeiramente. Assim como um comerciante honesto nesse país não seria suspeito de falar mentiras, também não se podia esperar que um cidadão oriental daquela época falasse sempre a verdade, pois, se ele pudesse evitá-la, o faria, porque desconfiava que todos os outros o enganariam e então ele devia agir com grande astúcia. A regra de ouro na época de Davi era: "O que você fizer aos outros, os outros certamente farão a você". Davi, em seus primeiros dias, não passou ileso da corrupção de sua época. Ele se tornou o comandante da escolta de Aquis, rei de Gate, e viveu na cidade real. Como ele se viu um tanto deslocado naquela cidade idólatra, ele disse ao rei: "Se achei mercê na tua presença, dá-me lugar numa das cidades da terra, para que ali habite; por que há de habitar o teu servo contigo na cidade real?" (1Sm 27:5). Aquis parece ter quase se convertido à adoração a Jeová e certamente brilha muito na narrativa que temos diante de nós. Então, a pedido de Davi, deu-lhe a cidade de Ziclague.

Davi e seus homens guerrearam com as várias tribos de cananeus que moravam no sul da Palestina e tomaram deles grande despojo, mas ele errou gravemente ao fazer Aquis acreditar que estava lutando contra Judá. Lemos que: "Aquis confiava em Davi, dizendo: Fez-se ele, por certo, aborrecível para com o seu povo em Israel; pelo que me será por servo para sempre" (v.12). Esse foi o resultado da mentira praticada e proferida por Davi, e, para que a mentira não fosse descoberta, Davi não poupou nenhum daqueles a quem conquistou, dizendo: "...Para que não nos denunciem, dizendo: Assim Davi o fazia..." (v.11). Então, começando com política, ele passou à mentira, e de uma mentira foi levado à outra, e sua conduta tornou-se muito diferente daquela que um homem de Deus deveria ter seguido. Quão diferente era essa falsa conduta do caráter usual do homem que declarou: "Não há de ficar em minha casa o que usa de fraude; o que profere mentiras não permanecerá ante os meus olhos" (Sl 101:7)! Veja o fruto de sua mentira! Ziclague é incendiada, suas mulheres são capturadas e seus homens falam em apedrejá-lo.

Se você e eu, algum dia, deixarmos de viver pela verdade absoluta, vagaremos por um labirinto do qual será difícil nos livrarmos. Cada um de nós pode sentir que podemos morrer, mas não podemos mentir; podemos morrer de fome, mas não podemos trapacear; podemos ser reduzidos ao pó, mas não podemos fazer algo injusto. Se assim fizermos, podemos contar com a ajuda de Deus e prosseguir bravamente em todas as dificuldades. Davi havia deixado a estrada da justiça e estava tropeçando nas montanhas escuras da astúcia e do engano. Ele estava conspirando e planejando como o pior dos mundanos e necessitava reconhecer seu erro e ser ensinado a abominar o hábito de mentir; portanto, em um momento, o Senhor lança sobre ele luto, conflitos, motim e perigo de vida para que ele seja conduzido a seu Deus e levado a odiar o caminho da maldade. É de se estranhar que Davi estivesse tão angustiado?

Sua angústia, no entanto, era ainda mais severa por um outro motivo, pois *Davi tinha ficado do lado dos inimigos do povo do Senhor.* Ele foi até os filisteus, e seu príncipe lhe disse: "...te farei minha guarda pessoal para sempre" (1Sm 28:2). Pense em Davi sendo o guarda pessoal de um filisteu! Quando Aquis reuniu o exército filisteu para lutar contra Israel, lemos com vergonha: "Os príncipes dos filisteus se foram para lá com centenas e com milhares; e Davi e seus homens iam com Aquis, na retaguarda" (1Sm 29:2). Como Davi deve ter se sentido terrivelmente conturbado com essa falsa posição! Pense em Davi, que foi ordenado rei de Israel, marchando com sua tropa armada para lutar contra seus próprios compatriotas! Quão gracioso foi o Senhor em tirá-lo daquela posição perigosa. Os príncipes filisteus suspeitaram dele, e com razão, e disseram a Aquis: "Estes hebreus, que fazem aqui?" (v.3). Eles tinham ciúmes da posição privilegiada à qual Davi havia sido promovido e temiam que ele se voltasse contra eles durante a luta. "Porém os príncipes dos filisteus muito se indignaram contra ele; e lhe disseram: Faze voltar este homem, para que torne ao lugar que lhe designaste e não desça conosco à batalha, para que não se faça nosso adversário no combate; pois de que outro modo se reconciliaria como o seu senhor? Não seria, porventura, com as cabeças destes homens? Não é este aquele Davi, de quem uns aos outros respondiam nas danças, dizendo: Saul feriu os seus milhares, porém Davi, os seus dez milhares?" (vv.4-5). Embora o rei filisteu, como o verdadeiro homem que era, tenha suavizado as coisas, ele foi forçado a mandar Davi embora. Que alívio Davi deve ter sentido! Ele poderia escrever estas palavras: "Salvou-se a nossa alma, como um pássaro do laço dos passarinheiros; quebrou-se o laço, e nós nos vimos livres" (Sl 124:7). Que horror teria ficado sobre ele se tivesse realmente ido com os filisteus à batalha em que Saul e Jônatas foram mortos. Teria sido uma mancha para Davi durante toda a sua vida. O Senhor o livrou, mas Ele o fez sentir a disciplina de Seu cajado ao mesmo tempo, pois, assim que Davi chegou a Ziclague, viu que a mão do Senhor estava estendida contra ele, a desolação fumegava ao seu redor, e não nos admira que Davi estivesse tão angustiado.

Imagine a posição de Davi, no centro de sua tropa. Ele foi *expulso pelos príncipes dos filisteus com palavras de desprezo*; os homens de Davi haviam sido alvo de escárnio — "...Esses hebreus, que fazem aqui? [...] Não é este Davi?..." (1Sm 29:3). Quando ele andava com Deus, Davi era como um príncipe, e nenhum homem ousava zombar dele, mas agora fora desprezado pelos filisteus incircuncisos e contentava-se em voltar furtivamente para sua pequena cidade, envergonhado de si mesmo. É terrível quando um homem de Deus cai em tal posição que dá ao inimigo a oportunidade de blasfemar contra Deus e desprezar Seu servo. É terrível quando até mesmo os mundanos observam a inconsistência do declarado seguidor de Jesus. "Estes hebreus, que fazem aqui?" é a questão sarcástica do mundo. "Como aquele que declara ser um cristão professo pode agir como nós? Olha, ele está tentando fazer amizade conosco se passando por um de nós e ainda assim se diz um servo de Deus!" Eles começam a apontar, como fizeram com Pedro — "...Verdadeiramente, és também um deles, porque o teu modo de falar o denuncia" (Mt 26:73). "...Que fazes aqui, Elias?" (1Re 19:9) é a voz que sai da boca de Deus, e os lábios de Seus adversários a repetem. Quando o filho de Deus sente que está nessa situação, e com grandes problemas, não é de se estranhar que ele fique muito angustiado.

Por trás disso veio o *sofrimento*. Suas esposas foram levadas cativas. Ele era um homem de um coração grande, afetuoso e terno, e que tristeza isso deve ter sido para ele! Não era um enlutado solitário, pois todos aqueles bravos companheiros que se juntaram a ele também estavam sofrendo. Ouça o coro comum da pesar! Eles "...ergueram a voz e choraram, até não terem mais forças para chorar" (v.4). Deve ter sido um dia terrível para seu líder sentir sua própria tristeza mesclada e submersa na torrente de abatimento que varreu seus companheiros. Quanto às suas posses terrenas, ele agora era o mais *pobre* possível, uma vez que tudo o que ele possuía havia sido tomado, sua casa fora queimada, e os saqueadores tinham fugido, e ele não sabia para onde. Pior de tudo, agora os seus seguidores o haviam *abandonado*. Aqueles que estiveram com ele em suas piores circunstâncias, agora o repreendiam na calamidade deles. Por que ele deixou a cidade para ajudar os inimigos do Senhor, os filisteus incircuncisos? Ele deveria ter pensado melhor; e eles ficaram indignados, e um disse: "Vamos apedrejá-lo"; ao que outros responderam: "Vamos fazer isso imediatamente". Evidentemente eles estavam furiosos. Davi fica ali parado, se esvaindo em choro, um homem abandonado e sem amigos, com *sua própria vida em perigo* diante de amotinados furiosos. Você quer saber por que está escrito: "Davi muito se angustiou" (v.6)? Ora, ele está rodeado de tristeza, e ele não precisa recolher cinzas como os emblemas de sua desgraça, pois elas estão por toda parte ao seu redor, todo o lugar está fumegando. Ele lamenta muito por suas esposas, e seus soldados choram por seus filhos, pois é como se tivessem sido mortos à espada. É um caso de profunda angústia, com esse tormento a mais — que ele mesmo havia causado.

Aí está a imagem diante de você. Agora vamos ver uma cena mais virtuosa ao observarmos o que Davi fez diante de tais circunstâncias. Quando ele estava na sua pior condição, foi visto no seu melhor.

2. Em segundo, consideraremos o *fortalecimento de Davi*: "Porém Davi se reanimou no Senhor".

Muito bem, Davi! A princípio ele não tentou reanimar ninguém, antes reanimou a *si mesmo*. Algumas das melhores conversas do mundo são aquelas que um homem tem consigo mesmo. Aquele que fala com todos, exceto consigo mesmo, é um grande tolo. Posso ouvir Davi dizer: "Por que estás abatida, ó minha alma, por que te perturbas dentro de mim? Espera em Deus; pois eu ainda o louvarei..." (Sl 42:5). Davi reanimou-se, mas "...se reanimou no SENHOR, seu Deus" (v.6), ou seja, em Jeová. Essa é a forma mais segura de se reanimar. Davi poderia ter obtido, se quisesse, uma medida de ânimo daqueles homens valentes que se juntaram a ele naquele momento específico, pois, de acordo com 1 Crônicas 12:19-22, muitos se uniram à sua tropa naquela hora. Vamos ler a passagem: "Também de Manassés alguns se passaram para Davi, quando veio com os filisteus para a batalha contra Saul, mas não ajudou os filisteus, porque os príncipes destes, depois de se aconselharem, o despediram; pois diziam: 'À custa de nossa cabeça, passará a Saul, seu senhor'. Voltando ele, pois, a Ziclague, passaram-se para ele, de Manassés, Adna, Jozabade, Jediael, Micael, Jozabade, Eliú e Ziletai, chefes de milhares dos de Manassés. Estes ajudaram Davi contra aquela tropa, porque todos eles eram homens valentes e capitães no exército. Porque, naquele tempo, dia após dia, vinham a Davi para o ajudar, até que se fez um grande exército, como exército de Deus". Esses recém-chegados não haviam perdido suas esposas e seus filhos, pois não haviam estado em Ziclague, mas Davi não olhou em volta para eles e implorou que ficassem ao seu lado e acabassem com o motim. Não, a essa altura ele já estava farto dos homens e cansado de confiar em si mesmo. Deus estava começando a curar Seu servo com uma dose amarga de angústia, e a evidência da cura era que ele não se reanimava em seus novos amigos, ou pela esperança de outros chegando, mas "se reanimou no SENHOR, seu Deus".

Você não sente um vento vindo das colinas? A brisa sopra forte e fresca das montanhas eternas, agora que o homem de Deus está olhando somente para o Senhor. Antes, Davi estava lá nos vales, com sua estratégia e astúcia, na atmosfera estagnada de autoconfiança e mundanismo, contudo agora ele está em Ziclague, um homem sem amigos, porém livre e verdadeiro. Quão grandioso ele é em meio à tempestade! Ele se levanta confiante, e sua sorte muda! Ele se lembra de sua juventude ao dizer: "...O Senhor me livrou das garras do leão e das do urso; ele me livrará das mãos deste filisteu..." (1Sm 17:37). Ele não está mais preso a esquemas, mas é um homem novamente, forte na força de Deus, visto que ele se afasta de todas as confianças terrenas e se reanima no Senhor.

Davi não se sentou em desespero silencioso, nem pensou, como Saul, em recorrer a meios errados para obter ajuda. Em vez disso, pecador como era, foi confessar todas as suas transgressões imediatamente a seu Deus e pediu que o sacerdote viesse para que pudesse falar com ele em nome do Altíssimo. Irmãos e irmãs, se vocês estão com problemas e os seus problemas estão misturados com o pecado, se vocês se afligiram com suas infidelidades e perversidades, não importa, eu oro para que vocês não procurem ajuda em nenhum outro lugar a não ser no Deus a quem ofenderam. Quando o Senhor levantar o braço, por assim dizer, para executar Sua vingança, agarre-o e Ele o poupará. Ele mesmo não disse: "Que os homens se apoderem da minha força..." (Is 27:5)? Lembro que o velho Mestre Quarles tem um quadro raro de um homem tentando golpear outro com um mangual, e como o homem escapa? Ora, ele corre e fica junto ao rival, e por isso não é atingido[75]. É

---

[75] Possivelmente uma reprodução de uma ilustração como *Manguais com espinhos e haste longa de populares*, do compêndio *De Arte Athletica*, de Paul Hector Mair (1517–79).

exatamente a coisa a se fazer. Aproxime-se de Deus. Agarre-se a Ele pela fé; segure firme nele com esperança. Diga: "Ainda que ele me mate, nele esperarei..." (Jó 13:15 ARC). Posicione-se: "Não te deixarei ir..." (Gn 32:26). Por mais culpado que você seja, é bom que se aproxime de Deus.

Vamos tentar compreender a maneira como Davi se fortaleceu no Senhor seu Deus. Em meio a tais ruínas, ele dizia: "Apesar de tudo, o Senhor me ama e eu o amo. Embora eu tenha me distanciado, meu coração não pode descansar sem Ele. Embora eu tenha tido pouca comunhão com Ele ultimamente, ainda assim Ele não se esqueceu de ser gracioso, nem na Sua ira fechou Seu coração de compaixão". Davi se lembrava daqueles dias felizes em que pastoreava ovelhas e cantava salmos ao Senhor seu Deus em meio às pastagens do deserto. Ele se lembrava daquelas horas pacíficas de prazerosa comunhão e desejava tê-las novamente. Seus próprios salmos tendiam a confortá-lo ao ver como seu coração ficava contente. Ele dizia a si mesmo: "Minha experiência do amor divino não é um sonho. Eu sei que não é um mito ou uma ilusão. Conheço o Senhor, me entreguei a Ele, sou íntimo dele e sei que Ele não muda e, portanto, me ajudará. Suas misericórdias duram para sempre. Ele apagará as minhas transgressões". Assim, ele fortaleceu-se no Senhor seu Deus.

Então ele foi mais além e argumentou: "Não me escolheu o Senhor? Ele não me ordenou para ser rei em Israel? Ele não enviou Seu profeta Samuel, que derramou óleo sobre minha cabeça e disse: 'Este é o escolhido'? Certamente, o Senhor não mudará Seu propósito nem deixará de cumprir Sua palavra. Fui separado de meus parentes e caçado por Saul, conduzido de rocha a caverna e de caverna a deserto, não conheci descanso... tudo porque fui ordenado para ser rei no lugar de Saul. Por certo, o Senhor cumprirá Seu propósito e me colocará no trono, pois Ele não me escolheu, ordenou e me ungiu num ato de escárnio".

Irmãos, vocês precisam de uma interpretação dessa história? Vocês não podem ver sua aplicação em si mesmos? Vocês devem estar dizendo: "O Senhor me chamou por Sua graça, tirou-me o meu amor ao mundo e me fez sacerdote e rei para si mesmo; porventura Ele me deixaria? Não está o óleo do Seu Espírito ainda sobre mim? Ele me rejeitaria? Ele me separou para si mesmo, e me fez saber que meu destino não era como o do mundo ímpio, mas me chamou e me escolheu para ser Seu servo para sempre — Ele me deixará perecer? Seu inimigo se regozijará sobre mim?". Assim, você pode fortalecer-se em Deus.

Em seguida, Davi passaria a refletir sobre todos os livramentos que outrora havia experimentado. Eu imagino a cena que passou como um filme diante de seus olhos. Ele se viu quando matou o leão e o urso. Deus o livrou naquele momento, e Ele não o livrará agora? Ele se imaginou saindo ao encontro do gigante Golias, levando nada além de uma funda e cinco pedras e voltando com a cabeça do gigante em sua mão; e argumentou, "Ele não me resgatará agora?". Ele se viu nas cortes de Saul quando o rei louco tentou matá-lo com uma lança que ficou cravada na parede e ele escapou por pouco. Ele lembrou-se da ajuda e da gentileza de Mical que o desceu pela janela, quando Saul, o pai dela, tentou matá-lo em sua cama.

Ele se viu na caverna de En-Gedi e nas trilhas das cabras selvagens, perseguido por seu implacável adversário, mas sempre e estranhamente protegido de suas mãos cruéis. Ele se alegra, como alguém havia feito antes dele, com a inferência: "...Se o SENHOR quisesse nos matar, não nos teria mostrado tudo isto, nem nos teria revelado tais coisas" (Jz 13:23).

Venham, agora, amados filhos de Deus, anotem em seus diários e façam referência aos dias em que o Senhor os ajudou repetidas vezes. Quantas vezes Ele o abençoou? Você não poderia contá-las, pois Deus tem sido tão gracioso e já o ajudou dez mil vezes. Por acaso mudou Seu amor? Cessou Sua fidelidade? Acabou Seu poder? Deus nos livre de permitir tal pensamento perverso. Ele ainda é o mesmo, então nos fortaleçamos nele.

"Infelizmente", você diz, "eu fiz algo errado". Eu sei que você fez; mas *Ele* não fez. Se você confiasse em si mesmo, esse seu erro poderia destruir sua esperança, mas, visto que sua confiança está em Deus e Ele não mudou, por que você deveria temer? "Ó, mas eu sou tão pecador." Sim, eu sei que você é, e você era assim quando Ele olhou para você pela primeira vez com amor. Se o Seu amor tivesse procurado chegar até você pelo caminho do mérito, nunca teria o alcançado, mas esse amor veio a você por meio da graça livre, rica e soberana e, portanto, alcançará você para sempre. Você não se sente revigorado esta manhã ao pensar no que o Senhor fez? E não acha que, depois de tudo o que Ele fez, seria errado desconfiar dele agora? Por que protelar em fortalecer-se em seu Deus?

Talvez Davi, naquele momento, tenha percebido que esse golpe esmagador havia sido enviado com infinita ternura para purificá-lo da condição em que havia caído. O Senhor parece dizer a Davi: "Tudo o que você obteve de Aquis é essa vila de Ziclague, e eu fiz com que ela fosse queimada, de modo que você não tenha mais nada que possa ser um laço entre você e os filisteus. Os príncipes disseram: 'Eu mando esse sujeito embora', e eles, de fato, expulsaram você; e agora a cidade que Aquis lhe deu está totalmente destruída. Não sobrou nenhum vínculo entre você e os filisteus, e você voltou à sua verdadeira posição". O golpe mais forte que nosso Deus desfere, se nos corrige e nos separa de nós mesmos, do pecado e dos atos carnais, é um golpe misericordioso, um golpe de amor. Se isso acaba com nossa vida de egoísmo e nos traz de volta à vida de confiança, é um golpe abençoado. Muitas vezes é por meio de situações terríveis, porém justas, que Deus mais abençoa Seu povo. Ele feriu Davi para curá-lo. Ele o tirou da armadilha do passarinheiro filisteu e o livrou da pestilência das associações pagãs, de uma maneira que lhe trouxe lágrimas aos olhos até que ele não tivesse mais forças para chorar. Agora o servo do Senhor começa a ver a mão maravilhosa de Deus e ainda dirá: "Antes de ser afligido, andava errado, mas agora guardo a tua palavra" (Sl 119:67).

Eu, o pregador desta hora, imploro para dar meu pequeno testemunho de que os piores dias que já tive acabaram sendo meus melhores, e, quando Deus parecia mais cruel para mim, Ele foi, na verdade, muito gracioso. Se há algo neste mundo pelo qual eu o louvaria mais do que qualquer outra coisa, é pela dor e pela aflição. Estou certo de que, nessas coisas, o mais rico e terno amor foi manifestado a mim. Rogo a vocês, queridos amigos: se vocês estão muito abatidos e angustiados, reanimem-se na abundante fidelidade do Deus invisível. As carruagens de nosso Pai ressoam com mais força quando nos trazem a carga mais rica do ouro de Sua graça. Cartas de amor do Céu são frequentemente enviadas em envelopes de bordas pretas⁷⁶. A nuvem negra de terror também é grande em misericórdia. Podemos não pedir problemas, mas, se fôssemos sábios, deveríamos considerá-los como a sombra de uma bênção extraordinariamente grande. Tema a calmaria, pois muitas vezes ela é traiçoeira e, escondida atrás dela, a pestilência está à espreita. Não tema a tempestade, que traz a cura por trás dela, e estando Jesus com você no barco, a tempestade apenas apressa sua chegada no porto desejado. Bendito seja o Senhor, cujo caminho passa pelo redemoinho e faz das nuvens o pó dos Seus pés. Que alguns pensamentos como esses o ajudem a se reanimar em Deus assim como Davi fez.

3. E agora, por terceiro, vemos Davi consultando a Deus.

"Então, consultou Davi ao SENHOR, dizendo: Perseguirei eu o bando? Alcançá-lo-ei?" (1Sm 30:8).

Observe bem que, assim que Davi se acertou com Deus, ele desejou saber qual era a vontade do Senhor quanto à sua próxima atitude. Você e eu teríamos dito: "Vamos nos apressar atrás desses saqueadores; não paremos um instante, podemos orar enquanto marchamos ou em algum outro momento. Vamos! Depressa! Pois a vida de nossas esposas e nossos filhos está em jogo". Se havia um momento de ter pressa, era aquele. No entanto, como diz o bom provérbio: "A oração e o alimento não impedem a viagem de um homem". Então, Davi para sabiamente. "Traze-me aqui a estola sacerdotal..." (v.7),

---

⁷⁶ À época, as cartas com notícias de falecimento de alguém próximo possuíam bordas pretas a fim de preparar o destinatário.

ele clama e espera até que o Senhor responda às suas perguntas. Ele não marchará até que o Senhor dê a palavra de comando. Isso é bom. É um doce estado de espírito sentir que agora você deve esperar pela ordem do Senhor, que sua força é aquietar-se até que Deus ordene que você siga em frente. Ó, se pudéssemos manter sempre essa submissão de coração! Ó, que nunca nos apoiemos em nosso próprio entendimento, mas confiemos unicamente em Deus!

Observe que Davi pressupõe que seu Deus o ajudará. Ele só quer saber como isso deve ser feito. "...Perseguirei eu o bando? Alcançá-lo-ei?..." (v.8). Quando você, meu irmão, está consultando o Senhor, não se aproxime dele como se Ele não fosse ajudá-lo, ou com a expectativa de que seria muito difícil obter Sua ajuda. Você não gostaria que seus filhos lhe pedissem um favor como se estivessem com medo de falar com você. Tenho certeza de que você não gostaria que um filho amado, independentemente do que ele tivesse feito, suspeitasse de seu amor e duvidasse de sua disposição em ajudar, pois, mesmo depois de tudo o que ele fez, ainda é seu filho. Davi fortaleceu-se em seu Deus e agora está convicto de que Deus está pronto para salvá-lo; tudo o que ele quer saber é como ele deve proceder a seguir.

Deve-se observar, entretanto, que Davi não espera que Deus o ajude sem que ele dê o seu melhor. Ele pergunta: "Perseguirei eu o bando? Alcançá-lo-ei?". Ele tem uma postura ágil e, apesar de estar triste e fraco, ele está pronto para agir. Muitos que têm problemas parecem esperar que um anjo venha e os erga pelos cabelos, mas os anjos têm outros assuntos em mãos. O Senhor geralmente nos ajuda, capacitando-nos a ajudar a nós mesmos, e é algo que nos faz bem em dobro. Foi para maior benefício de Davi que ele mesmo ferisse os amalequitas do que se Deus jogasse granizo do céu sobre eles e os destruísse. Davi terá seus despojos como recompensa da batalha e será retribuído pela marcha forçada e pela luta. Irmão, você terá que trabalhar e labutar para livrar--se de dívidas e dificuldades, e assim o Senhor ouvirá sua oração. A regra é confiar em Deus para destruir os amalequitas e depois marchar atrás deles, como se tudo dependesse de você. Existe uma confiança em Deus que desperta toda a nossa autossuficiência e une-se à carruagem da providência divina, deixando o homem pronto para a ação porque Deus está com ele. É instrutivo notar que, embora Davi estivesse pronto para a ação, confiando em Deus, ele desconfiava muito de sua própria sabedoria, visto que ele perguntou: "Perseguirei eu o bando? Alcançá-lo-ei?". É sábio aquele homem que considera sua própria sabedoria uma tolice, e aquele que lança seu julgamento aos pés de Jesus é um homem do mais sólido julgamento. Aquele que espera até que a sabedoria divina o guie será hábil e prudente em todas as coisas.

Davi também desconfiava de sua própria força, embora estivesse pronto para usar o que tinha, dado que ele questionou: "Alcançá-lo-ei?". Meus homens podem marchar rápido o suficiente para alcançar esses ladrões? E que estado de coração abençoado é esse quando não temos forças próprias, mas buscamos a Deus! É bom ser insuficiente e descobrir que Deus é suficiente. Eu paro aqui um minuto e rogo a Deus para que sempre mantenha a você e a mim na mesma condição a que Ele levou Seu servo Davi. Eu não me importo muito se Davi alcançou os ladrões e tudo mais: a glória era ele ter alcançado seu Deus e estar esperando a Seus pés. Ele não poderia ser levado a isso sem que sua cidade fosse queimada, sem que ele estivesse enlutado, roubado e pronto para morrer pelas mãos de seus próprios guerreiros. Mas valeu a pena todo o custo de ser trazido a descansar tão somente nos braços de Deus e, como uma criança, esperar em pura dependência à porta do grande Pai. Deixe que os orgulhosos levantem sua cabeça, mas permita-me descansar a minha no peito de Jesus. Deixe que os poderosos levantem seus escudos bem alto; quanto a mim, o Senhor é minha força e o meu escudo. Quando estou fraco, então sou forte. Pois "os que esperam no Senhor renovam as suas forças..." (Is 40:31). O antigo cântico de Maria ainda é verdadeiro: "Agiu com o seu braço valorosamente; dispersou os que, no coração, alimentavam pensamentos soberbos. Derribou do seu trono os poderosos e exaltou os humildes" (Lc 1:51-52).

4. Encerramos nosso sermão com a quarta observação, que é uma nota de júbilo e louvor a Deus, que ajudou Seu servo — *a resposta que trouxe paz a Davi.*

O Senhor ouviu a súplica de Davi: "Na minha angústia, clamo ao Senhor, e ele me ouve" (Sl 120:1). Observe isso: ele não foi livrado sem passar por mais provações. Davi marchou com seus 600 homens a pé atrás do inimigo, à toda velocidade; o bando ficou tão desgastado e cansado que um terço deles não conseguiu atravessar o riacho de Besor, que, embora normalmente seco, provavelmente fluía com uma forte torrente. Muitos líderes teriam desistido da perseguição, se um em cada três de seus soldados estivesse ferido, mas Davi os perseguiu mesmo com sua força reduzida. Quando

Deus quer nos abençoar, geralmente tira uma parte da pouca força que pensávamos ter. Já não achávamos que nossa força correspondia à tarefa, e o Senhor tira uma parte até mesmo do pouco poder que tínhamos. Nosso Deus não nos enche até que tenhamos nos esvaziado. Duzentos homens deviam ser tirados do lado de Davi antes que Deus pudesse lhe dar a vitória, pois o Senhor queria que toda a força de Davi fosse exatamente igual aos 400 amalequitas que fugiram, para que Ele pudesse tornar a vitória mais memorável e célebre. Seja paciente, então, você que está aflito; seu livramento virá, mas saiba que sua tristeza ainda pode se intensificar, para que você possa, em breve, ter uma alegria ainda maior.

Deixando os 200 homens para trás, Davi dispara na frente e, em marcha forçada, alcança o inimigo. Ele os encontra festejando, fere-os de maneira feroz e implacável, os destrói e leva os despojos, mas de tal forma que revela que foi pela força de Deus; pois ele fala: "...o que nos deu o Senhor, que nos guardou e entregou às nossas mãos o bando que contra nós vinha" (1Sm 30:23). Deus ajudará Seus servos que confiam nele, mas terá toda a honra da vitória. Ele os livrará de tal maneira que entoarão salmos e hinos somente a Deus, e esta será a melodia: "'...Cantarei ao Senhor, porque triunfou gloriosamente...' (Êx 15:1). Éramos indignos, estávamos fracos e angustiados, mas Deus nos fez '...mais que vencedores, por meio daquele que nos amou' (Rm 8:37)".

A vitória de Davi foi perfeita. É-nos dito repetidamente que "Davi recuperou tudo". Nada foi perdido: nem uma parte do dinheiro, nem uma peça de roupa, nem um boi, nem uma ovelha, muito menos uma criança ou uma mulher — "Davi recuperou tudo". Como o Senhor opera maravilhosamente quando Sua mão se move para um fim. "O que a mim me concerne o Senhor levará a bom termo..." (Sl 138:8). A salvação é do Senhor, e é uma salvação eterna e completa. "Confiai no Senhor perpetuamente, porque o Senhor Deus é uma rocha eterna" (Is 26:40). Ele trabalhará e agirá perfeitamente, até que diga: "Está consumado!" (Jo 19:30). A batalha é do Senhor, e Seus santos serão mais do que vencedores.

Deus não deu a Davi apenas a dádiva de reaver tudo, mas concedeu-lhe um grande despojo. O povo dizia: "Este é o despojo de Davi" (1Sm 30:20). Davi ficou rico e pôde mandar presentes para seus amigos, mas ele também era um homem melhor, mais santo, mais forte e mais apto a usar a coroa que logo adornaria sua cabeça. Ó irmãos e irmãs, quanto maior for o seu problema, mais glorioso será o seu louvor, se vocês puderem apenas confiar em Deus e andar em comunhão com Jesus. As pequenas embarcações que ficam perto da costa transportam apenas cargas pequenas, e seus pilotos veem pouca coisa além da praia. Todavia os que singram o mar em navios e fazem negócios na imensidão do oceano, esses veem as obras do Senhor e Suas maravilhas nas profundezas. É algo considerável o fato de estar em alto-mar diante de uma terrível tempestade, quando o navio é sacudido de um lado para outro como uma bola, quando os céus se misturam com o oceano e tudo está em alvoroço. Então, um grande trovão luta com o rugido do mar, e as chamas do relâmpago são apagadas pela ebulição das poderosas ondas. Quando você alcança a costa novamente, você experimenta uma alegria que o homem que está em terra firme não pode sentir, e você tem uma história para contar a seus filhos, e aos filhos de seus filhos, sobre aquilo que você viu nas profundezas, de forma que um homem ordinário não familiarizado com os assuntos do mar mal consegue entender. E quanto aos boa-vida, o que eles veem? Você que esteve na batalha pode cantar a vitória e, apontando para sua experiência, exclamar: "Este é o despojo de Davi".

Confie no Senhor seu Deus. Acredite também em Seu Filho, Jesus. Livre-se da falsa fé e creia de verdade. Livre-se daquela fé só de palavras e confie no Senhor em tudo e em todos os momentos. "O que? Confiar no Senhor financeiramente? A respeito de cada centavo?" Certamente! A fé que não pode confiar em Deus sobre pão e vestimentas muito me assusta, pois é uma fé mentirosa. Pode ter certeza de que essa não é a fé sólida e prática de Abraão, que confiou em Deus quanto a sua tenda e seu sustento serem supridos e quanto a uma esposa para seu filho. Aquela fé que fez Davi confiar em Deus em relação aos filhos e filhas e os despojos, esse é o tipo de fé que devemos nutrir. Se não podemos confiar em Deus quanto a pães e peixes, como confiar nele em relação às coisas da eternidade e às glórias que ainda nos serão reveladas? Permaneça em Deus com uma fé diária. A fé em Deus é o exercício do bom senso santificado. Alguém me chamou de "supersticioso" por confiar em Deus quanto à Sua resposta à oração, mas respondo que é supersticioso quem não confia no Deus vivo. Aquele que acredita no poder da maior de todas as forças e confia na mais segura de todas as verdades está apenas agindo racionalmente. A razão mais pura atesta dependência de Deus. O desfecho declarará a sabedoria de crer em Deus. No fim, quando nós, com todos os crentes em Cristo, elevarmos o grande aleluia ao Senhor Deus de Israel que reina sobre todas as coisas por Seu povo, todos saberão que a fé é honrosa e a incredulidade é desprezível.

Deus os abençoe, irmãos, e, se algum de vocês nunca confiou em Deus, nem descansou em Seu Filho amado, que você seja levado a fazê-lo sem demora. Que você veja sua própria justiça queimada como Ziclague, e todas as suas esperanças carnais levadas cativas, e que você então fortaleça-se em Cristo, pois Ele reaverá tudo para você, e lhe dará também despojo, e haverá alegria e regozijo. Que o Senhor esteja com todos vocês. Amém.

11

JÓ:
A RESTAURAÇÃO DE JÓ [77]

E o SENHOR *virou o cativeiro de Jó, quando orava pelos seus amigos; e o* SENHOR *acrescentou a Jó outro tanto em dobro a tudo quanto dantes possuía.* —Jó 42:10 ARC

Visto que Deus é imutável, Ele sempre age de acordo com os mesmos princípios e, portanto, o curso de Sua ação nos tempos antigos em relação a um certo homem será um guia para outros que tenham o mesmo caráter. Deus não age por capricho, nem por improvisos. Ele tem Seus próprios meios. O salmista Davi usa a expressão: "Então, ensinarei aos transgressores os teus caminhos..." (Sl 51:13), como se Deus tivesse maneiras, hábitos e modos de ação bem conhecidos; e de fato Ele os tem, ou não seria o imutável Jeová. No cântico de Moisés, servo de Deus, e no cântico do Cordeiro,

---
[77] Sermão nº 1262, ministrado no *Metropolitan Tabernacle*, Newington. Publicado em 1875.

registrado em Apocalipse, lemos: "Justos e verdadeiros são os teus caminhos, ó Rei das nações!" (Ap 15:3).

Assim como os Céus são mais altos do que a Terra, assim são os caminhos do Senhor[78], e eles não são inconstantes ou arbitrários. Esses caminhos, embora muito diferentes se os olharmos de forma superficial, são sempre os mesmos quando você os compreende. Os caminhos do Senhor são retos, embora os transgressores caiam neles por não os discernirem; porém os justos entendem os caminhos do Senhor, pois Deus torna tais caminhos conhecidos a eles, que percebem que grandes princípios universais governam todas as ações de Deus. Se não fosse assim, o caso de um homem como Jó não nos teria serventia. Não se poderia dizer que as coisas que aconteceram anteriormente nos servem como exemplos, porque, se Deus não agisse com base em princípios imutáveis, nunca poderíamos dizer como Ele agiria em qualquer novo caso, e o que aconteceu a um homem não seria regra e nem incentivo para outro. Não somos todos como Jó, mas todos temos o Deus de Jó. Embora não tenhamos alcançado a riqueza de Jó, nem provavelmente experimentaremos a tamanha pobreza que ele provou, ainda temos, no entanto, acima de nós o mesmo Deus, e, se formos provados, contamos com Seus braços eternos para nos segurar se cairmos. O que o Senhor fez por Jó, fará por nós, não precisamente da mesma forma, mas com o mesmo espírito. Se, portanto, formos abatidos nesta noite, sejamos encorajados com o pensamento de que Deus transformará novamente o nosso cativeiro e tenhamos a esperança de que, após o tempo de provação, seremos

---

[78] Referência a Isaías 55:9.

mais ricos do que nunca, especialmente nas coisas espirituais. No crescente calor da aflição, haverá uma transformação, e o fogo esfriará. Quando o refluxo da maré chegar ao seu nível mais baixo, o mar terá sua força restaurada; quando o inverno severo chegar, a primavera estará próxima, e quando romper a meia-noite, o amanhecer não estará longe. Talvez, também, o sinal de nossos dias mais felizes seja o mesmo do paciente patriarca, e, quando oramos por nossos amigos, bênçãos serão derramadas sobre nossa própria vida.

Nosso texto contém três pontos muito claros: primeiro, *o Senhor pode, a qualquer momento, transformar o cativeiro de Seu povo*: "E o SENHOR virou o cativeiro de Jó". Em segundo, *geralmente, há um momento em que o Senhor intervém para livrar Seu povo do cativeiro*. No caso de Jó, sua condição mudou quando orou por seus amigos. E o terceiro ponto é que, *com Deus, os crentes jamais permanecerão em estado de perda*, pois Ele concedeu a Jó o dobro do que ele tinha antes.

1. Então, primeiramente, vemos que *o Senhor pode, a qualquer momento, transformar o cativeiro de Seu povo.*

A expressão "cativeiro" é muito notável. O texto não diz: "O Senhor virou a sua pobreza", embora Jó tenha sido reduzido à extrema miséria e tenha perdido todas as suas propriedades. Não lemos que o Senhor curou sua doença, embora ele estivesse coberto de dolorosas chagas. O texto também não diz que Deus afastou o aguilhão do sofrimento, da reprovação e da calúnia. No entanto, há algo mais significativo na palavra *cativeiro*. Um homem pode ser muito pobre, mas não estar em um cativeiro; sua alma pode cantar entre os anjos quando seu corpo está em um monturo e os cães estão lambendo suas feridas. Um homem pode estar muito doente e, ainda assim, não estar cativo; ele pode estar vagando pelos amplos campos da misericórdia da aliança, embora impossibilitado de se levantar de sua cama; e sua alma pode nunca usufruir de maior liberdade do que quando seu corpo mal consegue virar de um lado para o outro. O cativeiro é a escravidão da mente, é uma espada que entra na alma. Suspeito que Jó, sob a severa provação mental que acompanhou suas dores físicas, estava, quanto ao seu espírito, como um homem amarrado dos pés às mãos, e então levado para longe de seu país natal, banido do lugar que amava, privado dos relacionamentos que o animavam e confinado nas trevas. Quero dizer que, junto com os problemas e as provações a que foi submetido, ele havia perdido, de certa forma, a presença de Deus; muito de sua alegria e de seu conforto haviam desaparecido; a paz de sua mente se fora, e as amizades que ele havia feito com outros crentes foram rompidas: ele era como um cativo solitário. Seus três amigos o haviam condenado como hipócrita e não interagiam com ele, senão para censurá-lo, e assim ele se sentiu como alguém que fora levado para uma terra distante e banido da presença de Deus e dos homens. Restou-lhe apenas aceitar a condição de um cativo, isto é, ser oprimido, chorar, reivindicar compaixão e derramar lastimosa queixa. Ele pendurou sua harpa nos salgueiros e sentiu que não poderia cantar a canção do Senhor em uma terra estranha. Pobre Jó! Dá menos pena por ele por suas aflições, pobreza e doença do que pela perda daquela luz do Senhor que uma vez brilhou sobre sua cabeça.

Essa é a pior parte de quando a aflição penetra no coração. De todas as balas na batalha, embora voem pesadas como granizo, nenhuma provoca mais angústia a um soldado quanto aquela que se crava em sua carne. "Pegar em armas contra um mar de dores, pondo-lhes um fim"[79] é algo grandioso e viril. Porém, quando esse mar de dores enche a cabine do coração, apaga o fogo que gera energia interior, inunda o leme do discernimento e torna inútil o motor das intenções, o homem quase torna-se um náufrago. "...o espírito abatido, quem o pode suportar?" (Pv 18:14). Toque um homem em seus ossos e em sua carne, e ainda assim ele pode exultar, mas toque-o em sua mente — deixe o dedo de Deus ser colocado sobre seu espírito — e então, de fato, estará no cativeiro. Acho que o termo inclui todas as aflições temporais que Jó enfrentou, mas denota principalmente a escravidão de espírito à qual ele foi levado, como resultado combinado de seus problemas, de sua doença, das provocações de seus amigos e da ausência do sorriso divino. O que quero dizer é que Deus pode nos libertar desse cativeiro; Ele pode nos conceder uma alegre libertação, tanto do cativeiro espiritual quanto do temporal.

O Senhor pode nos libertar do cativeiro espiritual, e muito rapidamente. É possível que eu esteja me dirigindo a alguns esta noite que sentem tudo, exceto aquilo que gostariam de sentir. Eles não desfrutam de nenhuma doçura das riquezas da graça, e ainda assim não abririam mão delas mesmo que recebessem em troca todo o mundo. Antigamente, eles costumavam se alegrar no Senhor; mas agora eles não podem ver

---

[79] Frase do monólogo de Hamlet, na obra de mesmo nome, de William Shakespeare (1564–1616). Tradução de Millôr Fernandes.

Seu rosto e o máximo que podem dizer é: "Ah! Se eu soubesse onde o poderia achar!" (Jó 23:3). Pouco importa que alguns vivam em perpétua alegria; os triunfos dos outros não podem alegrar um homem que foi derrotado. É inútil dizer a uma alma angustiada que ela deve se alegrar da mesma forma que os outros. O que se deve fazer e o que se pode fazer às vezes são coisas muito diferentes, pois não sabemos como realizar o que gostaríamos. Em vão você derrama palavras alegres em um ouvido atormentado. Cantar canções para um coração triste é como derramar vinagre sobre nitrato; os elementos não são compatíveis e causam uma dolorosa efervescência. Existem verdadeiros filhos de Deus que andam nas trevas e não veem a luz; sim, alguns que são os excelentes da Terra, no entanto, são compelidos a gritar em alta voz: "Deus meu, Deus meu, por que me desamparaste?" (Sl 22:1). Ao longo de todos os tempos, alguns desses estiveram na igreja, e sempre haverá outros. Que nossos irmãos perfeitos os condenem como quiserem! O Senhor permitirá que alguns sofram; no meio de Sua Igreja, sempre haverá um povo aflito e pobre. Estejamos todos avisados, pois também podemos ser provados e rejeitados antes que nosso dia termine; pode ser que os olhos mais brilhantes entre nós ainda estejam ofuscados, e o coração mais corajoso ainda esteja fraco, e aquele que habita mais próximo de seu Deus, nesse momento, nada possa além gritar com amargura de alma: "Senhor, levanta sobre nós a luz do teu rosto" (Sl 4:6).

Portanto, grave bem essa verdade encorajadora: Deus pode transformar seu cativeiro e pode fazê-lo instantaneamente. Alguns dos filhos de Deus parecem pensar que recuperar sua alegria de outrora deva levar muito tempo. Querido irmão, se você tivesse que trilhar seu caminho de volta para o lugar de onde veio, verdadeiramente esta seria uma viagem cansativa. Seriam necessários os mais fervorosos exames do coração e purificações do espírito, lutando contra as concupiscências inatas e as tentações exteriores e tudo o mais, se a alegria fosse sempre o resultado da condição interior. Deveria haver uma grande necessidade de esfregar, limpar e reformar a casa, antes que você pudesse convidar seu Senhor para vir, se Ele e você fossem habitar juntos nos termos da Lei. Embora toda essa limpeza e purificação seja necessária, ela será muito mais eficaz quando você a fizer considerando o amor de Deus do que se você a fizer visando tornar-se digno dela.

Você não se lembra de quando o buscou pela primeira vez, e queria que Ele o tratasse no aspecto de torná-lo uma pessoa melhor, e você preparou a casa para Ele vir morar nela? Mas Ele não viria nessas condições. O Senhor veio a você exatamente como você estava, e quando veio, Ele mesmo expulsou os intrusos que profanaram o templo de sua alma, e fez morada em você, limpando-o completamente. Agora Ele concederá a você a alegria consciente de Sua presença nas mesmas condições que no início, isto é, na condição da graça soberana e imerecida. Em outras épocas, você não confessou o Salvador em sua alma porque não podia viver sem Ele? Não foi esse o motivo? Não é um bom motivo para recebê-lo novamente? Quando o recebeu, havia algo em você que pudesse recomendá-lo a Ele? O que quero dizer é: você não estava completamente contaminado e cheio de pecado e miséria? E ainda assim você abriu a porta e disse: "Meu Senhor, entre, com a Tua graça abundante, aproxima-te, porque sem ti perecerei". Meu caro amigo, você ousaria convidá-lo agora em outra condição?

Tendo começado no Espírito, você se tornaria perfeito por meio da carne? Tendo começado a viver pela graça, você continuaria a viver pelas obras? Quando você era um servo desconhecido, você confiou no Seu amor; e agora que se tornou Seu amigo, apelará para a Lei? Deus nos livre! Ó irmão, Jesus ainda ama você, e Ele o restaurará a qualquer momento. Ó irmã, como Jesus anseia por fazer morada em seu coração. Você já leu aquela passagem alegre do cônjuge? "Antes que eu o percebesse, você me colocou entre as carruagens, com um príncipe ao meu lado" (Ct 6:12 NVI). Por que Ele não pode fazer o mesmo com você agora, e vivificá-lo, e inspirá-lo neste mesmo instante? Afinal, você não está pior do que era quando Ele o visitou pela primeira vez; você não está em uma situação tão triste, como seu primeiro estado natural, pois, se assim fosse, você estaria completamente morto em delitos e pecados; mas Ele o vivificou, e agora, embora você diga que se sente morto, ainda assim seu próprio semblante prova que há alguma vida persistindo em você. Pois não ouvi você cantar:

Volte, ó Pomba Sagrada, volte,
Doce mensageira da paz,
Eu odeio os pecados que a fizeram chorar,
Que do meu peito a forçaram a voar?[80]

Ora, amigo, esses suspiros e gemidos são doces para o Senhor, e não estariam em você se Ele não os tivesse colocado; eles são sinais verídicos de que Sua graça não foi totalmente

---

[80] Tradução livre de uma das estrofes do hino *O for a closer walk with God*, de William Cowper (1731–1800).

tirada de você. Ó filho de Deus, você não sabe que a graça de Deus é suficiente para perdoar todos os seus pecados após a conversão, bem como antes dela? Você não sabe que o Senhor o amou no passado, apesar dos seus pecados, e ainda o ama? Você não entende que a base de sua salvação não é sua posição ou seu caráter, mas a posição de Cristo diante de Deus, e o caráter e a obra de Cristo na presença do Pai? Acredite firmemente que Ele ainda ama você, pois Ele verdadeiramente ama. Volte seu olhar para as Suas preciosas feridas e leia Seu amor ainda nelas escrito. Ó, Tomé incrédulo, não coloque os dedos nas suas próprias feridas, pois isso não o ajudará; coloque-os nas feridas de Jesus. Aproxime-se dele e você clamará com êxtase de espírito: "Senhor meu e Deus meu!" (Jo 20:28).

Bem, eu sei o que é sentir esse maravilhoso poder de Deus para nos libertar do cativeiro. Quando alguém está constantemente engajado no ministério, às vezes acontece da mente divagar, o espírito enfraquecer e a energia se esvair, no entanto, em um minuto, o Senhor pode nos vivificar para uma atividade vigorosa; a estopa pega fogo e arde gloriosamente quando o Espírito Santo manda o fogo. Ouvimos um hino sendo cantado e declaramos: "Não posso participar deste canto como gostaria", mas, de repente, um vento forte e impetuoso nos levou com o cântico até o Céu. O Senhor não leva dias, meses, semanas ou mesmo horas para fazer Sua obra de avivamento em nossa vida. Ele fez o mundo em seis dias, mas o iluminou em um instante com uma única palavra. "Deus disse: 'Haja luz'; e houve luz" (Gn 1:3); Ele não pode fazer o mesmo por nós e afugentar nossa escuridão antes do próximo tique-taque do relógio? Não se desespere nem mesmo duvide do seu Deus. Ele pode transformar seu cativeiro como os riachos revigoram o deserto.

Amado, *Ele pode fazer o mesmo em relação ao nosso cativeiro secular*. Não costumamos falar muito sobre as coisas seculares quando pregamos; temo que não falemos o suficiente sobre elas, pois é maravilhoso como o Antigo Testamento é tomado com a narração do cuidado de Deus com Seu povo quanto a essas coisas temporais. Muitas pessoas imaginam que Deus tem muito a fazer pelo que se pede no quarto de oração e nenhum interesse pelo que se tem no armário da cozinha, mas seria uma coisa terrível para nós se fosse assim.

Na verdade, meus irmãos, devemos ver tanto a mão de nosso Senhor na mesa da cozinha quando está farta quanto na mesa da Comunhão, pois o mesmo amor que prepara a mesa quando celebramos o sacrifício amoroso de nosso Salvador prepara a mesa que nos permite manter a vida física, sem a qual não poderíamos ir à outra mesa. Devemos aprender a ver Deus em tudo e louvá-lo por tudo o que temos.

Agora pode ser que eu me dirija a algum amigo que sofreu muito com as perdas financeiras. Caro amigo, o Senhor pode restaurá-lo. Quando Jó perdeu tudo, Deus prontamente lhe devolveu tudo. "Sim", você diz, "mas esse foi, deveras, um caso singular." Eu admito isso, mas então temos que lidar com o Deus extraordinário e singular, que ainda faz maravilhas. Se você considerar o assunto, verá que foi algo tão notável quando Jó perdeu todas as suas propriedades como quando ele as recuperou. Se, antes do que ocorreu a Jó, você tivesse caminhado pela fazenda desse homem e visto os camelos e o gado, se você tivesse entrado em sua casa e visto a mobília e a abastada condição de Jó — se você tivesse visto como aqueles que passavam por ele na rua se curvavam a ele, visto que era um homem muito respeitado, e se você tivesse ido à casa de seus filhos e visto o conforto em que eles viviam, você teria dito: "Ora, este é um dos homens mais bem-sucedidos em todas a terra de Uz". Praticamente não havia um homem com tamanha riqueza em toda aquela região, e se alguém tivesse predito que em um dia ele perderia todas essas propriedades — tudo — e todos os seus filhos, você teria dito: "Impossível! Já ouvi falar de grandes fortunas que entraram em colapso, mas elas foram construídas com base em apostas e riscos. Elas eram apenas riquezas de papel, feitas de cédulas e coisas do gênero; mas, no caso deste homem, há bois, ovelhas, camelos, terras e propriedades, e tais coisas não podem evaporar. Jó tem um bom patrimônio substancial, não posso acreditar que algum dia ele chegará à pobreza". Ora, quando ele saía pelo portão onde os magistrados se sentavam para administrar a justiça, eles se levantavam e davam-lhe o assento principal no tribunal. Ele era um homem cujos rebanhos não podiam ser contados, tão grandes eram suas posses — eram de fato verdadeiras propriedades, não simples bens nominais, e, no entanto, de repente, tudo criou asas e desapareceu. Certamente, se Deus pode espalhar, Ele pode ajuntar. Se Deus era capaz de espalhar um patrimônio como esse, Ele podia, com a mesma facilidade, trazê-lo de volta. Mas, nem sempre nos atentamos a isso. Vemos o poder destrutivo de Deus, mas não temos muita clareza sobre Seu poder restaurador. No entanto, meus irmãos, certamente é mais consoante com a natureza de Deus este fato: Ele mais concede do que toma, Ele mais abençoa do que castiga. Porventura Ele não afirma que o juízo é "…sua obra, a sua obra estranha…"

(Is 28:21)? Sinto-me persuadido a pensar que foi incomum a obra de Deus de tirar de Jó todas as suas propriedades e trazê-lo a uma profunda aflição; mas, quando o Senhor começou a enriquecer Seu servo Jó novamente, Ele fez essa obra, como dizemos, *con amore* — de coração e alma. O Senhor estava fazendo então o que tem prazer em fazer, pois a felicidade de Deus nunca é mais claramente vista do que quando Ele está distribuindo as generosidades de Seu amor. Por que você não pode olhar para suas próprias circunstâncias sob esta mesma luz? É mais provável que Deus o abençoe e o restaure do que o castigue e tire algo de você. Ele pode restaurá-lo, sim, toda a sua riqueza e muito mais.

Essa pode parecer uma observação muito simples e comum, conhecida por todos; contudo, amado, as mesmas coisas que todos sabem são aquelas que precisamos ouvir, se forem mais adequadas ao nosso caso. Essas coisas velhas com as quais não nos importamos em nossa prosperidade são mais valiosas quando somos derrubados pelos terríveis golpes da tribulação. Permita-me então repetir esta verdade: o Senhor que tira pode restaurar com a mesma facilidade. "Porque ele faz a ferida e *ele mesmo a ata*; ele fere, e *as suas mãos curam*" (Jó 5:18). "O Senhor é o que tira a vida *e a dá...*" (1Sm 2:6). Creia que Ele estenderá em breve Sua mão direita se a esquerda estiver estendida por muito tempo e, se você puder crer, não demorará muito para que você diga: "porque contemplou na humildade da sua serva..." ou de seu servo (Lc 1:48). "Ele ergue do pó o desvalido e do monturo, o necessitado, para o assentar ao lado dos príncipes, sim, com os príncipes do seu povo" (Sl 113:7-8). "Derribou do seu trono os poderosos e exaltou os humildes" (Lc 1:52). Deixo com vocês esta verdade simples: o

Senhor pode transformar o cativeiro de Seu povo. Você pode aplicar essa verdade a mil coisas. Vocês, professores da Escola Dominical, se vocês tiveram uma adversidade em sua classe e nada de bom aconteceu, Deus pode mudar isso. Vocês, ministros, se por muito tempo vocês araram e semearam em vão, o Senhor pode transformar sua angústia. Vocês, queridas esposas, que têm orado por seus maridos; vocês, pais, que têm suplicado por seus filhos e ainda não viram nenhuma bênção: o Senhor pode transformar seu cativeiro nesses aspectos. Nenhum cativeiro é tão terrível que Deus não possa nos tirar dele; nenhuma corrente está tão presa que Deus não possa rompê-la, e nenhuma prisão é tão forte que Deus não possa quebrar as grades e libertar Seus servos.

2. A segunda observação que destaco é que *geralmente, há algum momento em que o Senhor intervém para restaurar Seu povo.*

Não tenho dúvidas de que, no caso de Jó, o Senhor transformou seu cativeiro, porque *a grande provação que foi colocada sobre Jó estava agora terminada*, pelo menos do ponto de vista do Senhor.

A sugestão de Satanás foi que Jó era egoísta em sua devoção — que ele considerava a honestidade a melhor política e por causa disso era honesto —, que a devoção era um ganho e, portanto, por esta razão ele era zeloso. "Não o cercaste com sebe, a ele, a sua casa e a tudo quanto tem?" (Jó 1:10), disse o antigo acusador dos irmãos. O diabo geralmente faz uma de duas coisas: às vezes, ele diz aos justos que não há recompensa por sua santidade, e então eles dizem: "Com efeito, inutilmente conservei puro o coração e lavei as mãos na inocência" (Sl 73:13); ou então ele diz que eles só obedecem ao Senhor porque têm um olhar egoísta para a recompensa. Agora, seria uma calamidade se o diabo pudesse acusar o Senhor de retribuir Seus servos injustamente. Seria uma catástrofe se o demônio pudesse dizer: "Lá está Jó, homem íntegro e reto, mas não puseste nenhuma cerca ao redor dele e nem lhe deste recompensa alguma". Isso teria sido uma acusação contra a bondade e a justiça de Deus. No entanto, como o diabo não pode dizer isso, ele segue o outro caminho e diz: "Puseste uma cerca ao redor dele e de tudo o que ele tem. Ele te serve com interesses e por honras. Ele tem um motivo egoísta em sua integridade".

Com a permissão de Deus, a questão foi colocada à prova. O diabo havia dito: "Estende, porém, a mão, toca-lhe nos ossos e na carne e verás se não blasfema contra ti na tua face" (Jó 1:11). Mas Jó não fez tal coisa. No ápice de sua dor, ele disse: "...O Senhor o deu e o Senhor o tomou; bendito seja o nome do Senhor!" (Jó 1:21). Às vezes, Deus coloca Seus servos em provas assim para que possa testá-los, para que o próprio Satanás saiba quão sinceros a graça de Deus os tornou e para que o mundo veja como eles podem lidar com este homem. Bons engenheiros, quando constroem uma ponte, ficam contentes por ver um trem pesado e enorme passando por cima dela. Você se lembra de quando o Palácio de Cristal foi construído para albergar a primeira Grande Exposição[81]?

---

[81] Spurgeon se refere a *Great Exhibition of the Works of Industry of all Nations* (Grande Exposição dos Trabalhos da Indústria de Todas as Nações, em tradução livre). Exposição universal celebrada em Londres, em 1851.

Eles fizeram regimentos de soldados marcharem, com passos firmes sobre as vigas, para que pudessem ter certeza de que estas seriam fortes o suficiente para suportar qualquer multidão, visto que a marcha regular de soldados bem disciplinados é um teste mais pesado para uma construção do que qualquer outra coisa. Portanto, nosso sábio e prudente Pai permite, às vezes, que uma tropa de infortúnios marche sobre o alicerce de Seu povo, para permitir que todos os homens vejam que a graça de Deus pode sustentar toda pressão e carga possíveis. Tenho certeza de que, se algum de vocês tivesse inventado algum acessório que requer força, ficaria feliz em testá-lo e em ver o resultado do teste bem-sucedido amplamente divulgado até mesmo no exterior. O fabricante de armas de fogo não se opõe a que, numa casa de provas, uma bala seja disparada do cano de espingarda com uma pressão muito maior a que normalmente será submetida, pois ele sabe que ela suportará a prova. "Faça o seu pior ou o seu melhor; é uma boa arma; então faça o que quiser"; é isso que um fabricante de um artigo genuíno está acostumado a falar, e o Senhor parece dizer o mesmo a respeito de Seu povo. "Minha graça sobre eles é poderosa e completa. Teste-a, Satanás; teste-a, mundo; teste-a por meio do luto, perdas e repreensões. Minha graça suportará todas as provações". E quando essa graça for provada e conseguir suportar tudo, então o Senhor transformará o cativeiro de Seu povo, pois a provação terminou.

Muito provavelmente havia, no caráter de Jó, alguma falha da qual ele seria purificado por meio de sua provação. Se ele cometeu algum erro, provavelmente foi por ter um conceito um tanto elevado de si mesmo e uma conduta severa para com os outros. Um pouco do espírito de um irmão mais idoso, talvez, tenha entrado nele. Um discurso amargo emanou de Jó quando seus molestos consoladores começaram a provocá-lo — garanto que isso não foi nem a centésima parte do tanto que eu ou talvez você diríamos, mas, ainda assim, nada teria sido externado se não estivesse em seu interior. Devia estar nele, senão toda a provocação do mundo não o levaria a externalizar; e o Senhor pretendia, por meios dessas provações, levar Jó a ter uma visão de si mesmo de outro ponto de vista, e descobrir imperfeições em seu caráter que ele jamais perceberia se não tivesse passado por tal provação. Quando, por intermédio da luz da provação e da luz ainda maior da presença gloriosa de Deus, Jó se viu revelado, ele se abominou no pó e nas cinzas. Provavelmente Jó não houvera se humilhado nos últimos tempos, mas ele o fez então, e agora, se qualquer tipo de egoísmo espreitava nele, foi posto de lado, pois Jó começou a orar por seus amigos cruéis. Seria necessária muita graça para levar alguém a orar por amigos como os de Jó. Interceder em favor de amigos verdadeiros é algo natural para nós, assim espero; porém orar por aquele Bildade e pelos outros dois, depois das coisas abomináveis que falaram e insinuaram... Ah, isso demonstrou que havia uma exuberância de doçura e luz no caráter de Jó e graça abundante na essência de sua alma, do contrário, ele dificilmente teria intercedido por esses homens vis que pisotearam um amigo abatido. Agora perceba: eis que Jó descobriu sua falta e a eliminou, e o grande ancião se ajoelhou para orar pelos homens que o chamavam de hipócrita — para orar por homens que o feriram até a alma. Ele implora a Deus que olhe com misericórdia para os homens que não tiveram misericórdia dele, mas haviam empilhado impiedosamente todos os tipos de rótulos sobre ele, afligindo-o em seus pontos mais sensíveis, justamente quando eles deveriam ter se compadecido dele. A miséria de Jó por si só deveria ter calado seus amigos, mas parece que essa miséria os incitou a dizer as coisas mais cruéis que poderiam ter sido concebidas, e eram ainda mais cruéis porque eram imerecidas. Todavia agora Jó ora por seus amigos. Você percebe que a provação havia alcançado seu objetivo. Ela tornou-se evidentemente abençoadora para Jó e provou que Satanás era mentiroso. Agora o fogo da provação se apaga e, como o metal precioso, o patriarca sai da fornalha mais reluzente do que nunca.

Caros amigos, o momento em que Deus pode transformar seu cativeiro pode não ser o mesmo em que Ele transformou o de Jó, pois o seu pode ser de caráter diferente. Tentarei explicar brevemente quando acho que Deus pode transformar sua provação.

Às vezes, Ele o faz *quando a provação revela um pecado específico seu*. Você tem colocado o dedo em diversas falhas, mas ainda não tocou o ponto em que seu maior mal está concentrado. Deus agora o ajudará a conhecer melhor a si mesmo. Quando estiver na fornalha, você começará a examinar a si mesmo e clamará: "...faze-me saber por que contendes comigo" (Jó 10:2). Você descobrirá três ou quatro coisas, talvez, em que esteja falhando, e se comprometerá com o Senhor, dizendo: "Dê-me graça, bom Senhor, para afastar essas coisas más". Sim, mas você ainda não chegou ao ponto desejado, e somente uma provação maior o guiará até ele. A ira do Senhor fumega contra sua casa, não por este ou aquele mal, mas por outro, e você precisa instaurar outra busca, pois os ídolos podem estar escondidos debaixo do assento em que está sentada uma querida Raquel[82]. O mal em sua alma pode estar exatamente no ponto em que você pensa que está mais bem protegido contra a tentação. Portanto, sonde-se e examine a si mesmo, querido irmão, pois, quando o pecado for descoberto e o Acã for apedrejado, então o vale de Acor será uma porta de esperança e você subirá para a vitória, e o Senhor irá com você[83].

Talvez, também, seu momento decisivo seja *quando seu espírito estiver quebrantado*. Somos, por natureza, como cavalos indomados, ou, para usar uma comparação bíblica, somos como "...novilho ainda não domado..." (Jr 31:18). Bem, o cavalo tem que passar por certos processos no adestramento, até que, finalmente, seja declarado como "completamente domado", e nós precisamos de treinamento semelhante. Receio que você e eu ainda não estamos completamente domados. Seguimos muito alegremente e nos submetemos ao comando em certos tipos de serviço, mas, se fôssemos chamados para outros tipos de trabalho, ou expostos ao sofrimento, necessitaríamos de rédeas sobre nós bem como freios e bridões em nossas bocas.

Então descobriremos que nosso espírito não foi perfeitamente quebrantado. É preciso muito tempo de dor e enfermidade para trazer alguns ao pó da completa submissão à vontade divina. Há ainda outras coisas que fazem com que alguns se posicionem contra Deus. Para estes, é verdadeiro o provérbio: "Ainda que pises o insensato com mão de gral entre grãos pilados de cevada, não se vai dele a sua estultícia" (Pv 27:22).

---

[82] Referência a Gênesis 31:32-35.
[83] Referência a Josué 7.

Temos sido triturados nesse gral e pilão, dia após dia, semana após semana, e ainda assim permanecemos tolos. Quando nossa alma disser com alegria: "Não seja o que eu quero, mas o que o Senhor deseja", nosso cativeiro estará a um passo do fim, ou até mesmo terminado. Enquanto protestamos: "Não deveria ser assim, eu não quero passar por isso", lutamos e nos rebelamos, é como se estivéssemos chutando espinhos, ferindo nosso próprio pé toda vez que os chutamos; mas, quando desistirmos de toda essa luta e dissermos: "Senhor, entrego esta causa inteiramente a ti, seja feita a Tua vontade", então a prova cessará, pois não haverá mais necessidade dela. Dessa forma, chega-se ao ápice e ao ponto decisivo de toda a aflição. O nosso Getsêmani termina quando, como o Senhor Jesus, clamamos: "...Todavia, não seja como eu quero, e sim como tu queres" (Mt 26:39).

Às vezes, e novamente advirto, a provação *pode cessar quando você tiver aprendido a lição que ela pretendia lhe ensinar, em relação a alguma verdade do evangelho*. Acho que algumas vezes eu disse que muitas verdades do evangelho são como cartas escritas com uma tinta invisível. Se você já teve uma carta escrita com essa tinta intencionalmente preparada, quando você olha para ela, não consegue ver absolutamente nada: é ilegível. A coisa certa a fazer é segurar a escrita contra o fogo. À medida que ela aquece na chama, o ácido da tinta revela a escrita e as letras surgem diante dos seus olhos. Muitas das promessas de Deus precisam ser colocadas diante do fogo abrasador da adversidade e das aflições pessoais, e então lemos o precioso segredo do consolo do Espírito. Você não consegue ver as estrelas durante o dia na superfície da Terra, porém, se você descer em um poço, você consegue, e quando você desce no poço profundo da aflição, muitas vezes acontece de você ver uma beleza e um brilho na promessa que ninguém mais pode ver, e quando o Senhor o colocar em uma determinada posição, na qual você pode ver a glória de Sua graça como você nunca poderia ter visto em qualquer outro lugar, então Ele dirá: "Basta; ensinei a lição ao meu filho. Eu o restaurarei".

Penso também que, para alguns de nós, *Deus permite que lutas nos sobrevenham até que tenhamos um espírito compassivo*. Eu não deveria me contentar em ter vivido 40 anos nesse mundo sem nunca ter sofrido com uma doença. "Ó", você diz, "isso teria sido muito desejável". Eu garanto que pode parecer que sim. Quando conheci um homem que nunca havia sentido dor, sofrimento ou doença em sua vida, costumava invejá-lo, mas agora não mais, pois tenho plena confiança de que ele não é um vitorioso devido a sua monótona experiência. Como pode um homem simpatizar com problemas que nunca conheceu? Como ele pode ser terno de coração se ele mesmo nunca foi tocado pela enfermidade? Se alguém deseja ser um consolador para os outros, ele deve conhecer as tristezas e as doenças dos outros na mesma medida. Isso foi fundamental para nosso Senhor, e, certamente, o que era essencial para Ele é necessário para aqueles que são pastores de outros, como Ele foi. Bem, pode ser que, por natureza, alguns de nós não sejamos muito compassivos; eu não acho que Jó fosse. É possível que, embora ele fosse gentil e generoso com os pobres, ainda assim era um tanto severo, mas suas tribulações lhe ensinaram compaixão. E, talvez, o Senhor pode enviar-lhe adversidades até que você se torne mais brando de coração, para que então você seja uma pessoa que aconselha os cansados no momento oportuno. Ao sentar-se ao lado da cama de um enfermo, você será capaz de dizer: "Eu conheço todos os sentimentos e meandros de um homem doente, pois eu também experimentei o sofrimento". Quando Deus tiver operado isso em você, Ele estará prestes a restaurá-lo.

No caso de Jó, o Senhor transformou seu cativeiro *quando ele orou por seus amigos*. Orar em favor de nós mesmos é abençoador, mas, para o filho de Deus, é um exercício maior tornar-se um intercessor e orar pelos outros. A oração por nós mesmos, por melhor que seja, tem um toque de egoísmo, mas a oração pelos outros elimina tal ingrediente. Aqui está o amor, o amor que Deus, o Espírito Santo, tem prazer em fomentar no coração: quando as orações de um homem são feitas pelos outros. E que forma cristã de oração é quando você está orando por aqueles que o maltrataram e o usaram de forma maldosa! Assim você imita seu Mestre. Ao orar por vocês mesmos, são como aqueles por quem Jesus morreu; contudo, ao orar por seus inimigos, vocês agem como o próprio Jesus crucificado agiu: "...Pai, perdoa-lhes, porque não sabem o que fazem..." (Lc 23:34). Essa oração contém mais do Céu do que as canções dos serafins, e sua oração, quando oferecida por aqueles que o trataram mal, é de certa forma semelhante à oração agonizante de seu Senhor. Jó teve permissão para fazer uma nobre vingança, tenho certeza de que era a única coisa que desejava, quando ele mesmo se tornou o meio de trazê-los de volta para Deus. Deus não os ouviria, disse ele, pois haviam falado de forma tão injusta de Seu servo Jó, e agora Jó é designado para ser um mediador, ou um intercessor, em favor deles. Assim o desprezo derramado sobre o patriarca foi transformado em honra. Se o Senhor tão somente salvar a alma do opositor por meio de sua oração, esta será uma maneira esplêndida de retribuir discursos amargos. Se muitas insinuações rudes foram lançadas e palavras perversas foram ditas, se você puder orar por aqueles que usaram tais palavras, e Deus ouvir você e levá-los a Jesus, será um triunfo que um anjo poderia invejar. Meu irmão, nunca use outra arma de retaliação que não seja a arma do amor. Não se vingue de forma alguma proferindo qualquer coisa parecida com uma maldição, ou o desejo que qualquer dano chegue ao seu pior adversário, mas, na medida em que ele amaldiçoar você, inunde-o de bênçãos. Amontoe as brasas vivas de seus desejos sinceros e de suas orações fervorosas sobre a cabeça de seu inimigo, e se o Senhor lhe usar para trazê-lo à salvação, Ele será exaltado, e você terá felicidade entre os filhos dos homens.

Talvez alguns de vocês estejam com problemas agora porque não podem ser levados a orar sinceramente por seus inimigos. É uma falha grave quando os cristãos nutrem ressentimentos; é sempre um triste sinal quando confessam: "Eu não poderia orar de todo o coração por fulano de tal". Eu não gostaria de viver uma hora em inimizade com qualquer pessoa, seja ela quem for, e acredito que nem qualquer cristão deveria. Você deve compreender que, por mais traiçoeira, desonrosa, injusta e detestável que a conduta de seu inimigo possa ter sido com você, ainda assim deveria ser perdoada, totalmente perdoada em seu coração e, tanto quanto possível, esquecida. Se for lembrada, que seja com pesar por aquilo ter acontecido, embora sem ressentimento para com a pessoa que cometeu o erro. Quando chegarmos a tal ponto, é mais provável que o Senhor sorria para nós e transforme nosso cativeiro.

3. A última palavra que tenho a dizer — e o terceiro ponto — é que: *com Deus, os crentes jamais serão derrotados.*

Deus, na provação enviada, tirou de Jó tudo o que ele tinha, mas no final devolveu o dobro do que antes possuía — o dobro de camelos e bois, e o dobro de tudo, até mesmo de filhos. Eu ouvi um comentário muito doce sobre os filhos outro dia, pois alguém disse: "Sim, Deus deu a ele o dobro de filhos, porque sua primeira família ainda era dele. Eles não estavam perdidos, apenas partiram primeiro".

Portanto, o Senhor deseja que Seu povo conte seus filhos que foram para o Céu e considere que eles ainda pertencem à família, como a criança fez no lindo poema de Wordsworth: "Mestre, somos sete"[84]. E então Jó poderia dizer a respeito de seus filhos e filhas, bem como de todas as outras posses, que ele tinha o dobro do que tinha antes. É verdade que a primeira família se fora, mas ele orou por eles nos dias de seus banquetes, reuniu-os e ofereceu sacrifícios e, portanto, tinha boas esperanças a respeito deles e os considerava ainda seus. Caro irmão, você que está sendo provado, o Senhor pode restaurar o dobro das coisas temporais, se Ele desejar. Se Ele pode tirar, pode certamente dar, e sem demora. Certamente, Ele pode fazer isso nas coisas espirituais; e se Ele tira as temporais e concede as espirituais, ganhamos muitíssimo. Se um homem tirasse minha prata e me desse em troca o dobro do peso em ouro, eu não ficaria agradecido? E se, da mesma forma, o

---

[84] Tradução livre de verso do poema *We are seven*, de William Wordsworth (1770–1850).

Senhor tirar os bens temporais e nos der os espirituais, Ele nos concede cem vezes mais do que tira.

Queridos irmãos, vocês nunca perderão nada por causa do que sofrem por Deus. Se, pelo amor de Cristo, você for perseguido, receberá nesta vida sua recompensa; mas, se não, regozije-se e alegre-se, pois grande é o seu galardão no Céu. Você não perderá nada por Deus o estar afligindo. Você aparentará, por um tempo, ter perdido, porém jamais terá de fato perdido no final. Quando você chegar ao Céu, verá que foi um ganhador inestimável com todas as perdas que sofreu. Por acaso você perderá alguma coisa que entregou a Deus? Nunca. Pode acreditar, Ele não será devedor de ninguém. Não habita na Terra ou no Céu alguém que seja credor do Altíssimo. O melhor investimento que um homem faz é aquele que ele dá ao Senhor por um motivo correto. Nada se perde do que é oferecido à causa de Deus. Quebrar o vaso de alabastro do precioso perfume não foi um desperdício[85], e quem entrega ao Senhor tudo o que possui terá feito uso prudente de seus bens. "Quem se compadece do pobre ao SENHOR empresta..." (Pv 19:17), e aquele que dá à Igreja do Senhor e ao próprio Senhor acumula seu tesouro no Céu, onde será seu para sempre.

Amados, nós servimos a um bom Mestre, e se Ele decidir nos provar um pouco, suportaremos nossa provação com alegria, pois Deus em breve transformará nosso cativeiro. Para encerrar, poderia presumir que esse assunto tem a ver com todos vocês, mas não é o caso. Certamente não! Alguns de vocês não enfrentaram cativeiro algum, mas vocês têm um

---

[85] Referência a Marcos 14:3-7.

cativeiro terrível por vir, e não há esperança de que Deus algum dia transformará esse cativeiro quando vocês entrarem nele. Sem Deus, sem Cristo, estranhos da comunidade de Israel, vocês estão em cativeiro até agora, e logo virá sobre vocês um cativeiro que nunca terá fim. Vocês não podem orar por seus amigos visto que nunca oraram por si mesmos. Deus não os ouviria se orassem pelos outros, pois, em primeiro lugar, vocês devem se reconciliar com Ele pela morte de Seu Filho. Ó, se vocês se importassem com essas coisas e olhassem somente para Jesus Cristo e para a sua salvação! Se vocês fizessem isso, Ele os aceitaria, já que prometeu não rejeitar ninguém que fosse a Ele. E então pensem nisto: se está tudo certo entre Deus e sua alma, vocês não precisam temer o que lhes acontecerá no futuro, pois, venha doença ou saúde, venha pobreza ou riqueza, tudo está bem, tudo está seguro, tudo está certo. Vocês se colocaram nas mãos de Deus, e onde quer que Deus levante essas mãos, vocês estão dentro dela, e, portanto, estão sempre seguros e sempre abençoados. Caso não estejam conscientemente felizes o tempo todo, sempre terão o direito de estar, visto que vocês são fiéis a Deus e Ele se agrada de vocês. Que Deus os abençoe e lhes dê a salvação em nome de Jesus Cristo. Amém.

12

ISAÍAS:
PROCURAM-SE MENSAGEIROS [86]

*Depois disto, ouvi a voz do Senhor, que dizia:
A quem enviarei, e quem há de ir por nós? Disse eu:
eis-me aqui, envia-me a mim.* —Isaías 6:8

O grande remédio de Deus para a ruína do homem foi o sacrifício de Seu amado Filho. O Senhor declara aos filhos dos homens que somente pela expiação de Jesus eles podem ser reconciliados com Cristo. Para que esse remédio seja proveitoso a todo homem, é necessário recebê-lo pela fé, pois sem ela os homens morrem mesmo estando sob a dispensação do evangelho. Atualmente, há uma grande falta de homens para contar a história da cruz de Jesus Cristo, e muitas considerações fazem com que essa escassez aflija nosso

---

[86] Sermão nº 687, ministrado na manhã de domingo, dia do Senhor, 22 de abril de 1866, no Metropolitan Tabernacle, Newington.

coração. Pense em quantas vozes se unem em uma só dizendo: "Quem há de ir por nós?". Ouça as feridas de Jesus enquanto clamam tristemente: "Como seremos recompensadas? Como as preciosas gotas de sangue serão disponibilizadas para redimir a alma dos homens, a menos que lábios amorosos possam ir por nós para reivindicar o direito daqueles que foram redimidos pelo sangue?". O sangue de Jesus clama como o sangue de Abel da Terra: "A quem enviarei?", e Suas feridas repetem a pergunta: "Quem há de ir por nós?". O propósito do Pai eterno também não se une a esse chamado com voz solene? O Senhor determinou uma multidão para a vida eterna. E este propósito que Ele mesmo estabeleceu, que não pode ser mudado ou frustrado, é que uma multidão, que nenhum homem pode contar, seja a recompensa da obra do Salvador; mas esses decretos podem ser cumpridos apenas pela propagação do evangelho, pois é por meio do evangelho, e somente por intermédio dele, que a salvação pode vir aos filhos dos homens. Acho que posso ouvir a terrível voz do propósito misturada ao clamor penetrante da cruz, apelando para que declaremos a palavra da vida. Vejo o manuscrito da eternidade encadernado em um volume com a escrita carmesim do Calvário, e ambas escrevem juntas a questão urgente de forma mais legível: quem irá por nós para trazer para casa os eleitos e redimidos?

Os próprios pecados dos homens, por mais horríveis que sejam de se pensar, podem ser transformados em argumento para proclamar o evangelho. Ó, os pecados cruéis e vorazes que destroem os filhos dos homens e despedaçam sua alegria! Quando vejo luxúrias monstruosas contaminando o templo de Deus, e muitos deuses e senhores usurpando o trono do Todo-Poderoso, posso ouvir em alta voz o clamor: "Quem há de ir por nós?". As almas que perecem não nos suscitam a mesma pergunta do texto? Os homens estão descendo à sepultura, perecendo por falta de conhecimento; a tumba os engolfa, a eternidade os engole, e na escuridão eles morrem sem nenhum vislumbre de esperança. Jamais a luz do Senhor brilhará em seus rostos. Por essas almas que perecem, imploramos a vocês nesta manhã que percebam que os arautos da cruz são procurados, sim, são estes que Deus procura para que essas almas não sejam arruinadas para sempre. São procurados para que eles possam ser levantados do monturo de sua corrupção e se assentem entre os príncipes redimidos por Cristo Jesus. O clamor se transforma em um lamento de súplica poderoso e doloroso; todo o tempo o ecoa, e toda a eternidade o prolonga, enquanto o Céu, a Terra e o inferno dão grande importância ao coro.

Amados, há dois modelos de empreendimento missionário, conduzido por duas classes de agentes. Eu os divido assim meramente para esta ocasião; eles, na realidade, não estão separados por qualquer fronteira rígida. O primeiro tipo é formado por aqueles especialmente dedicados ao ministério da Palavra, que se entregam totalmente a ela e que são capazes, pelo esforço generoso da igreja cristã ou por seus próprios meios, de dedicar todo seu tempo à grande obra de ensinar a verdade. Como há poucos nessa assembleia que podem fazer isso, não explanarei o texto em sua referência aos ministros, embora o texto tenha grande destaque sobre o assunto, mas, antes, prefiro me referir ao segundo tipo de pessoa, igualmente úteis, a saber, a igreja cristã como um todo; os crentes que, enquanto seguem suas ocupações seculares, são mensageiros de Cristo e missionários da cruz. Eles são necessários aqui, são necessários em nossas colônias e podem encontrar bastante espaço no vasto mundo do paganismo. São homens e mulheres, que, se não se levantassem para pregar debaixo de uma árvore dirigindo-se à multidão reunida, pregariam numa pequena sala; que, se não ensinassem às centenas, instruiriam dois ou três ao lado de uma lareira.

Queremos ambos os tipos de trabalhadores, mas creio que seria de melhor benefício neste presente momento despertar o segundo tipo. De certa forma, todos vocês podem ensinar sobre Cristo; todos vocês podem se entregar à obra de Deus em seu próprio chamado e promover a glória de seu Mestre com perseverança em suas ocupações diárias. Eu levanto um clamor fervoroso em nome de Deus pelos homens e mulheres consagrados, que não precisam esperar até que as mãos da igreja possam apoiá-los, mas se sustentarão com suas próprias mãos e ainda ministrarão a Cristo Jesus onde quer que a Providência os coloque.

1. *A pessoa procurada*, conforme descrito nas perguntas: "A quem enviarei, e quem há de ir por nós?".

O mensageiro procurado é visto por dois ângulos, carregando dois aspectos em seu caráter. Primeiro, esta pessoa procurada tem um lado divino: "A quem [*Eu*] enviarei?", e então ela tem um aspecto humano: "Quem há de ir *por nós*?". Mas os dois se encontram: o humano e o divino se unem nas últimas palavras — *por nós*. Aqui está um homem, e nada mais do que um homem com instintos humanos, mas revestido pela graça, com autoridade sobre-humana e até mesmo divina.

Olhemos, então, para essa pessoa que tem esses dois aspectos. Ela é *divinamente escolhida* — "A quem [*Eu*] enviarei?". Como se, nos conselhos eternos, isso já tivesse sido uma pergunta: "Quem será o homem escolhido, que será o objeto de meu amor eterno e, em consequência disso, terá esta graça dada a ele para que compartilhe com os outros as riquezas insondáveis de Cristo?". Amados, que misericórdia é, *para nós* que cremos, que para nós isso já não seja mais uma indagação! Pois o Soberano, em Sua misericórdia eterna, nos escolheu, não porque havia algo de bom em nós, mas simplesmente porque Deus assim o quis; nos escolheu para que possamos produzir frutos em Seu nome. Ao ouvirmos a pergunta, vamos ouvir a exposição do Salvador disso: "Não fostes vós que me escolhestes a mim; pelo contrário, eu vos escolhi a vós outros e vos designei para que vades e deis fruto, e o vosso fruto permaneça…" (Jo 15:16). Os obreiros do Deus vivo são um povo escolhido pelo Altíssimo. Ele envia quem Ele quer, Ele escolhe este homem e não aquele, e, em todos os casos, exerce Sua própria e soberana vontade.

Mas esta pergunta também revela uma pessoa que, *com alegria, se dispõe*, e é isso que eu quis dizer quando me referi ao aspecto humano do mensageiro. "Quem há de *ir por nós*?" O homem que Deus procura é aquele que irá com a mente decidida; portanto, se um mero escravo ou uma máquina que não têm vontade própria pudessem ser enviados, não haveria necessidade de perguntar: "quem há de ir?". Amados, o propósito de Deus não viola a livre decisão do homem. O homem é salvo pela vontade de Deus, mas cabe ao homem estar disposto a ser salvo. A falha não está no hipercalvinista, que insiste na soberania, nem no arminianista, que é enfático quanto ao livre-arbítrio. A falha está em ambos, porque eles não podem enxergar mais verdades do que uma e não admitem que a verdade não é propriedade exclusiva de nenhum dos dois, visto que Deus é Soberano, mas ao mesmo tempo, o homem é um ser livre e responsável. Muitos entre nós estão sempre buscando conciliar verdades que provavelmente jamais poderão ser conciliadas, exceto na mente divina. Sou grato a Deus porque acredito em muitas coisas que nem sequer desejo compreender. Estou cansado e farto de discussões, entendidos e mal-entendidos. Acho que o verdadeiro descanso e alegria é, tal como uma criança, acreditar no que Deus revelou e deixar que outros se ocupem com silogismos e com o que é enigmático. Se eu pudesse compreender toda a revelação, dificilmente acreditaria que seria divina. No entanto, visto que muitas de Suas doutrinas são muito profundas para mim, e todo o plano é muito vasto para ser reduzido a um sistema, agradeço e bendigo a Deus por ter se dignado a mostrar diante de mim uma revelação que muito excede minhas pobres e limitadas habilidades. Eu acredito que todo homem que aceitou Jesus o fez por sua própria escolha; sim, é verdade que a causa foi a graça, mas tomou a decisão — ele escolheu. Pergunte a qualquer homem se ele é cristão contra sua vontade, e ele certamente lhe dirá que não, pois, no tocante ao homem interior, ele ama o Senhor e se deleita em Sua lei. Ó Jesus, o Teu povo não é conduzido forçadamente a ti preso em correntes, mas o Teu povo estará *disposto* no dia da Tua glória. Escolhemos Cristo de boa vontade, porque Ele, desde a antiguidade, nos escolheu.

No que tange à obra sagrada, todo homem que se torna obreiro de Jesus é porque foi escolhido para trabalhar para

Ele, mas seria um obreiro muito infeliz se ele próprio não tivesse escolhido trabalhar para Jesus. Posso dizer que acredito que Deus me ordenou para pregar o evangelho e que eu o prego por Sua vontade, mas tenho certeza de que prego com a minha própria vontade também, porque é para mim o trabalho mais agradável em todo o mundo, e ainda que eu pudesse trocar de lugar com um rei, não consentiria em ser tão rebaixado. Pregar o evangelho de Jesus Cristo é um dos ofícios mais doces e nobres, pois até mesmo os anjos desejam estar envolvidos nisso. O verdadeiro obreiro de Deus deve ser impelido pela eleição divina, mas ainda assim deve fazer e fará, pela graça divina, sua própria escolha de sua tarefa.

Os dois aspectos se encontram nisto: o homem é enviado pelo Deus Triúno que aqui pergunta: "Quem há de ir por nós?". Todo obreiro cristão que é fiel, trabalha para Deus. Irmãos, quando contamos a outros a história da cruz, falamos *de Deus Pai*. É por meio de nossos lábios que o filho pródigo deve ser lembrado de que os servos contratados têm pão suficiente e de sobra. Pode ser que por nosso intermédio ele reconheça seus trapos e sua desgraça, e assim descubra mais claramente a desgraça de alimentar porcos. O Espírito de Deus é o agente eficiente, mas é por meio de nós que Ele trabalhará. É por meio nosso intermédio que o Pai divino corre ao encontro do Seu filho pródigo, o abraça e o beija. De uma forma ou de outra *Ele* faz isso, mas é mediante o ensino de Sua Palavra. As promessas são transmitidas por nossos lábios, os doces convites são feitos por nossas línguas. Nós devemos orar para que eles sejam, por meio de Cristo, reconciliados com Deus, como se Deus tivesse suplicado a nós por eles.

Deus, o Pai, pergunta a vocês que o conhecem e o amam: "Você irá por mim e será meu embaixador?". Também não devemos nos esquecer do nosso amado *Redentor*. Ele não está aqui, pois ressuscitou. Cristo voltará, mas, enquanto isso, Ele pede que alguém fale por Ele, alguém que diga a Jerusalém que sua iniquidade está perdoada; que diga a Seus assassinos que Ele intercede por eles dizendo: "Pai, perdoa-lhes..." (Lc 23:34); que assegure aos comprados por Seu sangue que eles são redimidos; que proclame a libertação aos cativos e ponha em liberdade os algemados. Jesus, de Seu trono de glória, diz: "Quem irá por mim e será a minha voz?". Além disso, o bendito *Espírito*, sob cujo poder dispensatório vivemos no presente momento, não tem voz para falar aos filhos dos homens de forma audível, exceto por Seu povo; e embora Ele trabalhe de maneira invisível e misteriosa nos santos, Ele escolhe corações amorosos, lábios compassivos e olhos lacrimejantes para serem os meios dessa bênção. O Espírito desce como línguas de fogo, e repousa *sobre* os discípulos; não há lugar de descanso para o Espírito de Deus dentro de paredes, e até mesmo o Céu dos céus não o contém, mas Ele toma Seu lugar no trono dentro de Seu povo. Ele nos torna portadores de Deus e fala através de nós como uma trombeta aos filhos dos homens. Isso para que a adorável Trindade clame a vocês, filhos de Deus comprados e redimidos pelo sangue, e diga: "Vocês estão procurando promover a nossa glória? Vocês estão cumprindo nossos propósitos? Vocês estão ganhando aqueles comprados por nosso sacrifício eterno?". Voltando-se para a igreja aqui reunida, o Senhor profere essas mesmas perguntas: "A quem enviarei, e quem há de ir por nós?".

2. Com a ajuda de Deus, vamos falar um pouco sobre *a pessoa que, de bom grado, se dispõe*. "Eis-me aqui, envia-me a mim".

A pessoa que voluntariamente se dispõe é descrita detalhadamente no capítulo 6 — ela deve ser um Isaías. Se é um Isaías, deve, primeiramente, *ter sentido sua própria indignidade*. Meu irmão, minha irmã, se vocês desejam ser usados por Deus para ganhar almas, vocês devem passar pela experiência que Isaías descreve no capítulo que está diante de nós. Vocês devem ter clamado com aflição de espírito: "Ai de mim! Estou perdido! Porque sou um homem de lábios impuros..." (Is 6:5). Deus nunca os encherá de Seu poder até que vocês tenham se esvaziado de si mesmos. Até que sintam que estão puros como a água, vocês não verão o esplendor do poder divino. Permitam-me então, questionar vocês que desejam servir a Deus. É uma pergunta prática: você está plenamente consciente de sua total incapacidade para ser empregado em qualquer obra divina, bem como quão indigno você é diante de tão grande honra que é se tornar um servo do Deus vivo? Se você não foi levado a isso, deve começar por você mesmo. Você não pode fazer bem aos outros; deve nascer de novo. Uma das melhores evidências de que você nasceu de novo será a consciência de suas próprias e naturais depravação e impureza ante os olhos de Deus.

Agora, amado, quero que você observe como foi que Isaías foi levado a sentir-se indigno. Foi primeiro por *uma percepção da presença de Deus*. "...eu vi o Senhor assentado sobre um alto e sublime trono" (Is 6:1). Você já teve consciência da presença de Deus? Outro dia, eu estava prostrado de alma, totalmente entregue, com esta única palavra: "Eu Sou..." (Êx 3:14). Há tudo neste título: Eu Sou! Deus é a mais verdadeira de todas as existências. Com relação a todas as outras coisas, elas podem ou não ser, mas Eu Sou! Este fato veio com tanto poder para mim e pensei: "Estou aqui sentado focado em meus estudos, e se sou, ou se tudo aquilo que me rodeia realmente é, pode ser uma mera questão, mas Deus *é* — e Deus *está aqui*". E quando eu anuncio a palavra de Deus em Seu nome, embora eu não seja nada, Deus é tudo, e se Sua palavra será cumprida ou não, não pode haver qualquer dúvida, porque Ele ainda é chamado "Eu Sou", e não de "Eu era". Ele é eterno, onipotente, divino. Medite na realidade da presença divina e na certeza dessa presença divina em todos os lugares, aqui junto a você, agora mesmo! "Eu Sou!" Ó Deus, se *nós* não somos, ainda assim *Tu és*! Penso que um homem não pode estar apto a se tornar um mentor de outros até que ele mesmo tenha um senso completo da glória de Deus esmagando-o no pó, uma compreensão plena da declaração "Eu Sou". Um homem não pode orar sem esta compreensão, pois devemos acreditar que Ele é, e que Ele é o galardoador daqueles que o buscam diligentemente[87]; e se um homem não pode orar por si mesmo, muito menos pode ensinar corretamente aos outros. Deve haver a mais completa convicção da realidade de Deus, uma visão e um senso avassaladores de Sua glória, ou então você não poderá beneficiar seus semelhantes.

A fonte da percepção da pequenez de Isaías era esta: Isaías *viu a glória de Cristo*. Você já se sentou e contemplou a cruz até que, depois de ler nela seu próprio perdão, viu aquela

---

[87] Conforme Hebreus 11:6.

cruz subindo cada vez mais alto até tocar os Céus e escurecer a Terra? Então você viu e sentiu a glória daquele que foi elevado e você se curvou diante do esplendor real do amor divino encarnado na humanidade sofredora e resplandecente na agonia e na morte. Se você já teve a visão do Cristo crucificado e sentiu a glória de Suas feridas, estará apto a pregar a outros. Às vezes, penso que certos irmãos que pregam o evangelho com tão pouco poder e falta de unção não têm verdadeiro conhecimento dele. Dizem que não há necessidade de falar sobre o evangelho de maneira demasiadamente enérgica. Tomam com desdém essa história por ser muito simples — "Acredite e viva"; mas, afinal, nenhum filósofo jamais fez tal revelação; e se um grupo de descobridores pudesse sentar-se através dos séculos, eles não poderiam trazer à luz nenhum fato igual a este: "...que Deus estava em Cristo reconciliando consigo o mundo..." (2Co 5:19). Bem, você pode abrir sua boca ousadamente quando tiver um assunto como esse para falar, todavia, se você nunca percebeu a glória de Deus, você é totalmente incapaz de cumprir a missão dele. Ó, colocar a cruz no coração, carregá-la sobre a alma e, acima de tudo, sentir a glória dela em todo seu ser são o melhor treinamento para um missionário cristão, seja em casa ou no exterior.

Vocês também perceberão, caros amigos, que o aspecto particular em que essa humilhação pode chegar até nós será, provavelmente, *uma percepção da santidade divina* e da santidade daqueles que veem a face do Senhor. "...Santo, Santo, Santo é o Senhor dos Exércitos..." (Is 6:3) foi a canção que intimidou o profeta. Que mensageiros são esses que servem a um Deus tão santo? Da Terra e de toda a sua densidade, como chamas de fogo, eles brilham ao Seu comando. Quem sou eu, então, uma pobre criatura, cercada, acorrentada e confinada nesta casa de barro? Quem sou eu, um verme pecaminoso do pó, para aspirar ao serviço de um Deus três vezes santo? Ó, sirvamos ao Senhor com temor e regozijemo-nos com tremor; com temor de que façamos o mal enquanto procuramos fazer o bem, e contaminamos o altar ao tentarmos oferecer sacrifício sobre ele.

O próximo requisito para o trabalho cristão é: devemos possuir *um senso de misericórdia*. Aqui, um dos serafins voou e pegou uma brasa viva do altar. Explicamos em nossa leitura que o altar é para o sacrifício e que os lábios devem ser tocados com a brasa desse sacrifício. Então, dois efeitos derivam do fato de ser tocado: primeiro, *os lábios são purificados* da iniquidade, e em seguida, *experimentam o efeito do fogo*, permitindo que falem com veemência e força. Amado ouvinte, você talvez diga com zelo: "Desejo servir a Cristo no estrangeiro e compartilhar a história de Sua cruz". Você provou que essa história é verdadeira? Você já foi lavado na fonte? Como você pode convidar os outros a virem se você mesmo nunca veio? Seus pecados foram extinguidos? "Espero que sim". Você compreende isso? Eu questiono se você pode pregar com qualquer poder até que você tenha plena certeza de sua própria salvação. Ensinar o evangelho com "mas" e "se" é um ensino pobre. Vocês, professores da Escola Dominical, não podem esperar fazer o bem aos outros enquanto duvidam de sua própria aceitação no Amado. Você deve saber que está salvo. Ó amado, você deve sentir o toque daquela brasa viva, deve sentir que Cristo se entregou por você.

Quanto ao homem de pequena fé, ele pode até alcançar o Céu, mas deve se manter na fileira de trás enquanto estiver aqui; não podemos colocá-lo na frente da batalha. Embora

Deus possa torná-lo útil em Seu serviço, não podemos esperar que ele esteja efetivamente apto para o serviço. O homem que deseja servir a Deus deve saber que é salvo.

O efeito dessa brasa viva será para acender os lábios com uma chama celestial. "Ó", alguém pode dizer, "mas um carvão em brasas queima os lábios de modo que o homem não pode falar nada". É assim que Deus trabalha conosco; é consumindo o poder carnal que Ele inspira o poder celestial. Ó, permita que os lábios sejam queimados, que o poder carnal da eloquência seja destruído para que, assim, aquela brasa viva torne a língua eloquente com a chama do Céu — o verdadeiro poder divino que impeliu os apóstolos a prosseguirem e os tornou conquistadores de todo o mundo.

De acordo com o texto, *o homem que for aceitável deve se dispor de bom grado.* "Eis-me aqui", dizemos, embora poucos de nós tenhamos realmente nos entregado a Cristo. É como a maioria dos fiéis: "Aqui está minha oferta, aqui está a minha contribuição anual", mas quão poucos de nós de fato dissemos: "Eis-me aqui". Não; cantamos hinos de consagração ao mesmo tempo que cantamos muitas outras coisas que não percebemos, e depois de cantarmos, não queremos fazer valer as palavras que entoamos. Não é um "Eis-me aqui". O homem a quem Deus usará deve ser um homem consagrado com sinceridade. Mencionei que ele pode continuar com seu trabalho diário, mas deve consagrar-se a Deus em tudo que faz. Ele deve santificar as ferramentas de seu trabalho para Deus, e não há razão para que não sejam tão sagradas quanto o altar de bronze ou o candelabro de ouro.

Você observará que a pessoa que se dispôs para o serviço sagrado se entregou *incondicionalmente.* Ele não disse: "Eis-me aqui, usa-me aqui onde estou", mas disse: "envia-me a mim". Para onde? Nenhuma condição quanto ao local é sugerida. Envia-me, para qualquer lugar, em qualquer lugar, seja qual for o lugar. Algumas pessoas são como milícias-cristãs — servem ao rei com uma limitação e não devem ser enviadas para fora da Inglaterra; mas outros são soldados-cristãos, que se entregam totalmente ao Seu Senhor e Capitão; eles vão para onde Ele decidir enviá-los. Ó, vem, meu Mestre, e sê o Senhor absoluto da minha alma! Reina sobre mim e subjuga todas as minhas paixões de fazer e de ser, e sentir tudo o que a Tua vontade ordenar. Bendita oração! Que nunca estejamos contentes até que alcancemos tudo o que deve ser obtido por meio da experiência alegre e do poder santo, nem até que entreguemos tudo o que deve ser submetido pelo homem mortal a Deus, cujo direito soberano sobre nós reivindicamos.

Observe mais um detalhe: ao mesmo tempo em que o profeta se entrega incondicionalmente, ele também se entrega *obedientemente*, o que percebemos por ele fazer uma pausa para pedir instruções. Ele não diz: "Eis-me aqui; para longe eu partirei", mas "Eis-me aqui; envia-me a mim". Gosto do espírito dessa oração. Algumas pessoas colocam na cabeça a noção de que devem fazer algo incomum e extraordinário, e embora possa ser muito irracional e insensato, é por essa mesma razão que o plano confia a si mesmo à falta de entendimento delas. Por ser absurdo, eles pensam que é divino; se a sabedoria terrena não o justifica, então certamente a sabedoria celestial deve ser convocada para endossá-lo. Agora, eu imagino que você compreenda que, sempre que uma coisa é sábia aos olhos de Deus, é de fato prudente, e que algo absurdo não é mais passível de aceitação por Deus do que por homens. Embora o Senhor use planos que são chamados de tolos, eles são tolos apenas para os néscios; de fato, esses planos não são realmente estultos. Isso porque há uma verdadeira sabedoria em sua própria tolice, há uma sabedoria de Deus nas coisas que são tolas para o homem. Quando um projeto é evidentemente absurdo e ridículo, pode ser meu, mas não pode ser do Senhor, e é melhor eu esperar até que possa render meus caprichos e me sujeitar ao controle divino, dizendo: "Eis-me aqui; envia-me a mim".

3. E por último, *a obra que tais pessoas serão chamadas a realizar.*

A história de Isaías é um quadro do que muitos e verdadeiros trabalhadores cristãos podem esperar. Isaías foi enviado para pregar verdades muito desagradáveis, mas, como um verdadeiro herói, ele foi muito corajoso em pregá-las. "E Isaías ousadamente diz…" (Rm 10:20 ARC), afirmou Paulo. Agora, se você foi chamado por Deus para pregar, ensinar ou qualquer outra incumbência, lembre-se de que as verdades que você tem para pregar ou ensinar não serão agradáveis aos seus ouvintes. Despreze o homem que sempre deseja tornar a verdade tolerável para mentes profanas. Se ele articula suas palavras ou suprime a verdade que Deus lhe deu, mesmo no menor grau possível, para se adequar aos gostos dos homens, ele é um traidor e um covarde. Que ele seja banido do regimento de Deus e completamente expulso do Seu exército! Os servos do Senhor devem receber a mensagem de Deus, e quer os homens a ouçam ou deixem de ouvi-la, eles devem entregá-la com o mesmo espírito de Micaías, que jurou: "…Tão certo como vive o Senhor, o que meu Deus me disser, isso falarei" (2Cr 18:13).

Contudo essa não é a tarefa mais difícil. O trabalho mais árduo é este: podemos ter que entregar verdades desagradáveis às pessoas que estão decididas a não as receber, a pessoas que não obterão nenhum proveito com elas e que as modificarão para sua própria destruição. Você vê no texto que o antigo Israel ouviria a mensagem, mas não a receberia; eles deveriam receber a pregação, mas o único resultado seria que seu coração endureceria e seus ouvidos ficariam surdos para ouvir. Ora! Será esse então o efeito do evangelho? A Bíblia nos diz isto: Nossa pregação tem para alguns "cheiro de morte para morte"; para outros, "aroma de vida para vida" (2Co 2:16). "Ó", diz alguém, "não gostaria de pregar desse modo". Mas lembre-se, irmão, de que a pregação da cruz é o doce sabor de Cristo, seja como for. O objetivo mais elevado de todos para um obreiro cristão não é ganhar almas, embora esse seja um grande objetivo; mas *o* grande objetivo é glorificar a Deus, e muitos homens tiveram sucesso nisto, mas não tiveram sucesso naquilo. Se Israel não está reunido, ainda assim, ao prestarmos nosso testemunho de Deus, nosso trabalho estará feito. Nenhum agricultor cogita pagar seus ceifeiros pela proporção da colheita. Ele paga seus trabalhadores pelo trabalho realizado, e assim será conosco, pela graça de Deus, e se acontecer de eu ser um trabalhador muito bem-sucedido aqui, não me vanglorio, nem reivindico qualquer grande recompensa por isso. Eu acredito que, se eu tivesse pregado o evangelho com seriedade e confiado em Deus, e se Ele tivesse me negado as conversões, ao final, minha recompensa seria igualmente grande em alguns aspectos, porque o Mestre não me julgaria por uma falta de êxito que não poderia ser atribuída a mim.

Agora, para mim, seria algo muito agradável perguntar-lhes se vocês buscariam Deus em sua vocação diária e falariam de Jesus aos pecadores que estão dispostos a ouvi-los; vocês todos ficariam felizes em fazer isso. Se eu perguntasse qual irmã aqui ministraria um curso para moças, todas ansiosas por encontrar a Cristo, então todas vocês levantariam as mãos. Se eu dissesse: "Quem aceitará uma classe de meninos que anseiam por encontrar o Salvador?", todos vocês poderiam ficar contentes com tal ocupação, mas tenho que colocar de outra forma, para que vocês não desanimem depois. Quem dentre vocês tentará ensinar a verdade a um marido bêbado? Quem dentre vocês levará o evangelho aos desdenhadores e libertinos e a lugares onde o evangelho os tornará objeto de ira e escárnio? Quem dentre vocês ministrará aulas a maltrapilhos grosseiros? Quem dentre vocês tentará ensinar àqueles que jogarão seus ensinamentos de volta sobre vocês com zombaria e desprezo? Você não está apto para servir a Deus a menos que esteja disposto a servi-lo em todo e qualquer lugar. Você deve, como servo, estar disposto a aceitar tanto o amargo quanto o doce; você deve estar disposto a servir a Deus tanto no inverno como no verão. Se você deseja ser um servo de Deus, não deve escolher sua incumbência e dizer: "Eis-me aqui; envia-me onde haja uma tarefa agradável". Qualquer um iria dessa forma; mas, se você está disposto a servir a Deus, você dirá hoje: "Quer seja por meio de inundações e chamas, se Jesus é o guia, com a ajuda do Espírito Santo, serei fiel ao Seu chamado".

Agora, embora eu não tenha dito nada particularmente a respeito das missões estrangeiras, preguei este sermão com a visão de que Deus incitará todos vocês a servirem à Sua causa, e particularmente com a esperança de que o sentimento missionário que está brotando se manifeste também no desejo de levar o evangelho a outros países. O pastor Harms faleceu recentemente, mas aqueles de vocês que conhecem a história de vida dele deveriam ter ficado impressionados com ela: como uma obscura aldeia rural, em estado de desordem na Alemanha, foi transformada em fonte de águas vivas para a África do Sul. Os pobres africanos não se importavam muito com o nome de Jesus até que Harms foi enviado para lá, e, apesar de eu não ter nenhuma afinidade pela doutrina e especificidades de sua Igreja Luterana, posso dizer que ele foi até lá para pregar a Cristo com tanto entusiasmo que toda a congregação se tornou uma sociedade missionária, enviando seus próprios homens e mulheres para pregar o Cristo crucificado. Aquele navio, o *Candace*, comprado pelos camponeses de Hermannsburg com seus próprios recursos, ia e voltava da África do Sul, levando os trabalhadores para fazer assentamentos e estabelecer a obra cristã naquele continente sombrio. A aldeia inteira estava tomada pelo desejo de servir a Deus e pregar o evangelho aos ímpios, e Harms, à frente disso, agia com uma fé simples, digna dos tempos apostólicos. Gostaria que meu Deus me desse o que considero a maior honra de minha vida: o privilégio de ver alguns dos irmãos e irmãs desta igreja que são devotados ao Senhor serem enviados para outras nações. Um doou sua fazenda para os alunos serem educados, outro doou tudo o que tinha, até que em Hermannsburg isso se tornou muito parecido com os dias apostólicos, quando eles tinham todas as coisas em comum, sendo o grande objetivo levar o evangelho aos incrédulos. Pode chegar o dia em que nós, que temos feito algo por este ímpio país que é a Inglaterra, também poderemos fazer algo por outros países pagãos enviando nossos filhos e filhas a eles.

13

JONAS:
O DESPERTAR DOS QUE DORMEM[88]

Jonas, porém, havia descido ao porão e se deitado; e dormia profundamente. —Jonas 1:5

Antes do fato mencionado acima, somos informados de que o Senhor enviou um grande vento ao mar para alcançar o navio em que Jonas estava navegando rumo a Társis. As grandes rodas da Providência estão continuamente girando para realizar os propósitos de Deus em relação ao Seu próprio povo. Para eles, os ventos sopram e as tempestades se levantam. É algo maravilhoso que todo o mecanismo da natureza se torna subordinado ao propósito divino de salvação de Seus redimidos. Eu estava em uma fábrica de lapidação de diamantes em Amsterdã e percebi que havia enormes rodas girando e

---

[88] Sermão nº 2903, publicado na quinta-feira, 29 de setembro de 1904; ministrado na noite de quinta-feira, 27 de julho de 1876, no *Metropolitan Tabernacle*, Newington.

uma grande quantidade de energia sendo gerada e empregada; mas, quando olhei para o pequeno diamante — realmente muito pequeno — sobre o qual toda aquela energia estava sendo colocada, parecia muito excepcional que todo aquele poder estivesse concentrado em um objeto tão pequeno, porém muito precioso. De forma muito semelhante, todas as rodas da providência e da natureza, por maiores que sejam, são levadas a produzir, pela habilidade e amor divinos, algo que parece, a muitas pessoas, de valor insignificante, mas que para Cristo é de valor inestimável, isto é, uma alma. Aqui está então Jonas, judeu de aparência comum, cujo nome significa "uma pomba", e em todo caso, parece que os nomes seguem na direção oposta, pois, de certa forma, nesta ocasião, ele se parecia mais com o corvo que não voltaria à arca. Por causa deste homem — esse profeta totalmente antipático — o mar deve se agitar em uma tempestade, e um navio inteiro e toda a tripulação devem ter suas vidas colocadas em perigo. Essa verdade é muito abrangente. Você nem conseguiria ampliá-la. O vasto Universo é apenas um palco para a exibição da graça de Deus, e todas as coisas materiais que agora existem serão postas de lado quando o grande drama da graça for concluído. O universo material é apenas um andaime para a Igreja de Cristo. É apenas a estrutura temporária sobre a qual o maravilhoso mistério do amor redentor está sendo levado à perfeição. Veja então que, assim como o grande vento foi levantado para seguir Jonas e guiá-lo de volta ao caminho, fazendo-o retornar à sua missão, da mesma forma todas as coisas cooperam para o bem do povo de Deus, e todas as coisas que existem estão sendo rendidas e submetidas ao propósito eterno e solene de Deus: a salvação dos Seus.

Mas observe também que, enquanto Deus estava acordado, Jonas estava dormindo. Enquanto as tempestades sopravam, Jonas estava descansando. É curioso que você, ó cristão, seja um ser precioso neste mundo, e, todavia, não saiba disso, ou não se preocupe com isso. Por você todas as coisas continuam em seu devido lugar e tempo, e ainda assim você é o único que parece não perceber isso, e, portanto, você cai em um estado apático, letárgico e de sonolência. Tudo ao seu redor está desperto para o seu bem, no entanto, você mesmo está adormecido, assim como estava o profeta fugitivo, durante a tempestade.

Primeiramente, falarei sobre o caso de Jonas, porque podemos considerá-lo uma lição útil para o povo de Deus; e, segundo, como isso pode ser considerado *uma advertência valiosa para os não convertidos*.

1. Então, por primeiro, usarei o caso de Jonas como *uma lição útil para o povo de Deus*, e posso muito bem fazer isso quando nos lembrarmos quem era Jonas.

Primeiramente, *Jonas acreditava em Deus*. Ele não adorava nenhum falso deus; apenas adorava o Deus vivo e verdadeiro. Era um crente declarado e confesso em Jeová. Ele não tinha vergonha de dizer: "...Sou hebreu e temo ao Senhor, o Deus do Céu, que fez o mar e a terra" (Jn 1:9), mesmo quando sua conduta o deixava vulnerável à culpa e quando não havia ninguém para apoiá-lo. Mesmo assim, embora acreditasse em Deus, ele estava no porão do navio, dormindo profundamente. Ó homem cristão, até mesmo você que é um verdadeiro homem cristão, se você está em uma condição semelhante, como consegue estar cochilando sob tais circunstâncias? Os privilégios e a honra, concedidos a você pela graça divina por você ser crente, não deveriam impedi-lo de ficar sonolento, de ser um inerte, apático e indiferente? Posso estar me dirigindo a dezenas de Jonas, aqueles que são realmente o povo de Deus, mas que não estão agindo como se fossem escolhidos do Altíssimo; e assim, se esquecem de sua eleição, sua redenção, sua santificação, da vida que começaram a viver aqui na Terra e a glória eterna vindoura que os aguarda.

Além de ser um crente, ou como consequência natural de ser um fiel, *Jonas era um homem de oração*. De toda a tripulação a bordo naquele navio, ele era o único homem que sabia orar ao Deus vivo e verdadeiro. Todos os marinheiros "...clamavam cada um ao seu deus..." (Jn 1:5). Mas essas eram orações inúteis visto que eram oferecidas a ídolos; elas não puderam prevalecer, pois foram apresentadas a divindades mudas e mortas. Porém aqui estava um homem que podia orar e que também poderia orar da forma correta, mas ele estava dormindo. Homens e mulheres de oração, vocês que têm as chaves do reino dos Céus balançando em sua cintura; vocês que podem pedir o que quiserem, e lhes será concedido; vocês que, muitas vezes, em outras épocas, prevaleceram com Deus, batalhando em oração; vocês que receberam inúmeras bênçãos em resposta às suas súplicas: podem vocês, como Jonas, estar dormindo na hora da tempestade? Será possível que aquele que conhece o poder da oração a esteja restringindo? Será possível que aquele a quem Deus deu este privilégio de escolha não o esteja aproveitando? Temo que esse possa ser o caso de alguns de vocês, e olhando para Jonas, um homem de oração, mas que dormia pecaminosamente, receio que posso estar falando com muitas outras pessoas que estão exatamente nas mesmas condições.

Mais do que isso, Jonas não era simplesmente um homem de fé e um homem de oração, *mas ele também era um profeta do Senhor*. Ele era aquele a quem e por quem Deus havia falado. Ele era um ministro, ou seja, um dos próprios servos enviados por Deus, embora ele não estivesse em seu devido lugar quando estava no navio que navegava em direção a Társis. Mas os ministros de Deus podem negligenciar seu dever assim? Se me perguntassem naquela época: "Onde está o profeta do Senhor?"— talvez o único profeta de sua época; de qualquer forma, um homem que foi o mais importante de sua época. Se me perguntassem: "Onde ele está?", eu deveria ter dito que deviam procurar por ele em meio às massas da densa população de Nínive, cumprindo a comissão de seu Mestre com fé inabalável. Ou então, que poderiam procurá-lo entre os milhares de Israel, denunciando seus postes-ídolos e seus caminhos perversos. Mas quem teria pensado em encontrar Jonas dormindo a bordo de um navio como aquele? Ele recebe visões, mas não vê, pois está profundamente adormecido. Ele é um vigia, mas não está vigiando, pois está cochilando e dormindo. Tudo está confuso; no entanto, esse homem, sobre quem repousa a unção divina e em cuja boca Deus colocou uma mensagem a multidões de seus semelhantes, está dormindo em vez de testemunhar. Aproxime-se, Sr. Pregador, veja por você mesmo enquanto estou falando sobre Jonas, e eu aplicarei a mensagem a mim mesmo enquanto estou falando com você, pois esse é um assunto que deve ser levado em conta por todos nós, a quem tantas responsabilidades foram colocadas e a quem tantos privilégios foram concedidos. Mas todos vocês, que amam o Senhor, são testemunhas de Cristo de uma forma ou de outra, com este ou aquele dom; e seria muito triste se você, que foi chamado para falar em nome do Senhor, mesmo que fosse para ser apenas em sua classe da Escola Dominical, ou em uma pequena reunião em uma cabana, ou aos seus próprios filhos, estivesse dormindo quando você deveria estar bem acordado e ativo. Que o Senhor o desperte, pois você é a pessoa errada para estar dormindo! Você, acima de todos os outros, deve ter os olhos abertos e vigiar dia e noite para ouvir o que Deus, o Senhor, falará a você, e o que Ele gostaria que você dissesse aos ímpios ou ao Seu próprio povo escolhido em Seu nome.

Também é digno de nota que, no exato momento em que Jonas dormia no navio, ele não era apenas um profeta, *mas um profeta sob uma comissão especial.* Ele não estava de licença; pelo contrário, estava munido de autoridade por mandado especial, com o selo do Rei e carta assinada pelo Soberano, para ir imediatamente a determinado lugar a fim de entregar a mensagem do Rei. Ainda assim lá está ele, adormecido naquele navio e indo na direção oposta àquela que lhe foi designada! Os profetas devem dormir somente quando sua missão estiver cumprida e sua mensagem entregue. Porém Jonas não tinha estado a serviço de seu Senhor, nem tinha entregado a Sua mensagem; não, ele se recusou a obedecer ao seu Senhor e fugiu do caminho do dever, e aqui está ele, dormindo profundamente, no porão do navio. Ó, queridos irmãos e irmãs, se pudéssemos dizer com sinceridade que nosso trabalho para o Senhor foi feito, seríamos desculpados caso descansássemos. Mas o trabalho de nossa vida está concluído? O meu não, e disso tenho certeza; na verdade, parece que mal começou. O seu acabou, meu irmão e minha irmã? Você viveu de tal forma que pode ficar perfeitamente satisfeito com o que fez? Não seria motivo de tristeza para você se tivesse a certeza de que não teria mais oportunidades de glorificar a Deus na Terra? Acho que você sentiria isso. Bem, então, como você pode estar pronto a ser indiferente, frio e morto, quando tanto da obra de Deus que está diante de você mal foi tocado ainda? Tudo o que você e eu fizemos até agora foi como um trabalho de aprendiz; estamos apenas colocando a mão, mas ainda não nos tornamos trabalhadores efetivos na grande carpintaria de Deus; então, com certeza, não podemos reivindicar que já somos sábios construtores. Poucos de nós, talvez nenhum, atingiram esse grau; então não vamos dormir. Ó caro amigo, que vergonha! Tão cedo e já está bocejando? Um homem pode descansar quando se cansa após um longo dia de trabalho, mas não agora, com todo esse trabalho a ser feito, com a comissão do Rei nos impelindo. Jonas, o mensageiro designado por Deus, não deveria ter sido encontrado dormindo no porão do navio, com o clamor das miríades de Nínive ecoando em seus ouvidos.

Mas este é quem ele era: um homem crente, e um homem de oração, e um profeta subordinado a uma comissão especial. Mas onde ele estava? Para onde ele foi?

Bem, ele havia descido ao porão do navio; isto é, *ele tinha ido aonde esperava não ser visto ou incomodado*. Ele havia descido para o porão do navio — mas não entre a carga, que os marinheiros jogaram ao mar; nem o barulho das coisas sendo lançadas do navio acordou o profeta adormecido. Ele não estava no convés, dando uma volta ou interessado em apreciar a vista; mas saiu do caminho o máximo que pôde.

Conheço cristãos que tentam, tanto quanto podem, sair do caminho. Possivelmente, eles não estão vivendo de forma inconsistente, ou fazendo, pelo menos até onde os outros podem perceber, qualquer coisa que seja gritantemente pecaminosa, mas acabaram de pedir sua aposentadoria do empreendimento de seu Mestre. Eles entraram em um pequeno lugar silencioso, onde ninguém pode notá-los.

Fico pensando se há um homem cristão que foi morar em uma vila no interior, e lá não falou nada ainda acerca de Cristo, embora tenha sido um trabalhador ocupado na obra de Deus enquanto morou em Londres. Este, como Jonas, desceu para o porão do navio, para um lugar tranquilo onde ninguém pode vê-lo. Ao seu redor, havia pouquíssimos cristãos, talvez quase nenhum, e ele não quer que ninguém saiba que ele é cristão. Agora, ele quer viver de uma forma bastante reservada. Se ele fosse questionado sobre si mesmo, ele responderia, como Jonas: "Eu temo a Deus", mas ele não deseja que lhe perguntem nada sobre si mesmo. Ele não quer que as pessoas fixem seu olhar nele; ele tem medo de ser notado. Ele diz que sempre teve um temperamento reservado; é como o soldado que fugiu assim que o primeiro tiro da batalha foi disparado, e por isso foi fuzilado como desertor. Ele diz que é como Nicodemos, que veio a Jesus à noite, ou como José de Arimateia, um discípulo, mas secretamente, por medo dos judeus. Ele desceu ao porão do navio, embora, em uma certa época, tenha sido um dos principais trabalhadores de Cristo.

Ele também foi para um lugar *onde não levantará um dedo para ajudar em qualquer serviço que precise ser feito*. Ele já frequentou a Escola Dominical em outras épocas, mas agora diz que sua vez já passou e não quer fazer mais nada. Ele foi, quem sabe, um diácono de uma igreja, mas agora ele não deseja uma posição como essa. Ele diz que há muitos problemas e labutas envolvidos com tais ofícios, e ele pretende, no futuro, evitar tudo que lhe causará problemas, ou exigirá dele algum esforço. Uma vez ele se deleitou em pregar a Palavra; e, naqueles dias, se alguém tivesse dito que ele deixaria de pregar e não mais falaria em nome de Cristo, ele teria ficado furioso com o homem que fez tal declaração; mas agora aquilo se tornou realidade. Jonas não está no convés ajudando a segurar o leme, içar uma vela ou qualquer outra coisa, nem mesmo qualquer trabalho manual para ajudar a sustentar a frágil embarcação. Ele foi dormir no porão do navio onde ninguém pergunta por ele, pelo menos por enquanto, e onde não há nada para ele fazer.

Observe também que *Jonas estava ausente da reunião de oração*. Você pergunta: "Que reunião de oração?". Ora, todos os outros homens a bordo clamavam ao seu deus, mas Jonas estava dormindo no porão do navio. Ele não estava orando; ele estava dormindo, e talvez sonhando, mas certamente não estava orando; e é um fato muito desagradável quando um verdadeiro servo de Deus, um homem de oração e alguém por quem Deus falou anteriormente começa a entrar em um estado de sonolência espiritual no qual o indivíduo não apenas não faz nada para ajudar a igreja, como também não se reúne em oração na hora do perigo. Você conhece alguém em tal estado, meu irmão? "Sim, vários", você responde. Você mesmo está nesse estado, irmão? Caso esteja, permita que o amor pelas pessoas que agem mal comece em casa, e isso pode se estender a outros. Então, se essa carapuça lhe serve, use-a até desgastá-la, e você será aperfeiçoado ao usá-la.

Jonas, adormecido no porão do navio, *representa aquele que não consegue nem perceber o que está acontecendo ao seu redor*. No início, ele não queria ser observado; mas agora, ele não se preocupa nem em observar os outros. Qual é a condição dos milhões de não cristãos em terras estrangeiras? Esse é um assunto que ele evita; para ele, essas pessoas se converterão no milênio, ou, mesmo que não se convertam, seu futuro pode ter um final feliz. De qualquer forma, é um assunto com o qual ele não se preocupa. Jonas está dormindo no porão do navio e parece um tanto conformado em deixar que milhões de pessoas incrédulas morram. Então, com relação à Igreja de Cristo em sua terra natal, às vezes é dito a ele que tudo está prosperando, mas, por intermédio de outros lugares, ele é informado de que todos nós estamos indo mal. Bem, ele não sabe qual relato é o verdadeiro e particularmente não se importa. Mas e quanto à igreja da qual ele é membro, ele não se importa com isso?

Bem, sim, de certa forma, contudo ele não se preocupa o suficiente com a Escola Dominical, por exemplo, para prestar um auxílio lá, ou em ajudar no grupo de pastores. Ele nunca encoraja o coração do ministro dizendo que o amor de Cristo o constrange a participar do serviço sagrado. Jonas está dormindo no porão do navio. Ele não é muito notado, se é que ao menos é notado, pois aqueles ao seu redor chegaram à conclusão de que ele não serve para nada; e ele mesmo, como mostrei a vocês, não dá muita atenção ao que está acontecendo, embora o tempo todo seja um homem de Deus, um homem de oração e alguém a quem Deus outrora usou. Eu me pergunto se essas descrições se aplicam a algum de meus ouvintes. De qualquer maneira, sei que eles refletem, como um espelho, a vida de muitos professores religiosos. Acreditamos que eles sejam sinceros de coração aos olhos de Deus, mas para nós sua sonolência é mais evidente que sua sinceridade.

Além disso, o que Jonas estava fazendo naquele momento? *Ele estava dormindo — e dormindo em meio a toda aquela confusão e barulho.* Quão agitado estava o mar do lado de fora daquele navio — tempestades violentas, ondas rugindo —, e Jonas, que não era um marinheiro, mas um homem da terra, continuava dormindo. Certamente, ele devia estar em um sono profundo para conseguir dormir durante uma tempestade como aquela. E que barulho havia dentro e fora do navio! Todo mundo estava clamando ao seu deus, e os marinheiros estavam jogando a carga para fora do navio, de modo que deviam ter alvoroçado todos os compartimentos de uma ponta a outra. Parece que mal havia qualquer oportunidade para alguém descansar, mas Jonas conseguiu dormir durante todo o tempo, não se importando com o barulho que os homens fizeram ao puxar as cordas, ou ao jogar fora suas mercadorias, ou com seus brados ao apresentarem suas orações para seus deuses. Jonas estava dormindo em meio a toda aquela confusão e barulho, e, ó caro cristão, você ser indiferente a tudo o que está acontecendo em um mundo como este, você ser negligente com a obra de Deus em um momento como este, é algo muito estranho. Só os barulhos que o diabo está fazendo são suficientes para acordar todos os Jonas, se eles realmente quiserem acordar. Depois, há os abundantes erros do presente, os pecados do momento, as confusões desta época, as controvérsias da atualidade, todas essas coisas deveriam nos despertar. E então, além dos tempos, há a eternidade, com todos os seus terrores e suas glórias.

Existe o terrível conflito que está acontecendo entre Cristo e Belial — entre o verdadeiro e o falso — entre Jesus e o anticristo. Há, em tudo que nos cerca, alvoroço e tempestade, mas alguns cristãos professos, tal como Jonas, são capazes de dormir no porão do navio. Irmãos e irmãs, acho que, se estivermos espiritualmente despertos, se apenas olharmos para a condição da religião em nosso próprio país, muitas vezes seremos obrigados a ficar literalmente acordados a noite toda, para lá e para cá, clamando: "Ó Deus, tenha misericórdia deste reino perturbado e deixe Sua verdade triunfar sobre o papismo que muitos estão se esforçando para trazer de volta entre nós!". Mas, que pena, a grande multidão de crentes tem pouco ou nenhum interesse por esse assunto. Eles nem parecem notar, pois estão profundamente adormecidos no meio de uma tempestade.

Observe, também, que *Jonas estava dormindo quando os demais estavam acordados*. Ao nosso redor, as pessoas parecem estar bem acordadas, estejamos nós dormindo ou não. Quando vejo o que está sendo feito pelos católicos e observo o zelo e a abnegação de muitas pessoas que se dedicaram à propagação de sua falsa fé, fico surpreso de estarmos fazendo tão pouco pela verdadeira fé. Será que realmente é verdade que Deus tem o grupo de servos mais desinteressados do mundo? É certo que os homens estão totalmente vivos no serviço de Satanás; então não deveríamos estar apenas em parte vivos no serviço de Deus. Os adoradores de Baal estão gritando em alta voz: "Ó Baal, ouve-nos", e os devotos de Astarote, gritando: "Ouça-nos, ó poderosa Astarote", mas o profeta de Deus está dormindo no porão do navio? É isso mesmo? Tudo o mais parece despertar todas as energias de um homem, porém a verdadeira religião os paralisa? Eu realmente pensei, quando li alguns livros escritos por homens muito bons, que a melhor coisa para fazer uma pessoa dormir era ler um livro de um escritor evangélico; contudo, no momento em que um homem fica doente na fé, é como se ele despertasse e tivesse algo a dizer que as pessoas estariam fadadas a ouvir. É uma grande pena que seja assim, da mesma forma como foi uma grande pena que todos estivessem acordados naquele barco, exceto Jonas. No entanto, temo que ainda seja verdade que aqueles que servem ao Deus vivo não estejam tão cheios do fervor estimulante que deveria possuí-los para a honra do Altíssimo Senhor.

Jonas estava dormindo não apenas em um momento de grande confusão e quando outros estavam acordados, mas também diante de *um momento em que ele estava correndo grande perigo*, pois o navio provavelmente afundaria. A tempestade estava furiosa, mas Jonas estava dormindo. E, amado irmão, quando você e aqueles ao seu redor estão em perigo de cair em grande pecado por causa de sua vida descuidada; quando sua família corre o risco de ser criada sem temor a Deus; quando seus servos correm o risco de concluir que a religião é uma farsa porque você age como se ela fosse; quando aqueles que o observam nos negócios tendem a zombar da fé cristã porque dizem que sua fé tem muito pouco valor para você; quando tudo isso está acontecendo, e há perigo iminente para sua própria alma e para a dos outros, você ainda consegue dormir sem se preocupar?

Jonas estava dormindo *quando precisava estar acordado*. Ele, acima de todos os outros homens, era aquele que deveria despertar e invocar seu Deus. Hoje em dia, se alguém vai dormir, certamente não deve ser o crente no Senhor Jesus Cristo.

Todas as coisas exigem que os cristãos sejam realmente comprometidos. Não conheço nenhum argumento que eu possa reunir de qualquer época ou da eternidade, do Céu, da Terra ou do inferno, que autorize um homem cristão a ser passivo e descuidado, mas, se me perguntarem os motivos pelos quais são necessários que os cristãos verdadeiramente sejam diligentes e cheios de vigor santificado no serviço do Senhor, esses argumentos são tão abundantes que eu não teria tempo de mencioná-los por completo. O mundo precisa de você; almas negligentes precisam ser despertadas; almas inquiridoras precisam ser dirigidas; almas enlutadas precisam ser consoladas; almas alegres precisam ser santificadas; o ignorante precisa ser ensinado; os desanimados precisam ser encorajados. Por todos os lados, para um homem que de fato é cristão, há um clamor sincero, e certamente, nestes dias, Deus tem chamado homens verdadeiramente piedosos para serem mais preciosos do que o ouro de Ofir. Aqueles indivíduos que se negam a servir a Deus com sinceridade em um tempo como este, certamente não podem esperar que a bênção do Senhor repouse sobre eles. Na verdade, a antiga maldição a Meroz[89] pode muito bem ser pronunciada sobre o homem que, nesta era e nas atuais circunstâncias desce para o porão do navio, acomoda-se e dorme assim como Jonas.

Jonas estava dormindo, com todos os pagãos ao seu redor repreendendo-o por suas ações. Eles estavam orando enquanto ele dormia; e, finalmente, chegou a este ponto: o comandante do navio dirigiu-se severamente ao profeta de Deus e disse: "...Que se passa contigo? Agarrado no sono?..." (Jn 1:6). É

---

[89] Referência a Juízes 5:23.

realmente triste quando as coisas chegam a tal estado que um capitão pagão repreende um servo de Deus; e ainda temo que a Igreja do Senhor, se não corrigir seus caminhos, receberá muitas repreensões semelhantes por práticas e declarações ímpias. Observe as enormes quantias que os pagãos gastam com seus ídolos, templos e adoração aos seus deuses, e então pense quão pouco gastamos no serviço ao Deus vivo. Alguém pode ficar surpreso ao ler sobre os laques[90] de rúpias[91] que são dados por príncipes indianos à adoração de suas divindades mortas. Por outro lado, nossas sociedades missionárias enfraquecem, e a obra de Deus é interrompida de mil maneiras, porque os mordomos de Deus não estão usando como deveriam o que Ele lhes confiou. Pense, também, no zelo ardente com que os devotos de falsas religiões atravessam mar e terra para fazer um convertido, enquanto nós fazemos tão pouco para trazer almas a Jesus Cristo. Um dia desses, você terá hindus e brâmanes[92] falando conosco desta maneira: "Você professa que o amor de Cristo o constrange, mas o constrange a quê?". Eles até nos perguntam que tipo de religião deve ser a nossa que força os pobres chineses a consumirem ópio. Eles citam contra nós os nossos maiores pecados como nação, e isso não me surpreende. Eu apenas gostaria que lhes fosse dito que os cristãos reprovam esses males e que os que praticam tais coisas não são cristãos. Mas devemos fazer mais do que até mesmo os melhores cristãos estão fazendo agora, ou então teremos os

---

[90] O laque corresponde a uma unidade numérica indiana. Um laque equivale a 100 mil.
[91] Moeda oficial do Butão, Índia, Indonésia, Maldivas, Maurício, Nepal, Paquistão, Seicheles e Sri Lanca.
[92] Hindu — o povo indiano; Brâmanes — a casta superior. Na época de Spurgeon a Índia estava sob o domínio britânico. Este teve início em 1858, durando até o ano de 1947.

pagãos no estrangeiro dizendo, como até mesmo os ímpios nacionais dizem: "Se cremos no castigo eterno, devemos ser zelosos dia e noite para salvar as almas disso" — e isso é para mim uma forte validação da verdade dessa doutrina.

Não desejamos nenhuma doutrina que possa nos tornar menos zelosos do que somos e certamente não queremos nenhuma doutrina que possa nos dar sequer uma desculpa qualquer para isto. Mesmo assim, o comentário que acabei de citar tem grande força. Não estamos tão empenhados como deveríamos em salvar aqueles que caminham para o abismo, se realmente acreditamos que eles estão se precipitando para tal condenação. Os comandantes estão novamente repreendendo os Jonas. Aqueles que acreditam no erro, aqueles que adoram falsos deuses, voltam-se contra nós e nos perguntam o que queremos dizer. Ó Jonas, adormecido Jonas, não está na hora de você acordar?

Mas por que Jonas estava dormindo? Suponho que tenha sido em parte uma reação após a agitação pela qual sua mente passou ao se rebelar contra Deus. Ele havia se cansado de buscar seu próprio perverso caminho; então agora, após a desobediência a Deus da qual ele era culpado, seu espírito se entristece e ele dorme. Além disso, isso está de acordo com o efeito que o pecado causa; não o sono físico, admito, mas em levar ao sono espiritual. Não existe droga mais viciante do que a prática de uma obra maligna. Um homem que cometeu erros tem pouca condição para se arrepender do que fez, e é muito menos provável que isso de fato ocorra. A consciência de Jonas ficou cauterizada por sua rejeição deliberada às ordens de seu Senhor e, portanto, ele conseguia dormir quando deveria estar acordado e vigilante.

Além disso, ele desejava se livrar do próprio pensamento de Deus. Ele estava tentando fugir da presença de Deus. Suponho que ele não pudesse suportar seus próprios pensamentos, que devem ter sido terríveis para ele. Assim, em oposição ao seu Deus e em um espírito totalmente errado, ele caça um canto confortável do navio, se estica, e lá adormece, e continua dormindo durante a tempestade. Ó cristão sonolento, há algo de errado com você também! A consciência ficou adormecida. Receio que haja algum pecado predileto que você esteja nutrindo. Procure-o e expulse-o. O pecado é a fonte dessa indiferença vergonhosa. Deus o ajude a se livrar disso! Irmão, estou falando com você com toda a franqueza que posso, mas não com mais do que uso comigo mesmo. Tenho sido dorminhoco e inerte em minha pregação? Se você achar que não estou sendo diligente, eu lhe ordeno, meu irmão em Cristo, diga-me e me acorde do meu sono se puder, assim como eu agora lhe falo, e digo, por tudo que Deus tem feito a você ao salvá-lo por Sua graça, e por torná-lo Seu servo: não entregue sua alma ao sono, mas acorde, desperte, revista-se e levante-se pelo poder do Espírito Santo, para a oração e para o serviço do Seu Deus.

Talvez tenha gastado muito tempo me dirigindo aos cristãos.

2. Mas agora, e mais brevemente, quero dar *um aviso aos não convertidos*.

Jonas, dormindo a bordo daquele navio, é uma representação da maioria das pessoas não convertidas que frequentam os nossos vários locais de culto. Jonas estava em perigo iminente, pois Deus havia enviado uma grande tempestade para alcançá-lo. E, meu ouvinte não convertido, *seu perigo, neste presente momento, está além de qualquer descrição*. Não há nada além de um suspiro entre você e o inferno. Um de nossos amados anciãos esteve conosco aqui no último culto. Ele agora está com os espíritos dos justos aperfeiçoados, mas, se fosse o destino de qualquer pessoa não convertida aqui sofrer e morrer da mesma maneira — ah, caro ouvinte, como teria sido triste para você! Expulso da presença de Deus, você seria lançado "...nas trevas exteriores; ali, haverá pranto e ranger de dentes" (Mt 8:12 ARC). A espada da justiça divina já está polida; você ainda festejará? Você consegue rir e brincar quando há apenas um passo entre você e a morte — um único passo entre você e o inferno? Ser um inimigo de Deus, não perdoado, com o anjo da justiça à sua procura como a tempestade perseguiu Jonas naquele navio: "...Que se passa contigo? Agarrado no sono..." (Jn 1:6) quando o perigo da ira eterna está tão perto de você?

Você também está dormindo *quando há muitas coisas para acordá-lo*. Como eu já disse, havia um grande barulho no navio onde Jonas estava, muito barulho dentro e fora do navio, mas ele não acordou. Eu acredito que muitos de vocês que não são convertidos acham difícil permanecer como estão. Às vezes, você recebe golpes severos do pregador. Na oração da família, muitas vezes sua consciência é tocada. Quando você ouve uma passagem da Bíblia ser lida, ou quando ouve sobre um amigo que morreu, você fica ligeiramente acordado. Ora, a própria conversão de outros com certeza deve despertar você. Se nada mais tivesse despertado Jonas, as orações dos marinheiros deveriam tê-lo acordado; e o profundo desejo de sua mãe e de seu pai, a súplica de sua irmã, os clamores de novos convertidos, as sinceras ansiedades dos inquiridores, deveriam ter alguma influência para o despertar — se você não estivesse mergulhado tão profundamente no sono.

Você está dormindo, irmão, *enquanto a oração pode salvá-lo*. Se suas orações não pudessem ser ouvidas, acho que eu deveria dizer: "Deixe-o dormir". Se não houvesse possibilidade de sua salvação, não vejo por que você deveria ser despertado de seu sono. O desespero é uma excelente desculpa para a preguiça, mas você não tem razão para se desesperar. "Levanta-te, invoca teu deus" (v.6), disse o comandante do navio a Jonas; e perguntamos a você: "Amigo, como pode você ser tão indiferente e não orar, quando está escrito: 'Pedi, e dar-se-vos-á; buscai e achareis' (Mt 7:7); e os fatos provam a veracidade das palavras de Jesus — 'pois todo o que pede recebe; o que busca encontra' (Mt 7:8)?". O Céu está ao seu alcance, e você não estenderá sua mão? A vida eterna está tão perto de você que Paulo escreve: "Se com a tua boca confessares o Senhor Jesus, e em teu coração creres que Deus o ressuscitou dentre os mortos, serás salvo" (Rm 10:9). Certamente, aquele homem que tem comida amontoada diante de si, mas que se senta e vai dormir com a cabeça na porção mais farta de Benjamin[93], e ainda assim não a come, merece morrer de fome. Aquele que dorme até quando o rio corre aos seus lábios, que está morrendo de sede mas não quer beber da água, este merece morrer, não é mesmo? Com essas bênçãos maravilhosas colocadas diante de você no evangelho, com o próprio Céu bem ali e os portões de pérolas totalmente

---

[93] Referência a Gênesis 43:34.

abertos, ainda assim você é tão indiferente que despreza a boa terra, murmura e se recusa a aceitar o Salvador que o conduziria até lá. Ora, com certeza, você deve estar dormindo o sono da morte! Você está dormindo enquanto o povo de Deus está perguntando sobre você, enquanto eles estão chorando e orando por você, assim como aqueles marinheiros no navio indagaram a respeito de Jonas.

Há algumas pessoas neste lugar que são motivo de constante oração. Alguns de vocês que estão sentados aqui talvez não saibam disso, mas existem aqueles que os amam e que pronunciam o seu nome dia e noite diante de Deus. No entanto, enquanto eles se importam com você, você não está preocupado com si mesmo. Ó Deus, se tempestades não podem despertar os Jonas adormecidos, desperte-os por algum outro meio, mesmo que seja por alguém como eles, ou ainda pior do que eles! Envie uma mensagem que os repreenda. Mande algum blasfemo para perguntar-lhes como podem frequentar os meios da graça e, ainda assim, ficar indecisos. Eu já vi isso acontecer. Conheci um homem rude e de vida desprezível que abordou um servo de excelente conduta moral e o questionou sobre os meios da graça dizendo: "Por que você não é uma coisa nem outra? Se religião é tudo mentira, por que você não é como eu? Mas, se for verdade, por que você não se torna um cristão?". E, na verdade, eles podem fazer essas perguntas a alguns de vocês.

Ó amigos, rogo-lhes: se vocês não têm a Cristo, não finjam que são felizes! Não aceitem nenhuma felicidade até que a encontrem nele. Para alguns de vocês, eu falaria muito claramente. Você está doente? Você acha que sua vida é muito precária? Ó meu querido amigo, você é como Jonas quando o navio parecia que afundaria. Não demore. Há sintomas de tuberculose em você? É possível que seja? Não demore. Algum parente seu faleceu e há alguma probabilidade de você ter a mesma doença? Ó, não durma, mas desperte! Você está envelhecendo, amigo? Os cabelos grisalhos estão ficando espessos em sua fronte? Ó, não demore! Para os jovens não salvos, é errado dormir, pois quem dorme quando é jovem dorme durante um cerco; e aquele que cochila quando envelhece dorme durante o ataque, quando o inimigo está realmente na brecha e atacando os muros. Algum de vocês trabalha em ramos perigosos? Você tem que comer seu pão onde um acidente pode acontecer facilmente, como já aconteceu com outras pessoas? Ó, esteja preparado para encontrar seu Deus!

Mas, tendo começado esta lista, posso continuá-la quase infindamente, mas terminarei com algumas poucas indagações: *Você é um homem mortal?* Você *pode morrer?* Você *morrerá?* Você pode morrer *agora?* Você pode cair morto na rua? Você pode ir dormir e nunca mais acordar aqui na Terra? Sua própria comida ou bebida pode se tornar o veículo da morte para você? Pode haver morte no ar que você respira? Isso pode acontecer? Você um dia, de qualquer forma, terá de ser carregado para seu lar eterno, como os outros, e dormir na sepultura? Você prestará contas a Deus das coisas feitas no corpo? Você terá que se apresentar diante do grande trono branco, para ser uma pessoa entre aquela multidão incontável, e, ao estar lá, ser colocado na balança para ser pesado determinando assim a sua eternidade? Se for assim, não durma, eu imploro, como fazem os outros; mexa-se! Que o Espírito Santo de Deus chacoalhe você para tornar a sua vocação e eleição inabaláveis! Apegue-se a Jesus Cristo com as garras de uma fé sincera e humilde e entregue-se, daqui em diante, ao serviço daquele que o comprou com Seu precioso sangue. Deus conceda a todos nós a graça de despertar e levantar, para que Cristo possa nos dar vida e luz, para glória de Seu santo nome! Amém.

14

DANIEL: CORAGEM INABALÁVEL [94]

————•◆•————

Daniel, pois, quando soube que a escritura estava assinada, entrou em sua casa e, em cima, no seu quarto, onde havia janelas abertas do lado de Jerusalém, três vezes por dia, se punha de joelhos, e orava, e dava graças, diante do seu Deus, como costumava fazer. —Daniel 6:10

Daniel fora exaltado a uma grande prosperidade terrena, mas sua alma também havia prosperado. Algumas vezes, o progresso exterior significa o declínio interior, e dezenas de milhares têm sido intoxicados pelo sucesso. Embora tenham considerado justo começar na corrida da vida para ganhar o prêmio, foram tentados a se desviar para colher as

---

[94] Sermão nº 815, ministrado na manhã de domingo, dia do Senhor, 14 de junho de 1868, no *Metropolitan Tabernacle*, Newington.

maçãs de ouro e, por isso, perderam a coroa. Não foi assim com Daniel — ele era tão íntegro diante de Deus tanto em seus dias de glória como em seus dias mais humildes; e isso se deve pelo fato de que ele mantinha a força do que professava externamente por meio da comunhão íntima e constante com Deus. Ele era um homem de excelente espírito e incessante na oração; portanto, o poder não subiu à sua cabeça por causa de seu prestígio, mas o Senhor cumpriu nele Sua promessa de fazer os pés de seu servo como os de corça, para que pudesse andar em lugares altos[95]. No entanto, embora Daniel preservasse sua integridade, ele não encontrou uma posição de grandeza na qual desfrutaria de descanso. Assim como os pássaros bicam os frutos mais maduros, seus invejosos inimigos o atacaram, e como os guerreiros mais ilustres são os que mais atraem as flechas do inimigo, as honras de Daniel trouxeram sobre ele a inimizade de muitos.

Não procurem então, amados, com desejo excessivo ou com inquieta ambição ser grandes entre os nobres desta Terra, pois, existem coisas mais preciosas do que honra e riqueza. Um rei persa, desejando dar uma prova de sua consideração a dois de seus cortesãos, deu a um deles uma taça de ouro e ao outro um beijo: aquele que recebeu a taça de ouro considerou que foi injustiçado e invejou o cortesão que recebeu o beijo dos próprios lábios do monarca. E permitam-me dizer-lhes: não invejem aqueles que receberão as riquezas e as honras do mundo, que constituem a taça de ouro deles, pois, se vocês receberem um beijo da graça dos lábios de Deus e sentirem a doçura deles no mais íntimo de sua alma, vocês terão recebido

---

[95] Referência a Habacuque 3:19.

mais do que eles. Não haveria nenhum motivo para se afligirem porque, embora esse beijo deva vir até vocês na pobreza e na doença, é melhor regozijar-se por Deus, em Sua infinita graça, os ter considerado dignos de receber mais bênçãos espirituais, ainda que tenham menos bens temporais.

Lutero declarou que toda a grandeza do mundo nada mais era senão um osso que Deus jogou para um cachorro. "Pois", diz ele, "Ele dá mais ao papa e aos turcos do que a todos os Seus santos juntos", e é assim realmente. Ser grande, notável e rico pode ser a sorte de um Hamã, que será morto em uma forca, enquanto o verdadeiro servo de Deus pode assentar-se à porta do rei e suportar o desprezo, como fez Mardoqueu[96]. É melhor sofrer com o mendigo Lázaro do que festejar com o homem rico, pois o amor de Deus compensa mais do que todas as provações temporárias[97]. Melhor um grama da graça divina do que uma tonelada de bens materiais. Caso a mão esquerda da prosperidade superficial não lhe traga coisas boas, fique mais do que contente ao receber as bênçãos da destra da alegria espiritual.

Portanto, hoje quero apresentar o exemplo de Daniel para sua consideração, pois acredito que estes são tempos em que precisamos estar tão firmes e resolutos quanto esse profeta; seja como for, as ocasiões virão para cada um de nós antes de recebermos nossa coroa, e, quando elas chegarem, precisaremos colocar o pé no chão com firmeza e ser constantes e inabaláveis pelo Senhor e Sua verdade.

---

[96] Referência a Ester 3:1-2.

[97] Referência a Lucas 16.

1. Primeiramente, permita-me chamar sua atenção para *a devoção habitual de Daniel*: ela é digna de nosso estudo. Poderíamos nunca ter sabido disso se ele não fosse tão duramente provado, mas o fogo revela o ouro escondido.

A devoção habitual de Daniel. É-nos dito que, antes de enfrentar as provações, Daniel tinha o hábito constante de orar. Ele orava muito. Existem alguns modos de vida espiritual que não são absolutamente essenciais, mas a oração é a própria essência da espiritualidade, e aquele que não ora carece do próprio fôlego da vida de Deus na alma. Não direi que todo homem que ora é cristão, mas direi que todo homem que ora com sinceridade é cristão. Lembre-se de que os homens podem orar seguindo um molde, e até mesmo praticar a oração privada também, e ainda assim estarem enganando a si mesmos, pois, assim como as rãs do Egito subiram aos quartos, a hipocrisia se intromete até mesmo nos lugares mais íntimos onde os homens aparentam adorar a Deus. Porém afirmo que a alegria constante na devoção íntima e sincera é uma marca da graça, que aquele que a possui pode de fato concluir que é um membro da família do Senhor.

Daniel sempre teve assuntos para oração e motivos para orar. Ele orou por si mesmo para que não fosse dominado pelo orgulho em sua eminente posição, para que não caísse nas armadilhas daqueles que o invejavam, para que não cedesse às opressões e desonestidades habituais dos governantes orientais. Ele orou por seu povo. Ele viu muitos na casa de Judá que não estavam em circunstâncias tão prósperas quanto ele. Ele se lembrou daqueles que estavam aprisionados, como se ele mesmo estivesse preso junto com eles. Ele trouxe diante de seu Deus, nos braços da fé, aqueles que eram osso de seus ossos e carne de sua carne. Ele intercedeu por Jerusalém. Afligia-o saber que a cidade estava devastada, que a marca do destruidor caldeu ainda permanecia sobre o monte Sião, tão belo e que outrora fora a alegria de toda a Terra. Daniel implorou pelo fim do cativeiro, o qual ele sabia que havia sido ordenado por seu Deus. Ele orou pela glória de seu Deus, para que chegasse o dia em que os ídolos fossem totalmente destruídos e assim toda a Terra soubesse que Jeová governa no Céu e entre os filhos dos homens. Quão agradável seria ouvir, através do buraco da fechadura dos aposentos de Daniel, as poderosas intercessões que subiram ao Senhor Deus dos exércitos.

Lemos em seguida que, em todas as suas orações, ele também rendia ações de graças. Observe, pois muitos se esquecem disso: "...e orava e dava graças, diante do seu Deus..." (Dn 6:10). Sem dúvida, pobre é a oração que está sempre pedindo e nunca retribuindo sua gratidão! Devo viver da generosidade de Deus e nunca o agradecer pelo que recebo? Certamente, orações nas quais não há ações de graças são egoístas: elas roubam a Deus; e um homem roubará a Deus? Roubará a Deus até mesmo em suas orações e ainda assim espera que elas sejam atendidas? Não tenho dito aqui nesta igreja que muitas vezes a oração e o louvor se assemelham ao processo pelo qual vivemos? Respiramos o ar e depois o expiramos novamente: a oração inspira brisas profundas do amor e da graça de Deus e, em seguida, elas são expiradas como louvor.

A oração e o louvor, com os pecados perdoados,
Trazem à Terra as bem-aventuranças do Céu.[98]

O bom Daniel aprendeu a louvar, bem como a orar, e a oferecer a Deus aquele doce incenso composto de diversas especiarias, de desejos fervorosos e anseios mesclados com ações de graças e adoração.

É digno de nota o que o texto diz: "E orava, e dava graças, diante do seu Deus". Isso revela a própria essência da oração: entrar na presença de Deus. Ó irmãos, vocês muitas vezes não se pegam como que orando ao vento e, privadamente, proferindo palavras como se fossem apenas ouvidas pelas quatro paredes que circundam seu quarto? Mas a oração, quando é sincera, chega diante de Deus, ao reconhecer a majestade do trono de Sua graça e ver o sangue da aliança eterna aspergido sobre ela; ao discernir que Deus está olhando atentamente através de você, lendo cada pensamento e interpretando cada desejo; ao sentir que você mesmo está falando ao ouvido de Deus, e agora está, por assim dizer:

Mergulhado no mar mais profundo da Divindade,
E perdido em Sua imensidão[99].

Isso é oração, quando nos aproximamos de Deus. Não me importarei se você não usar uma única palavra ou se você sentir que a majestade do Senhor é tão avassaladora que as

---

[98] Tradução livre de versos do hino *Where two or three, with sweet accord*, de Samuel Stennett (1727–95).

[99] Tradução livre de versos do hino *Come, Holy Ghost, all-quickening fire*, de Charles Wesley (1707–88).

palavras lhe fogem. O silêncio se torna muito mais expressivo quando você se curva com soluços, lágrimas e gemidos inexprimíveis. Essa é a oração que conquista o favor Deus e é apreciada pela majestade do Céu. Assim, Daniel orou e deu graças, não diante dos homens para ser visto por eles, nem em particular diante de si mesmo para satisfazer sua consciência, mas "diante de Deus", com quem ele tinha uma audiência três vezes ao dia.

No entanto, essa palavrinha *seu*, não posso deixar passar despercebida. Ele orou e deu graças ao seu Deus. Ele não falou com Deus simplesmente como uma divindade que poderia ser de qualquer homem ou de todos os homens, mas ao seu Deus, a quem ele havia esposado por uma determinação solene. Daniel não se desviaria de suas obrigações, uma determinação que resultou do fato de Deus tê-lo escolhido e torná-lo Seu próprio cônjuge, peculiarmente separado para Seu próprio louvor. "*Seu* Deus". Ora, parece-me trazer à tona a palavra *aliança* — seu "Deus da aliança", como se ele tivesse feito uma aliança com Deus de acordo com a linguagem do Altíssimo: "Eles serão o meu povo, e eu serei o seu Deus" (Jr 32:38). O verdadeiro filho de Abraão, de Isaque e Jacó foi este Daniel quando ele olhou para Deus como sendo seu, sua propriedade; poderia reivindicá-lo, poderia dizer como às vezes cantamos: "Sim, Ele é meu próprio Deus!". Ó, sentir que o Senhor pertence totalmente a mim! Meu Deus, meu Senhor, se nenhum outro homem pode reivindicá-lo; meu Pai, meu Pastor, meu Amigo, meu Senhor e meu Deus! Sim, aqui está o poder da oração, quando um homem pode falar com Deus como seu Deus da aliança. Esse homem não pode passar despercebido; todas as flechas cravam-se no centro do alvo quando ele implora "diante de seu Deus". Esse homem deve conquistar o anjo no vau de Jaboque, que o agarra com ambas as mãos por uma fé que conhece seus clamores celestiais[100]. Não se trata de ganhar as misericórdias de Deus por meio de outro, nem implorar por algo fora da aliança, mas o crente sente que está pedindo a seu próprio Deus misericórdias já prometidas e garantidas a ele por promessas, aliança e sangue.

Há outros detalhes no texto que não são tão significativos. No entanto, observe que Daniel orava *três vezes ao dia*. Isso não diz com que frequência ele orava, mas quantas vezes ele estava em postura de oração. Sem dúvida, ele orava até trezentas vezes por dia se necessário — seu coração estava sempre tendo conexões com os Céus —, mas três vezes por dia ele orava formalmente. Foi bem colocado que costumamos fazer três refeições por dia e que é bom fornecer à alma tantas refeições quanto damos ao corpo. Queremos a orientação da manhã, precisamos do perdão do entardecer, não precisamos também do refresco do meio-dia? Não poderíamos dizer bem ao meio-dia: "Dize-me, ó amado de minha alma: onde apascentas o teu rebanho, onde o fazes repousar pelo meio-dia..." (Ct 1:7). Se você achar que da manhã à noite é um intervalo muito longo entre as orações, coloque outro elo dourado ao meio-dia. Não há regra nas Escrituras sobre a frequência com que se deve orar, nem sobre quando você deve orar; é deixado ao próprio espírito gracioso do homem escolher o momento. Não precisamos voltar à escravidão da aliança mosaica, para estar sob a chancela da Lei; somos transportados para aquele

---

[100] Referência a Gênesis 32.

Espírito livre que conduz seus santos corretamente. No entanto, três vezes ao dia é um número recomendável.

Observe, também, *a postura*. Isso também é de pouca importância, visto que lemos nas Escrituras sobre homens que oravam na cama, com o rosto voltado para a parede. Lemos sobre Davi sentado diante do Senhor. Quão comum e aceitável era a postura de *permanecer em pé* diante de Deus em oração! No entanto, há uma consideração peculiar, especialmente na oração privada, quanto à ajoelhar-se. Parece dizer: "Não posso ficar de pé diante de Tua majestade; eu sou um necessitado e me coloco na posição de um pedinte; eu busco por ti, ó grande Deus, de joelhos dobrados, na postura de quem reconhece que nada merece, mas se humilha diante de Tua graciosa majestade". A razão pela qual Daniel se ajoelhou naquela ocasião em particular mencionada no texto foi, sem dúvida, porque ele sempre se ajoelhou e, portanto, sempre se ajoelharia, e ele não abandonaria essa postura, por pouco que fosse, por uma palavra de um tirano. Não, se toda a Terra e o inferno estivessem contra ele, se ele tivesse achado que se ajoelhar honraria mais a Deus, então ele o faria, mesmo que fosse lançado na cova dos leões por causa disso.

Mais uma observação. O texto diz que Daniel se ajoelhou *com as janelas abertas para Jerusalém*. Ele não fez isso por mera publicidade. Pode ser que ninguém, exceto os criados do palácio, pudesse vê-lo mesmo quando as janelas de seu quarto estavam abertas. Suponho que a casa, como a maioria das casas orientais, era elevada e com uma janela quadrada no centro, e, embora ele estivesse olhando em direção à Jerusalém, as janelas estariam voltadas para o pátio do palácio, onde ele só poderia ser visto por aqueles que residiam no palácio ou fossem visitantes a negócios. Provavelmente, seus colegas conselheiros sabiam a hora que ele costumava separar para a devoção e, portanto, pretendiam pegá-lo em flagrante. Além disso, você deve considerar que, embora para nós seja estranho um homem orar com as janelas abertas, onde pode ser ouvido, isso era muito comum entre os orientais, já que você encontrará os fariseus e outros ávidos por realizar suas devoções em qualquer lugar, quando chega a hora da oração e, portanto, não seria considerado, de forma alguma, como sendo de natureza farisaica Daniel orar com as janelas abertas.

As janelas abertas para Jerusalém podem ter sido sugeridas pela oração de Salomão, quando ele perguntou se o povo de Deus seria poupado quando buscassem o Senhor com o rosto voltado para aquele lugar santo, e Deus os ouviria. Isso pode ter ajudado ele também a se lembrar daquela querida cidade para a qual o coração de todo judeu se volta com afeição, ainda que como a agulha da bússola que oscila em direção ao norte. O pensamento da ruína de Jerusalém ajudou seu fervor, a lembrança do pecado da cidade o fez humilhar-se, e as promessas a respeito de Jerusalém o confortaram. Ele se voltou para Jerusalém. E o que isso nos diz? Irmãos, isso nos diz que devemos ter o mesmo cuidado ao orar, para ter nossas janelas abertas para o Calvário. Não se volte para o leste, nem para o oeste, mas deixe seu espírito se voltar para a cruz de Cristo. Este é o grande lugar para onde todos os rostos dos fiéis devem estar continuamente voltados, onde Jesus morreu, ressuscitou e intercedeu perante o trono da misericórdia. É para lá que os olhos da fé devem olhar. Ore sempre com suas janelas abertas para o Calvário; olhe para o sangue precioso; olhe fixamente para o Senhor ressuscitado;

contemple a autoridade de Seu apelo, pois, à destra de Seu Pai, Ele intercede por Seu povo, e você será fortalecido para lutar até vencer.

2. Agora devemos nos voltar para uma segunda consideração: *a atitude de Daniel diante da provação.*

Não há nada que reis e rainhas gostem mais de fazer do que se intrometer na religião. Embora o rei prussiano[101] tenha tentado sincronizar uma série de relógios e não tenha conseguido, apesar do experimento e do fracasso, sempre há maus conselheiros que forçam a consciência dos homens a manter o ritmo. A loucura está no trono quando os monarcas patrocinam ou oprimem a religião. César sempre se atrapalha quando se intromete nas coisas de Deus. Nos dias de Daniel, houve um decreto — um ato da uniformidade que em alguns aspectos era semelhante ao famoso ato que foi imposto em nosso país. O decreto de Dario ordenava que nenhum homem orasse por 30 dias, já o Ato da Uniformidade[102] na Inglaterra ordenava que nenhuma pessoa poderia orar em público sem seu livro. Não há muitas diferenças entre os dois. Quando esse ato da uniformidade foi aprovado, várias alternativas se abriram para Daniel. Ele poderia, por exemplo, ter dito: "Isso não atende ao

---

[101] Provável referência a Carlos V, do Sacro Império Romano-Germânico, a quem se atribui a frase: "É absurdo tentar fazer dois homens pensarem da mesma forma em termo de religião, sendo que não se pode sequer fazer dois relógios baterem juntos".

[102] Um Ato de Uniformidade foi aprovado pelo Parlamento em 1549, determinando que todos os oficiantes, em todos os cultos, deveriam usar o guia litúrgico que promovia a junção da liturgia católica e reformada. Em 1552, um novo Ato de Uniformidade foi promulgado e uma revisão do Livro de Oração Comum foi aprovada. Os cultos tornam-se obrigatórios, sob a pena do negligente ser preso e condenado, e o uso do Livro de Oração Comum torna-se compulsório, sob a pena da perda da função clerical.

meu propósito. Tenho uma posição elevada na sociedade. Sou o chefe principal sobre todos os domínios, e, embora esteja disposto a sofrer algo por minha religião, ainda assim o preço é muito alto e, portanto, deixarei de orar". Ele pode ter encontrado muitos precedentes e muitos companheiros. Quando se trata de uma questão entre a vida e a verdade, entre a honra e Cristo, quantas pessoas fizeram a escolha ruim e pereceram de maneira infame? Daniel não parece ter levantado essa questão. No entanto, ele poderia ter dito: "Ora, ora, devemos ser prudentes; Deus deve ser adorado com certeza, mas não há nenhuma razão particular para eu adorá-lo no local de costume, nem mesmo na cidade onde moro. Posso me retirar à noite ou encontrar algum lugar secreto em minha própria casa e, principalmente, não há necessidade de abrir a janela. Posso orar com a janela fechada e serei igualmente aceitável diante de Deus. Acho, portanto, que devo manter minha consciência limpa, mas não impor minha religião nestes dias maus".

Daniel não pensou assim; ele era um homem semelhante a um leão e se recusava a rebaixar seu padrão na presença do inimigo, pois, em sua posição, se ele não orasse como antes, seria um escândalo para os fracos e um motivo de desprezo para os iníquos. Os fracos teriam dito: "Veja, Daniel está intimidado pelo decreto", e então todo pobre judeu em todo o reino teria encontrado desculpa para abandonar seus princípios; já os perversos teriam dito: "Observe, ele serve a seu Deus quando tudo vai bem, mas veja onde ele vai vagar quando surgem os problemas!". Ele não buscaria o sigilo que a prudência poderia sugerir. Ainda assim, sua razão pode ter lhe sugerido que ele poderia orar apenas dentro de si. Orações sem palavras são igualmente aceitáveis para Deus: ele não poderia fazer isso? Mas ele sentiu que não poderia agir assim, dado que tanto o decreto como a oposição do rei à religião estavam externalizados e evidentes. Ele não acreditava em se opor à falsidade exterior através de uma verdade interior. O que Daniel fez, nas palavras do hino que cantamos há pouco, foi "opor-se à força usando força"[103]. Ele externaria distinta e abertamente suas próprias convicções em oposição ao explícito decreto de perseguição.

Como Daniel não tinha uma mente inconstante e nem era de ânimo dobre, ele não tentou atribuir novo significado para os termos do decreto ou criar uma concessão que iria contra suas próprias convicções, mas seguiu adiante em seu próprio caminho. Ele sabia o que o decreto significava e, então, ajoelhou-se diante de seu Deus em claro desafio ao decreto. Quer o decreto pudesse ser lido em um sentido mais brando ou não, isso não o incomodava; ele sabia o que Dario, os capitães e conselheiros queriam dizer com aquilo, e ele também sabia o que ele mesmo pretendia fazer, portanto, ele fez a coisa certa e, diante de seu Deus, desafiou os leões em vez de manchar sua consciência com qualquer tipo de transgressão.

Observe com cuidado o que Daniel fez. Ele decidiu agir como fazia antes. Observe como ele agiu *silenciosamente*. Ele não disse a nenhum de seus inimigos: "Vou seguir minhas convicções". De jeito nenhum! Daniel sabia que eles não se agradariam de nada do que ele lhes falasse, então recorreu a ações em vez de palavras. Ele voltou para casa em silêncio quando descobriu que o decreto havia sido aprovado — embora entristecido por tal lei ter sido criada — e, sem uma única palavra

---

[103] Tradução livre de verso do hino *Stand up, stand up for Jesus*, de George Duffield (1818–88).

de reclamação ou murmuração, retirou-se para seu quarto. Não acho que ele estivesse distraído ou perturbado. As palavras "como costumava fazer" parecem indicar que ele subiu as escadas com a mesma calma de sempre. Seus servos não teriam sabido por seu comportamento que alguma lei havia sido estabelecida. Ele sempre saía naquela hora para orar, e eles podiam ouvi-lo orar com o mesmo fervor de sempre. Ele permaneceu em Deus, portanto continuou em perfeita paz.

Perceba como ele agiu novamente sem hesitação — *imediatamente*! Ele não estagnou; não pediu tempo para pensar no que deveria fazer. Quando o correto é colocado em xeque, nossos primeiros pensamentos são os melhores. Quando houver algo que é negligenciado pela religião, siga o primeiro pensamento da consciência, ou seja: "Faça o que é certo". Quem precisa questionar quando o próprio dever aponta o caminho? Onde Deus ordena, não há espaço para levantar objeções. No entanto, não tenho dúvidas de que se o diabo tivesse tido a chance de sussurrar no ouvido do profeta, ele teria dito: "Calma, Daniel, é melhor você pensar um pouco. Você está em uma posição em que pode ajudar significativamente seus amigos. Você desfruta de grande autoridade nesta corte; você pode ser útil para a verdadeira religião. Você não sabe quantos podem ser convertidos por seu exemplo. Você não deve desistir facilmente de uma posição onde pode fazer tanto bem". Já ouvi esse argumento centenas de vezes, quando pessoas foram persuadidas a sair de posições falsas e a fazer o que é certo. Mas o que você e eu temos a ver com manter nossa influência e posição às custas da verdade? Nunca é certo cometer um pequeno erro para obter o maior bem possível. Seu dever é fazer o que é certo, e Deus cuidará das consequências; afinal de contas, o caminho do erro nunca será, a longo prazo, algo bom para você ou para os outros.

Você observará também que Daniel não agiu segundo suas emoções, mas *com pleno conhecimento do resultado*. O texto diz expressamente: "...quando soube que a escritura estava assinada" (Dn 6:10). Muitas pessoas farão o que é certo com pressa e, sob forte euforia, irão mais longe do que teriam feito de cabeça fria; mas Daniel provavelmente foi afastado do Conselho por maquinações astutas de algum conselheiro e, logo que soube que o decreto era verídico, sem debater, estabeleceu a solução e tomou sua decisão. Não cabia a ele protelar e hesitar; ele tinha todas as informações diante de si, e a obediência tornou notória sua determinação. Jovem, calcule o custo, antes de declarar ser cristão; não assuma, por empolgação, um compromisso o qual você não será capaz de cumprir. Dediquem-se ao Senhor, seu Deus, por Sua graça, mas que seja de acordo com o mandamento de Cristo, depois de primeiro ter feito uma estimativa do que será exigido de vocês, e busquem a graça do alto para que possam cumprir o que, de outra forma, seria impossível.

Gosto desta frase e devo voltar a ela: "*Como costumava fazer*". Aqui ele não faz qualquer mudança; ele não dá a menor atenção que seja ao decreto do rei. No mesmo lugar, na mesma hora, na mesma posição, e com o mesmo espírito, o profeta é encontrado. Isso mostra para nós como o cristão deve proceder quando está sob perseguição, ou seja, ele deve agir como se nenhuma houvesse. Se você adorou a Deus tendo a simpatia de seus amigos cristãos, adore-o também suportando a coroa dos ímpios. Se você, comerciante, seguiu o caminho da honestidade em tempos mais prósperos, por amor a Deus, pelo amor de Cristo, não se desvie desse caminho honesto porque os tempos mudaram. O que foi certo é certo e, portanto, cumpra-o. O que você fez com transparência continue fazendo, e Deus lhe abençoará por isso. Daniel não poderia ter realizado sua prática de oração se ele não tivesse adquirido o hábito de orar constantemente de antemão, mesmo passível da punição de ser lançado na cova dos leões. Foi a sua comunhão íntima com Deus que lhe deu força e vigor para seguir em frente. Por estar certo, ele achou mais fácil manter a verdade, qualquer que fosse a penalidade. Ouso me dirigir a alguns jovens que vieram do interior cujas famílias eram cristãs, onde a verdadeira religião foi posta diariamente diante deles, e agora eles estão expostos a um local de trabalho onde começam a perceber que Jesus é ridicularizado e a religião é motivo de deboche. Ora, amigo, não aja diferentemente de como você costumava agir em casa para agradar aos homens vaidosos; tome o cuidado de começar como pretende continuar. Eu não diria apenas: "Não abandone o espírito da fé", mas também: "nem mesmo deixe de evidenciá-la". O diabo nunca desiste de nós; não se renda a ele. Ele se preocupa em lutar contra nós com todas as suas forças; vamos fazer o mesmo com ele.

Acredito que centenas de homens cristãos acabam complicando a si mesmos por se renderem aos poucos no início, pois geralmente é assim neste mundo: se um homem está determinado e decidido, depois de um tempo o mundo o deixará em paz. Na sala do quartel, quando o soldado se ajoelha para orar, quantas vezes ele foi alvo de mil gracejos obscenos, e por isso desistiu de todo pensamento de dobrar os joelhos! No entanto, ouvimos falar de um verdadeiro convertido que, quando entrou no regimento, sendo um convertido, ajoelhou-se para

Daniel: coragem inabalável

orar e, ao persistir em fazê-lo, seus camaradas disseram: "Ó, ele é um dos destemidos; ele é um companheiro genuíno", e o deixaram em paz depois, ao passo que, se uma vez ele tivesse se esgueirado para a cama sem orar, nunca mais teria ousado a se ajoelhar. Não há nada como seguir o exemplo de Daniel, ou seja, nunca desistir, pois assim você ganhará o respeito daqueles que, de outra forma, teriam zombado de você. Quão breve o mundo descobrirá nossa verdadeira essência! Podemos pensar que estamos atuando de forma tão impecável que eles não poderão nos notar e que estaremos agradando ao mundo e a Deus também, mas isso sempre leva ao erro fatal, e então, enquanto o mundo nos desprezar, nós não temos o conforto de nossa consciência para nos sustentar.

Ó, se nossos pais, os puritanos, tivessem cedido um pouco; se eles tivessem feito apenas uma pequena abertura em suas consciências, como alguns estão fazendo agora, então, em vez de serem expulsos de casa e impedidos de abrir a boca para pregar a Cristo, sua omissão e consentimento os teriam mantido em conforto e honra, porém onde estaria então aquela luz do evangelho que alegra as nações? Onde estariam aquelas instituições puras e sagradas que eles nos legaram? Então, até hoje, por meio de sua resolução intrépida, eles permanecem entre os abençoados e são honrados pelos homens. Não sejamos covardes, pois somos filhos de pais valentes. Lembre-se dos dias de Cromwell e dos tempos em que os ímpios Cavaliers[104]

---

[104] Os *Cavaliers*, também chamados de realistas, eram os grupos militares e paramilitares que defendiam os interesses de Charles I (1625–1649), no contexto da Guerra Civil Inglesa.

[105] Os *Roundhead* (Cabeças redondas) eram a oposição parlamentar ao governo de Charles I, na Inglaterra. Eram em sua maioria protestantes, puritanos burgueses e camponeses, liderados por Oliver Cromwell. Recusavam-se a usar os comuns volteios de perucas brancas, repletos de cachos; por isso, cabeças redondas.

sentiram o fio da espada dos Roundheads[105], e, embora nossas armas não sejam carnais e as evitemos completamente, vamos mostrar aos nossos inimigos que a bravura da Inglaterra ainda está em nós e que mantemos o ímpeto tal qual nossos ilustres antepassados.

3. Chegamos ao terceiro ponto: *o apoio secreto de Daniel*, com o qual concluiremos.

Havia algo em Daniel que lhe dava tamanha coragem e força de caráter; havia algo secreto que o tornava tão admirável. O que poderia ser? Era o resultado de várias coisas. Era oriundo do fato de que *a religião de Daniel não era fruto de emoções, mas de princípios profundamente arraigados.*

Existem algumas pessoas cuja religião é como a flor que vive na superfície: elas logo secam quando o sol da perseguição queima. Contudo há outras que, como as árvores da floresta, lançam suas raízes no solo profundo dos princípios, que dominam o que sabem, que exercitam tudo o que aprenderam, permanecem firmes com aquilo que receberam e assim, no tempo de provação, são sustentadas por fontes de graça secreta, e suas folhas não murcham. Daniel foi sustentado no tempo de provação porque o Espírito Santo agiu no espírito dele os princípios da fé, mas não tenho dúvidas de que Daniel também foi sustentado *pelo que leu sobre as obras de Deus* na antiguidade. Ele era um grande pesquisador de livros e descobrira que, desde os tempos antigos, Jeová sempre foi vitorioso. Os olhos do profeta brilhavam ao pensar em Faraó e no mar Vermelho, ao se lembrar da vitória sobre Ogue, rei de Basã, e dos reis vencidos desde o vale de Arnom e enquanto sua mente voava para Senaqueribe e o anzol colocado nas mandíbulas do leviatã para fazê-lo regressar de onde viera. Ao recordar as obras do Senhor, as quais seu espírito pesquisou diligentemente, Daniel teve certeza de que o Deus vivo se mostraria fiel aos Seus.

Além disso, o espírito do profeta foi sustentado *pelo que ele mesmo viu*. Ele teve contato próximo com os três jovens santos que foram trazidos à presença de Nabucodonosor. Não sabemos exatamente onde Daniel estava nesse momento, mas ele devia estar bem ciente desse ato heroico. Ele viu o rei Nabucodonosor sendo desafiado, viu o Filho de Deus andando na fornalha com os três heróis e os viu sair sequer com cheiro do fogo que passou sobre eles: aqui estava um grande encorajamento. Além disso, *Daniel teve uma experiência pessoal* com seu Deus. Ele se apresentou a Nabucodonosor para lhe contar o sonho e a sua interpretação. Em uma ocasião ainda mais terrível, sem medo e tremor, ele enfrentou o rei Belsazar, quando os milhares de seus convidados clamavam aos seus deuses e o rei e suas esposas e concubinas com toda pompa bebiam vinho nas taças consagradas a Jeová. Aquele homem solitário elevou-se entre o bando de irreverentes e, apontando para as letras misteriosas na parede, leu a terrível sentença: "Mene, Mene, Tequel e Parsim" (Dn 5:25), a ruína de um monarca proclamada em sua própria presença por um homem desarmado! Como uma pessoa assim temerá agora? Ele não tremeu diante de dezenas de milhares de soldados ferozes, temeria agora, quando nada além de leões estão diante dele? De forma alguma! Daniel havia olhado na face de seu Deus e não temeria o rosto de um leão; Jeová o cobrira com Sua sombra, e a cova onde seria lançado não tinha nada de terrível para ele. Sua própria experiência ajudou a fortalecê-lo. Ele tinha essa convicção de que Deus poderia livrá-lo e, que se Deus não o livrasse, ainda assim, tal era o *seu amor ao Deus de Israel* que ele ficaria contente em se entregar para morrer.

É uma bênção ter uma confiança como essa. Vocês, pessoas justas que são provadas e que podem esperar ser ainda mais provadas, vocês nunca prevalecerão a menos que tenham esta convicção: "Deus pode me livrar; mas, se Ele não me livrar, ainda assim, estou contente por ser um sacrifício pela causa de Jesus". Ó, alguns de vocês são cristãos com alegria, mas no tempo de provação desistem; como o marinheiro de primeira viagem, que, vendo o navio atracado com todas as suas cores, e suas belas velas brancas ao vento, pensa que deve ser algo muito bom ser um marinheiro; todavia, antes que ele sequer chegasse em alto mar, as náuseas começam. Ele se apavora com a tempestade e jura: "*Se* eu chegar a salvo à costa, nunca mais serei um marinheiro". Muitos dizem: "Seguiremos ao Senhor com Daniel". Sim, e estão bem contentes por estarem com Daniel em Susã, no palácio do rei, mas, quando se deparam com a cova dos leões, aí dizem: "Até logo, Daniel". Tomem cuidado para não serem enganados ao fazerem uma confissão honesta, mas que depois vocês não conseguirão sustentar. Daniel não falhou, porque o amor dele a seu Deus repousava no mais íntimo de seu coração: havia se tornado parte integrante dele mesmo e então, sustentado pelas duas mãos, a do amor e a da fé, ele foi graciosamente amparado nos momentos difíceis e espinhosos.

Lembre-se de que Daniel é um tipo do nosso Senhor Jesus Cristo. Jesus tinha inimigos que procuravam destruí--lo; eles não puderam encontrar nada contra Ele, exceto se "tocassem seu Deus". Eles o acusaram de blasfêmia e depois, como fizeram com Daniel, apresentaram uma acusação de insubordinação. Ele foi lançado na cova, na sepultura: Sua alma estava entre os leões. Seu túmulo foi selado e vigiado para que ninguém o roubasse à noite, mas Ele se levantou como Daniel, vivo e ileso, e Seus inimigos foram destruídos. Agora, se Daniel é um tipo de Cristo, e o Senhor Jesus é o grande Homem representante de todos os que estão nele, você, crente, deve esperar que haverá aqueles que o atacarão, especialmente quanto a sua fé. Você deve esperar, também, que eles prevaleçam contra você por um tempo, para que você seja lançado na cova, e que eles procurem prendê-lo como se você tivesse sido destruído para sempre; mas haverá uma ressurreição não apenas de corpos, mas de reputações, e você se levantará. Quando a trombeta soar, não apenas as partículas corporais, que compõem o homem, mas a memória do homem se levantará. Seu bom nome, que foi enterrado sob as ruínas da calúnia, ressuscitará, e quanto aos seus inimigos, eles e suas reputações encontrarão a destruição consumidora da presença do Senhor. Ó, ser um seguidor de Jesus, o grande Daniel! Seguir Seus passos aonde quer que vá! Caminhar com Ele, seja em público ou em particular! Isso é algo a ser desejado, e embora eu o exorte a isso, não espero que você o alcance com suas próprias forças, mas aponto-lhe o Espírito Santo, que pode efetuar isso em você e fazê-lo muito amado como foi esse profeta da antiguidade.

ÍNDICE DE VERSÍCULOS-CHAVE

- Gênesis 3:8-9 — *Adão: como Deus vem até nós*
- Gênesis 5:21-24 — *Enoque: andando com Deus*
- Gênesis 39:2 — *José: um retrato em miniatura*
- Josué 1:5 — *Josué: tônico revigorante para os servos de Deus*
- Juízes 7:13-14 — *Gideão: o sonho com o pão de cevada*
- 1 Samuel 12:23 — *Samuel: um exemplo de intercessor*
- 1 Samuel 30:6-8 — *Davi: reanimando-se em Deus*
- Jó 42:10 — *Jó: a restauração de Jó*
- Isaías 6:8 — *Isaías: procuram-se mensageiros*
- Daniel 6:10 — *Daniel: coragem inabalável*
- Jonas 1:5 — *Jonas: o despertar dos que dormem*
- Hebreus 11:5-6 — *Enoque: andando com Deus*
- Hebreus 11:8 — *Abraão: pronta obediência ao chamado de Deus*
- Hebreus 11:21 — *Jacó: adorando apoiado sobre seu bordão*
- Hebreus 11:24-26 — *Moisés: a decisão de Moisés*
- Judas 14-15 — *Enoque: andando com Deus*